Grenzüberschreitende Spenden

Forum Unternehmens-, Steuer- und Bilanzrecht

Deutsche, europäische und internationale Rechtsfragen

Herausgegeben von Oliver Fehrenbacher / Michael Stöber

Band 10

PETER LANG

Raika Anika Voldrich

Grenzüberschreitende Spenden

PETER LANG

Bibliografische Information der Deutschen Nationalbibliothek
Die Deutsche Nationalbibliothek verzeichnet diese Publikation in der Deutschen Nationalbibliografie; detaillierte bibliografische Daten sind im Internet über http://dnb.d-nb.de abrufbar.

Zugl.: Kiel, Univ., Diss., 2018

D 8
ISSN 2366-293X
ISBN 978-3-631-76572-2 (Print)
E-ISBN 978-3-631-76573-9 (E-PDF)
E-ISBN 978-3-631-76574-6 (EPUB)
E-ISBN 978-3-631-76575-3 (MOBI)
DOI 10.3726/b14575

Peter Lang – Berlin · Bern · Bruxelles · New York ·
Oxford · Warszawa · Wien

Diese Publikation wurde begutachtet.

www.peterlang.com

Meinen Eltern

In Gedenken an
Elfriede Voldrich

Vorwort

Die vorliegende Arbeit wurde im Wintersemester 2015/2016 von der Rechtswissenschaftlichen Fakultät der Christian-Albrechts-Universität zu Kiel als Dissertation angenommen. Die Rechtsprechung ist bis einschließlich November 2017 berücksichtigt.

Zuallererst möchte ich besonders meinem Doktorvater Prof. Dr. Michael Stöber danken für die stetige Unterstützung dieser Arbeit. Er gab den ersten Anstoß zu diesem Thema. In der Zeit an seinem Kieler Lehrstuhl gab er mir die erforderliche Freiheit fortdauernd an meinem Manuskript zu arbeiten. Dabei stand seine Tür jederzeit für Fragen offen und er gab mir wertvollen Anregungen. Der fachliche Austausch hat zum Gelingen dieser Arbeit wesentlich beigetragen. Besonders herzlich möchte ich mich bei Herrn Prof. Dr. Joachim Jickeli bedanken für die Annahme und die zügige Erstellung des Zweitgutachtens. Schließlich bedanke ich mich bei meinem Doktorvater und Herrn. Prof. Dr. Oliver Fehrenbacher für die Aufnahme der Arbeit in die vorliegende Schriftenreihe.

Mein Dank gilt auch meiner Korrektorin aus Essen und Titus Wolf für die Durchsicht und Korrektur dieser Arbeit mit wertvollen Anregungen. Dem Institut für Wirtschafts- und Steuerrecht, insbesondere meiner Kollegin Ramona Claußen, danke ich für die freundschaftliche Verbundenheit auf unserem Flur. Auch meiner Weggefährtin Inga Waldmann möchte ich danke sagen für ihre mentale Unterstützung während und nach dem Studium. Sie hatte stets ein offenes Ohr für mich und hat mir fortwährend Mut zugesprochen.

Schließlich gilt mein größter Dank meinem Freund Dr. iur. Christoph Sperling für seine unermüdliche Unterstützung und den stetigen Zuspruch. Ohne seinen immerwährenden Beistand und die liebevolle Hilfe hätte ich diese Arbeit nicht vollenden können. Insbesondere möchte ich meinen Eltern, Reidar und Regina Voldrich, danke sagen. Ihr habt mir dieses Studium erst ermöglicht und wart stets an meiner Seite. Die vielen Gespräche und der liebevolle Zuspruch haben mich am Gelingen dieser Arbeit nicht zweifeln lassen.

Kiel, Mai 2018 *Raika Voldrich*

Inhaltsübersicht

Inhaltsverzeichnis

Abkürzungsverzeichnis

a.A.	andere Ansicht
ABl.	Amtsblatt
AEAO	Anwendungserlass zur Abgabenordnung
AEUV	Vertrag über die Arbeitsweise der Europäischen Union
a.F.	alte Fassung
Alt.	Alternative
Anm.	Anmerkung
AO	Abgabenordnung
Art.	Artikel
Aufl.	Auflage
BB	Betriebs-Berater
BeckRS	Entscheidungssammlung des Beck-Verlages (Online-Zeitschrift)
BFH	Bundesfinanzhof
BFH/NV	Sammlungen der amtlich nicht veröffentlichten Entscheidungen des Bundesfinanzhofs
BGB	Bürgerliches Gesetzbuch
BGBl.	Bundesgesetzblatt
BMF	Bundesministerium der Finanzen
BRD	Bundesrepublik Deutschland
BR-Drs.	Bundesratsdrucksachen
BStBl.	Bundessteuerblatt
BT-Drs.	Bundestagsdrucksachen
BVerfG	Bundesverfassungsgericht
BVerfGE	Entscheidungssammlung des Bundesverfassungsgerichts
DB	Der Betrieb (Zeitschrift)
DBA	Doppelbesteuerungsabkommen
DStJG	Deutsche Steuerjuristische Gesellschaft
DStR	Deutsches Steuerrecht (Zeitschrift)
DStRE	Deutsches Steuerrecht – Entscheidungsdienst (Zeitschrift)
DStZ	Deutsche Steuerzeitschrift (Zeitschrift)
EFG	Entscheidungen der Finanzgerichte (Zeitschrift)
EG	Vertrag zur Gründung der Europäischen Gemeinschaft
EStDV	Einkommensteuer-Durchführungsverordnung
EStG	Einkommensteuergesetz

EU	Europäische Union
EuGH	Europäischer Gerichtshof
EU-Vertrag	Vertrag über die Europäische Union
EuZW	Europäische Zeitschrift für Wirtschaftsrecht (Zeitschrift)
EWG	Vertrag zur Gründung der Europäischen Wirtschaftsgemeinschaft
FA	Finanzamt
FE	Fundatio Europaea
FG	Finanzgericht(e)
FGO	Finanzgerichtsordnung
FR	Finanz-Rundschau Ertragsteuerrecht (Zeitschrift)
GewStG	Gewerbesteuergesetz
GG	Grundgesetz
Hrsg.	Herausgeber
Hs.	Halbsatz
iSd	im Sinne des/der
IStR	Internationales Steuerrecht (Zeitschrift)
iSv	im Sinne von
IWB	Internationale Wirtschaftsbriefe (Zeitschrift)
JStG	Jahressteuergesetz
JurisPR	Juris PraxisReport (Online-Zeitschrift)
KÖSDI	Kölner Steuerdialog
KStG	Körperschaftsteuergesetz
mwN	mit weiteren Nachweisen
NJW	Neue Juristische Wochenschrift (Zeitschrift)
NWB	Neue Wirtschaftsbriefe (Zeitschrift)
OECD-MA	Musterabkommen der OECD zur Vermeidung von Doppelbesteuerung auf dem Gebiet der Steuern vom Einkommen und Vermögen
OFD	Oberfinanzdirektion
Rn.	Randnummer
RFH	Reichsfinanzhof
RGBl.	Reichsgesetzblatt
RIW	Recht der Internationalen Wirtschaft (Zeitschrift)
Rs.	Rechtssache
RStBl.	Reichssteuerblatt
S.	Seite
Slg.	Sammlung der Rechtsprechung des Europäischen Gerichtshofes

StÄndG	Steueränderungsgesetz
Stb	Der Steuerberater (Zeitschrift)
StuW	Steuern und Wirtschaft (Zeitschrift)
UStG	Umsatzsteuergesetz
VO	Verordnung
WRV	Weimarer Reichsverfassung vom 11.08.1919
ZErb	Zeitschrift für die Steuer- und Erbrechtspraxis (Zeitschrift)
ZEV	Zeitschrift für Erbrecht und Vermögensnachfolge (Zeitschrift)

Teil A: Einführung und grundlegende Problematik

I. Das Spendenrecht und seine Bedeutung

Im Hinblick auf die finanzielle Belastung des Bürgers durch die Einkommensteuer bietet das Spendenrecht eine Möglichkeit, die Steuerlast in begrenzter Höhe zu mindern.[1] So stellt dieses eine Ausnahme zu den anderweitigen Sonderausgaben dar; anders als bei jenen bedarf es bei Spenden keinerlei Verpflichtung, sondern es handelt sich vielmehr um freiwillige unentgeltliche Aufwendungen.[2] Dem Bürger wird hierdurch die Gelegenheit gegeben, selbst auf die Höhe seiner Einkommensteuer einzuwirken und zudem das Gefühl zu bekommen, mit seinem Geld etwas Gutes getan zu haben. Die mittelbare Steuerbegünstigung ist dabei ein wesentlicher Anreiz, gemeinnützige Körperschaften finanziell zu unterstützen, sodass das Spendenrecht im Zusammenhang mit dem Gemeinnützigkeitsrecht verstanden werden muss, zu dem es in einem Abhängigkeitsverhältnis steht.[3]

Der deutsche Gesetzgeber war seit jeher darauf bedacht, durch Spenden bedingte Steuermindereinnahmen nur dann zuzulassen, wenn jene der Bundesrepublik Deutschland zugutekommen.[4] Auch nach den Grundsatzentscheidungen des EuGH in den Rs. *Stauffer*[5] und *Persche*[6] bestehen weiterhin europarechtliche Probleme im Bereich des Gemeinnützigkeits- und Spendenrechts. Nach zwingend notwendigen punktuellen Änderungen der einschlägigen Vorschriften stehen die FG und der BFH vor weiteren Schwierigkeiten bei der praktischen

1 *Heintze*, FR 2008, 737 ff.; *Kulosa* in Herrmann/Heuer/Raupach, EStG-Kommentar, § 10b Rn. 1; *Meyn* in Winheller/Geibel/Jachmann-Michel, Gesamtes Gemeinnützigkeitsrecht, § 10b EStG, S. 1076, Rn. 1 ff.

2 *Auer/Kalusche* in Walz/Auer/Hippel, Spendenaufkommen, Steueraufkommen und Staatsausgaben: Eine empirische Analyse, S. 13 (16).

3 *Birk/Desens/Tappe*, Steuerrecht, § 3 Rn. 340.

4 Im Jahr 2016 lagen die Steuermindereinnahmen insgesamt bei 1.880 Mio., 25. Subventionsbericht v. 02.09.2015, BT-Drs. 18/5940, S. 87.

5 EuGH Urt. v. 14.09.2006, Rs. C-386/04 (*Stauffer*), ECLI:EU:C:2006:568, Slg. 2006, I-08203 = IStR 2006, 675 ff.

6 EuGH Urt. v. 27.01.2009, Rs. C-318/07 (*Persche*), ECLI:EU:C:2009:33, Slg. 2009, I-00359 = IStR 2009, 171 ff.

Umsetzung dieser Vorschriften.[7] Diese Hindernisse, welche sich im Rahmen des Gemeinnützigkeitsrechts ergeben, sind dabei auch wesentlich für das Spendenrecht, da mangels Anerkennung des Gemeinnützigkeitsstatus kein Spendenabzug möglich ist.

II. Grenzüberschreitende Problematik

Spenden werden insbesondere dort benötigt, wo es „humanitärer Hilfe" bedarf.[8] Diese kann auch und gerade außerhalb Deutschlands erforderlich sein. In Bezug auf gemeinnützige Organisationen wird vermehrt der Begriff des Dritten Sektors verwendet, welcher ursprünglich aus dem angloamerikanischen Recht stammt und zum Ausdruck bringen soll, dass die hierunter fallenden Organisationen öffentliche Aufgaben wahrnehmen, ohne dabei staatlich oder mit Gewinnerzielungsabsicht tätig zu sein.[9] Wegen der zunehmenden grenzüberschreitenden Arbeit gemeinnütziger Organisationen ist für den Dritten Sektor und das Spendenrecht das Europarecht von wesentlicher Bedeutung und hat Auswirkungen auf die nationalen Vorschriften.[10] Dabei stellen nicht nur europarechtswidrige Vorschriften eine Hürde dar,[11] sondern auch solche, die es einer ausländischen gemeinnützigen Körperschaft praktisch unmöglich machen, die jeweiligen

---

7 Aktuelle Entscheidungen BFH Urt. v. 17.09.2013 – I R 16/12, BStBl. II 2014, 440 ff. = DStR 2014, 517 ff. (Vorinstanz: FG Bremen Urt. v. 08.06.2011 – 1 K 63/10 (6), DStRE 2012, 1321 ff.); BFH Urt. v. 21.01.2015 – X R 7/13, BStBl. II 2015, 588 ff. (Vorinstanz: FG Düsseldorf Urt. v. 14.01.2013 – 11 K 2439/10 E, EFG 2013, 678 ff.); BFH Urt. v. 25.10.2016 – I R 54/14, BStBl. II 2017, 1216 = BFH/NV 2017, 549 (Vorinstanz: FG Berlin-Brandenburg Urt. v. 24.07.2014 – 4 K 12276/11, EFG 2014, 2168 ff. = DStR 2015, 877 ff.); BFH Urt. v. 15.11.2017 – I R 39/15, BeckRS 2017, 144671 (Vorinstanz: FG Baden-Württemberg – 3 K 1766/13, IStG 2015, 701 ff.; FG Köln Urt. v. 15.01.2014 – 13 K 3735/10, IStR 2014, 412 ff.; FG Köln Urt. v. 20.01.2016 – 9 K 3177/14, EFG 2016, 653 ff. = npoR2016, 173 ff.

8 Siehe Bilanz des Helfens 2018, S. 15, veröffentlicht vom deutschen Spendenrat e.V., abrufbar unter www.spendenrat.de.

9 *Droege* in Winheller/Geibel/Jachmann-Michel, Gesamtes Gemeinnützigkeitsrecht, 1. Grundprinzipien, S. 35, Rn. 7.

10 *Hüttemann*, IStR 2010, 118 (118) mit einem Zitat von *Thomas Fuller* (1608–1661) „Charity begins at home but should not end there".

11 Nach *Hüttemann*, Gemeinnützigkeits- und Spendenrecht, Rn. 1.137 sind derzeit u.a. § 51 Abs. 2 AO, § 58 Nr. 2 – Nr. 5 AO, § 60a AO, § 3 Nr. 26 und Nr. 26a EStG, § 6 Abs. 1 Nr. 4 EStG, § 44a Abs. 4 und Abs. 7 EStG, § 13 Abs. 1 Nr. 16b ErbStG, § 29 Abs. 1 Nr. 4 ErbStG, § 3 Abs. 1 Nr. 3 GrStG europarechtswidrig.

Voraussetzungen zu erfüllen.[12] So scheitern derzeit viele Anerkennungsverfahren an der fehlenden satzungsmäßigen Vermögensbindung (§ 61 iVm § 55 Abs. 1 Nr. 4 AO), da eine solche Vorschrift außerhalb Deutschlands kaum zu finden ist.[13] Daneben stellt die Überprüfung der tatsächlichen Geschäftsführung für den deutschen Spender ein großes Problem dar, wenn er bei grenzüberschreitenden Sachverhalten zu einer erhöhten Mitwirkung gem. § 90 Abs. 2 AO verpflichtet ist und somit Unterlagen vorlegen muss, welche nicht ohne langwierigen Prozess zu beschaffen sind. Bereits in der Rs. *Persche* hatte der Generalanwalt *Mengozzi* auf diese Schwierigkeiten hingewiesen und gefordert, dass, wenn der Spender bereits gewisse Mühen auf sich genommen hat, dies auch im Rahmen des Sonderausgabenabzugs berücksichtigt werden müsse.[14]

Darüber hinaus hat der deutsche Gesetzgeber nach diesen Grundsatzentscheidungen bewusst außer Acht gelassen, dass die Kapitalverkehrsfreiheit als Ausnahme von den anderen Grundfreiheiten auch für Drittstaaten grundsätzlich Anwendung findet, sodass innerhalb der Befreiungstatbestände Drittstaaten nicht ausnahmslos ausgeschlossen werden können. Da vorwiegend Hilfe im humanitären Bereich benötigt wird, ist dieser Aspekt nicht zu vernachlässigen. Zwar ergeben sich bei Drittstaaten gewisse Schwierigkeiten hinsichtlich der Überwachung der Körperschaft, in den Rs. *Stauffer* und *Persche* hat der EuGH jedoch verdeutlicht, dass ein allgemeiner Ausschluss nicht länger möglich sein soll.

Die nationale Ausrichtung des deutschen Gemeinnützigkeits- und Spendenrechts steht damit einem „Europa der Bürger"[15] entgegen, sodass auch nach den Grundsatzentscheidungen weiterhin erhebliche Kritik von der Fachliteratur geübt wird.[16]

---

12 *Steiner*, GES 2014, 56 (57).

13 *Thömmes*, FS Meilicke 2010, S. 753 (764 f.); *Weitemeyer/Bornemann*, FR 2016, 437 (441).

14 Schlussanträge *Mengozzi* v. 14.10.2008, Rs. C-318/07 (*Persche*), ECLI:EU:C:2008:561, Slg. 2009, I-00359 Rn. 109 f.

15 EuGH Urt. v. 30.05.1989, Rs. C-242/87 (*Kommission/Rat*), ECLI:EU:C:1989:217, Slg. 1989, 01425 Rn. 28; Beschl. des Rates v. 15.06.1987 über ein gemeinschaftliches Aktionsprogramm zur Förderung der Mobilität von Hochschulstudenten (ERASMUS), (87/327/EWG), ABl. EG Nr. L 166/20, v. 25.06.1987, Art. 2; zum ursprünglichen Vorhaben zur Schaffung eines Europäischen Vereins und damit „ein lebendiges Beispiel für das Europa der Bürger" siehe *Terner*, ZEuP 2007, 96 (96).

16 Statt aller: *Weitemeyer/Bornemann*, FR 2016, 437 ff.

III. Gang der Untersuchung

Die vorliegende Arbeit soll zunächst die Entwicklung des Gemeinnützigkeits- und Spendenrechts und die Bedeutung der Grundfreiheiten, insbesondere anhand der beiden Grundsatzentscheidungen des EuGH in den Rs. *Stauffer* und *Persche*, aufzeigen. Im Anschluss sollen die derzeit geltenden Vorschriften auf ihre Europarechtskonformität überprüft werden. Ist eine Vorschrift mit den Grundfreiheiten nicht zu vereinbaren, muss untersucht werden, ob das Gericht ggf. zur Vorlage gem. Art. 267 Abs. 3 AEUV verpflichtet ist, da der EuGH grundsätzlich das Auslegungsmonopol für EU-Recht innehat. Im Mittelpunkt stehen daher das Vorlageverfahren gem. Art. 267 AEUV und die Entwicklung möglicher Vorlagefragen anhand der aktuellen Rechtsprechung innerhalb des Gemeinnützigkeits- und Spendenrechts. Insbesondere für den Bürger sind die Rechtsschutzmöglichkeiten nach Verletzung einer solchen Vorlagepflicht von besonderer Bedeutung, sodass zu untersuchen ist, ob die derzeitigen Möglichkeiten, gegen eine solche Verletzung vorzugehen, ausreichenden Rechtsschutz bieten. Um im Ergebnis einen möglichen Anstoß zu bieten, sollen Lösungsmöglichkeiten de lege ferenda sowohl auf nationaler als auch europäischer sowie supranationaler Ebene aufgezeigt werden.

Teil B: Entwicklung des Gemeinnützigkeits- und Spendenrecht

I. Historische Entwicklung des Gemeinnützigkeits- und Spendenrechts

Das Gemeinnützigkeits- und Spendenrecht lässt sich nur unter Berücksichtigung seiner historischen Anfänge vollständig erfassen. Dabei gehen die Ursprünge der Gemeinnützigkeit weit zurück und lassen sich zu Beginn des 19. Jahrhunderts finden.[17] Insbesondere durch die NS-Ideologie wurden die Begrifflichkeiten stark geprägt und zu Kriegszwecken missbraucht.[18] Trotz der langen Historie des Gemeinnützigkeitsrechts enthalten die ursprünglichen Vorschriften bereits die Grundzüge, welche auch noch in den heutigen Vorschriften vorzufinden sind.[19] In Anbetracht der immer weitergehenden Vernetzung innerhalb Europas sollten dessen Ursprünge auch im Gemeinnützigkeitsrecht beachtet und Abstand von der nationalen Ausrichtung genommen werden.

Anders verlief die Geschichte des Spendenrechts, welches sich später entwickelte und erst nach Ende des zweiten Weltkrieges eine feste und längerfristige Stütze im Gesetz fand.[20] Wegen dieser Gegebenheiten bietet sich eine getrennte Darstellung des Spenden- bzw. Gemeinnützigkeitsrechts an.

1. Das Gemeinnützigkeitsrecht

Die Entwicklung der Einkommensteuer war Fundament für das Gemeinnützigkeitsrecht und geht auf das englische Vorbild aus dem 19. Jahrhundert zurück.[21] Dort wurde bereits um 1800 eine Einkommensteuer durch die Premierminister *Pitt* und *Addington* eingeführt, um die notwendige Ausrüstung für den Krieg gegen Napoleon finanzieren zu können.[22] In der Bevölkerung wurde die

---

17 *Hüttemann*, Gemeinnützigkeits- und Spendenrecht, Rn. 1.14.

18 *Droege*, Gemeinnützigkeit im offenen Steuerstaat, S. 13.

19 *Cube* in Winheller/Geibel/Jachmann-Michel, Gesamtes Gemeinnützigkeitsrecht, S. 62 Rn. 16; *Hammer*, StuW 2001, 19 (19).

20 *Brandl* in Blümich, EStG-Kommentar, § 10b Rn. 2.

21 *Cube* in Winheller/Geibel/Jachmann-Michel, Gesamtes Gemeinnützigkeitsrecht, AO Einf. Inklusive historische Rechtsentwicklung, S. 60 ff, Rn. 9 ff.; *Hüttemann*, Gemeinnützigkeits- und Spendenrecht, Rn. 1.14.

22 *Mathiak,* FR 2007, 544 (544).

Einkommensteuer daher auch als „Kriegssteuer" bezeichnet.[23] Mit dem Sieg über Napoleon bedurfte es einer solchen „Kriegssteuer" nicht mehr, was zur Aufhebung der Einkommensteuer in England führte.[24] Die deutschen Einzelstaaten unternahmen mehrere Versuche, ein ähnliches Steuersystem nach englischem Vorbild einzuführen.[25] Im Jahr 1808 wurde erstmals eine Einkommensteuer zur Kompensation von Kriegsschulden entwickelt, sodass sich diese zu einer Art Kriegssteuer entwickelte.[26] Dieses Zusammenspiel von Krieg und Einkommensteuer hatte zur Folge, dass diese immer wieder abgeschafft und neu eingeführt wurde.[27]

Trotz der Unbeständigkeit der Einkommensteuer finden sich auch hier immer wieder Ansätze, gemeinnützige Körperschaften zu privilegieren.[28] So findet sich bereits in dem Sächsischen Staatseinkommengesetz von 1878 eine vergleichbare Vorschrift, die juristische Personen, Personenvereinigungen und Vermögensmassen steuerlich begünstigt, soweit diese „ausschließlich kirchlichen, gemeinnützigen, wohltätigen, Besoldungs- und Pensionszwecken dienen[...]."[29] Bereits in den Anfängen wurde diese Steuerbegünstigung damit gerechtfertigt, dass Steuern zur Deckung des öffentlichen Bedarfs erhoben werden, diese jedoch dort nicht notwendig erscheinen, wo eine Körperschaft diesen Bedarf von sich aus erfüllt.[30] Damit war bereits frühzeitig der Rechtfertigungsgrund der Steuerentlastung entwickelt worden, wodurch die steuerliche Privilegierung gebilligt schien.[31] Dieses Argument wird auch heute als Rechtfertigungsgrund herangezogen, wenngleich es in der Literatur auch Kritik begegnet.[32]

---

23 *Mathiak*, FR 2007, 544 (544).

24 *Mathiak*, FR 2007, 544 (544).

25 *Birk/Desens/Tappe*, Steuerrecht, § 1 Rn. 21.

26 Die Kriegsschulden hatte Napoleon Preußen, Ostpreußen und der Stadt Königsberg auferlegt und ergaben sich aus der Kontribution von 12 Mill. Franken. Siehe ausführlich *Mathiak*, StuW 1995, 352 (352).

27 Siehe ausführlich *Mathiak*, FR 2007, 544 ff.

28 *Hammer*, StuW 2001, 19 (19).

29 *Hüttemann*, Gemeinnützigkeits- und Spendenrecht, 1 Rn. 1.14.

30 *Boettcher/Leibrecht*, Gemeinnützigkeitsverordnung, S. 11; *Droege*, Gemeinnützigkeit im offenen Steuerstaat, S. 36.

31 *Droege*, Gemeinnützigkeit im offenen Steuerstaat, S. 36.

32 Siehe S. 82 ff. zur Rechtfertigung der unmittelbaren Steuerbegünstigung; *Droege*, Gemeinnützigkeit im offenen Steuerstaat, S. 36; siehe ausführlich *Möllmann*, Die steuerliche Privilegierung gemeinnütziger Körperschaften im Spannungsfeld von Verfassungsrecht und europäischen Grundfreiheiten, S. 83 ff.

Im Jahr 1891 gelang es Preußen erstmals, eine Einkommensteuer, welche an die Leistungsfähigkeit anknüpfte, einzuführen.[33] Zu diesem Zeitpunkt wurden juristische Personen noch der Einkommensteuer unterworfen, weshalb die Steuerbefreiungstatbestände noch im Einkommensteuergesetz geregelt waren.[34] Durch die Gesetzesänderungen von 1906 wurden diejenigen Gesellschaften mit beschränkter Haftung von der Einkommensteuer befreit, „deren Einkünfte satzungsmäßig ausschließlich zu gemeinnützigen, wissenschaftlichen oder künstlerischen Zwecken zu verwenden sind."[35] Diese Trias ist mit der derzeit geltenden Regel in § 51 AO zwar vergleichbar, es fehlte jedoch damals noch an einer Definition und konkreten Ausgestaltung des Gemeinnützigkeitsbegriffs.[36]

Die Einkommensteuer und das Gemeinnützigkeitsrecht entwickelten sich in den Folgejahren weiter fort und fanden in den Steuergesetzen aus dem Jahr 1920 ihre gesetzliche Grundlage.[37] Dort waren „[...] rechtsfähige Pensions-, Witwen-, Waisen-, Sterbe-, Unterstützungs- und sonstige Hilfskassen für Fälle der Not oder der Arbeitslosigkeit [...] [von der Körperschaftsteuer befreit]."[38] Die Vorschriften blieben bis in die 1930er Jahre beinahe unverändert. Im Vordergrund stand dabei, dass durch die Steuererleichterung Anreize geschaffen werden sollten, die das Allgemeinwohl fördern.[39] Durch die zunehmende Steuerlast aufgrund der finanziellen Belastung nach dem ersten Weltkrieg, welche hohe Reparationszahlungen zur Folge hatte, nahm die Bedeutung des Gemeinnützigkeitsrechts weiter zu.[40]

Eine entscheidende Entwicklung brachte das StAnpG von 1934[41] mit sich, in welchem zum ersten Mal die Begrifflichkeiten gemeinnützige, mildtätige und kirchliche Zwecke in §§ 17 bis 19 StAnpG einheitlich definiert wurden.[42] Trotz dieser Entwicklung blieb auch das Gemeinnützigkeitsrecht nicht von der

---

33 *Birk/Desens/Tappe*, Steuerrecht, § 1 Rn. 23; zur Rechtsentwicklung der Einkommensteuer nach englischem Vorbild siehe *Großfeld*, Die Einkommensteuer S. 26 ff.

34 *Birk/Desens/Tappe*, Steuerrecht, § 1 Rn. 24.

35 Gesetz-Sammlung für die Königlichen Preußischen Staaten (1906), S. 241. f.; *Anton*, Die steuerliche Behandlung gemeinnütziger Betriebe, S. 77.

36 *Hammer*, StuW 2001, 19 (20).

37 KStG v. 30.03.1920, RGBl. 1920, 393 ff.; *Kruschke* in: Herrmann/Heuer/Raupach, § 5 KStG Rn. 2.

38 KStG v. 30.03.1920, RGBl. 1920, 393 (394), § 2 Nr. 5 KStG.

39 *Boettcher/Leibrecht*, Gemeinnützigkeitsverordnung, S. 13.

40 *Hammer*, StuW 2001, 19 (21).

41 Steueranpassungsgesetz v. 16.10.1934, RGBl. 1934, 925 (929).

42 *Buchna/Leichinger/Seeger/Brox*, Gemeinnützigkeit im Steuerrecht, S. 21.

nationalsozialistischen Weltanschauung verschont.[43] Dabei wurde durch das NS-Regime der Begriff des Gemeinwohls der nationalsozialistischen Ideologie angepasst.[44] So findet sich in dem Parteiprogramm der NSDAP aus dem Jahr 1920 die Formulierung „Gemeinnutz vor Eigennutz", was veranschaulicht, wie das NS-Regime sich das Gemeinnützigkeitsrecht zu eigen machte.[45] Dieser nationalsozialistische Einschlag fand auch im StAnpG von 1934 seinen Ausdruck. In § 17 Abs. 2 StAnpG heißt es, „eine Förderung der Allgemeinheit ist nur anzunehmen, wenn die Tätigkeit dem allgemeinen Besten auf materiellem, geistigem oder sittlichem Gebiet nutzt."[46] Aus der Gesetzesbegründung wird deutlich, dass der Hintergrund der Vorschriften bis heute erhalten geblieben ist. Die persönliche Befreiung von der Körperschaftsteuer war nur dann gerechtfertigt, „wenn außer Zweifel gestellt ist, dass ihr Vermögen zugunsten der Hilfsbedürftigen gesichert ist".[47] Auch zu dieser Zeit war die Steuerbegünstigung somit nur unter engen Voraussetzungen möglich, wodurch Missbrauch verhindert werden sollte.

Zu dieser gesetzlichen Regelung wurde 1941 und 1953 eine überarbeitete Gemeinnützigkeitsverordnung erlassen.[48] Die steuerbegünstigten Zwecke, die Ausschließlichkeit und die Unmittelbarkeit ihrer Verfolgung, die satzungsmäßige Sicherung und die tatsächliche Geschäftsführung wurden durch die Verordnung genauer geregelt, was im Ergebnis mehr Rechtssicherheit schaffen sollte.[49] Auch aus der Gemeinnützigkeitsverordnung von 1941 wird die NS-Ideologie sichtbar. So war nur unter sehr strengen Voraussetzungen eine Steuerbegünstigung für gemeinnützige Körperschaften möglich[50] mit Beschränkung auf fast ausschließlich die NSDAP sowie ihr nahestehende Organisationen.[51] Andere Organisationen

43 Zur „Handhabung des steuerlichen Gemeinnützigkeitsbegriffs im faschistischen Staatswesen" siehe *Offczors*, Wandlungen und aktuelle Probleme des steuerlichen Gemeinnützigkeitsrechts, S. 76 ff.

44 Ausführlich hierzu *Droege*, Gemeinnützigkeit im offenen Steuerstaat, S. 46 ff.

45 Parteiprogramm der NSDAP v. 24.02.1920, Gemeinnutz vor Eigennutz, Punkt 25, abgedruckt in *Hofer*, Der Nationalsozialismus, Dokumente, Nr. 14, S. 28 ff.

46 Zur Rechtsprechung des RFH bzgl. der steuerlichen Abzugsfähigkeit von Spenden an die NSDAP siehe *Offczors*, Wandlungen und aktuelle Probleme des steuerlichen Gemeinnützigkeitsrechts, S. 91 ff.

47 KStG v. 16.10.1934, RStBl. 1935, 81 (83) = RGBl. 1934, 1031.

48 GemVO v. 16.12.1941, RStBl. 1941, 937; GemVO v. 24.12.1953, BGBl. I 1953, 1592 (1592); *Hammer*, StuW 2001, 19 (21).

49 *Boettcher/Leibrecht*, Gemeinnützigkeitsverordnung, S. 14.

50 Gemeinnützigkeitsverordnung v. 16.12.1941, RStBl. 1941, 937 ff., § 1 GemV.; *Boettcher/Leibrecht*, Gemeinnützigkeitsverordnung, GemVO-Kommentar, § 1 Nr. 3.

51 *Droege*, Gemeinnützigkeit im offenen Steuerstaat, S. 49.

wurden hingegen ausgegrenzt.[52] So konnte eine Körperschaft, welche auch gewerbliche Zwecke verfolgte, nur dann die Steuerbegünstigung in Anspruch nehmen, wenn der Oberfinanzpräsident eine Ausnahme im Einvernehmen mit dem Gauleiter der NSDAP erteilte.[53] Um diese Einschränkung und die nationalsozialistische Ausrichtung zu beseitigen, wurden die Vorschriften durch die Gemeinnützigkeitsverordnung 1953 geändert.[54]

Waren die Voraussetzungen zur Anerkennung einer gemeinnützigen Körperschaft in den Kriegsjahren noch sehr streng, verfolgten die Finanzverwaltungen nach Kriegsende eine sehr liberale Haltung. Aus dem Ländererlass des Finanzministeriums Baden-Württemberg wird deutlich, dass in der Nachkriegszeit großzügig mit den notwendigen Voraussetzungen einer Steuerbegünstigung umgegangen werden sollte.[55] Um größeren Verwaltungsaufwand zu vermeiden, sollte daher nur eine entsprechende Prüfung stattfinden, wenn diese im Verhältnis zu der Steuerbegünstigung angemessen erschien.[56]

In den Folgejahren blieben die Regelungen zum wiederholten Male nahezu unberührt und bis 1977 in Kraft. Erst mit dem Neuerlass der AO[57] vom 16.03.1976 als Mantelgesetz wurden die Vorschriften aus den Nebengesetzen, wozu auch das Steueranpassungsgesetz zählte, zusammengefasst und somit weitreichend reformiert.[58] Aus rechtsstaatlichen Gründen blieb der Inhalt der ursprünglichen Vorschriften jedoch erhalten.[59] Hintergrund der Bündelung war unter anderem, dass dadurch mehr Rechtssicherheit und Gleichmäßigkeit der Besteuerung geschaffen werden sollte.[60] In der AO waren nunmehr die allgemeinen Voraussetzungen für die steuerliche Anerkennung geregelt, wobei die einzelnen Steuerbegünstigungen als Rechtsfolge in den jeweiligen Einzelgesetzen verblieben.[61] Wie bereits im StAnpG von 1934 wurde wiederholt an die Förderung der Allgemeinheit angeknüpft.[62] Für eine ausländische Körperschaft war

---

52 *Droege,* Gemeinnützigkeit im offenen Steuerstaat, S. 49.

53 *Droege,* Gemeinnützigkeit im offenen Steuerstaat, S. 49.

54 *Boettcher/Leibrecht,* Gemeinnützigkeitsverordnung, S. 14 f.

55 Ländererlass Baden-Württemberg v. 28.04.1954, BStBl. II 1954, 50 ff.

56 Ländererlass Baden-Württemberg v. 28.04.1954, BStBl. II 1954, 50 (50).

57 Zur Historie der AO siehe *Koenig* in Koenig, AO-Kommentar, Einf. Rn. 1 ff.

58 *Scholtz,* FR 1976, 181 (182).

59 *Buchna/Leichinger/Seeger/Brox,* Gemeinnützigkeit im Steuerrecht, S. 22; *Musil* in Hübschmann/Hepp/Spitaler, Vor §§ 51–68 Rn. 5.

60 *Scholtz,* FR 1976, 181 (182).

61 Abgabenordnung (AO 1977) v. 16.03.1976, BGBl. I 1976, 613; *Scholtz,* FR 1976, 181 (182).

62 *Scholtz,* FR 1976, 181 (184).

es jedoch schwer möglich, diese Voraussetzungen zu erfüllen. Die Förderung der Allgemeinheit wurde zwar nicht mehr rein national verstanden wie noch in den 1930er Jahren, eine Steuerbegünstigung wurde jedoch im Rahmen der Einzelgesetze stark eingeschränkt.[63] Als Rechtfertigung dieser Beschränkung wurde bereits Ende der 1970er Jahre – ähnlich wie in der heutigen Argumentation der Finanzverwaltung – auf die notwendige Steueraufsicht abgestellt.[64]

Die Vorschriften wurden zwar durch die Neuregelung nicht grundlegend geändert, dennoch schien die ursprünglich sehr weite Auslegung der Finanzverwaltung ein Ende zu nehmen.[65] Mitte der 1980er Jahre wurden die Stimmen in der Literatur lauter, die Finanzverwaltung habe es den Körperschaften zu einfach gemacht, in den Genuss der Anerkennung der Gemeinnützigkeit zu gelangen.[66] Auch die Politik sah zunehmend die Probleme und setzte im Dezember 1985 eine unabhängige Sachverständigenkommission ein.[67] Diese sollte die Vorschriften überprüfen und dabei Vorschläge ausarbeiten, wie es insbesondere Körperschaften nicht länger möglich sein sollte, sich gegenüber nicht begünstigten Körperschaften wirtschaftliche Vorteile zu verschaffen.[68] Die Kommission kam zu dem Ergebnis, dass die Vorschriften zum Teil mangelhaft und insbesondere die gemeinnützigen Zwecke widersprüchlich geregelt seien.[69] Zur Verbesserung der Vorschriften gab die Kommission entsprechende Änderungsvorschläge bekannt.[70] Danach sollten beispielsweise Idealkörperschaften von der Körperschaftsteuer, der Gewerbesteuer, der Vermögensteuer und der Grundsteuer befreit werden, sodass die schwerfällige Differenzierung zwischen gemeinnützigen und nicht gemeinnützigen Idealkörperschaften entfallen würde.[71] Darüber hinaus sollte ein abschließender Katalog für gemeinnützige Zwecke eingeführt

63 *Alber* in Dötsch/Jost/Pung/Witt, KStG-Kommentar, § 5 Abs. 2 Rn. 5 ff.; *Möllmann*, Die steuerliche Privilegierung gemeinnütziger Körperschaften im Spannungsfeld von Verfassungsrecht und europäischen Grundfreiheiten, S. 72.

64 *Scholtz*, FR 1976, 181 (184); ausführlich zu den einzelnen Rechtfertigungsgründen siehe S. 35 ff..

65 *Wallenhorst* in Wallenhorst/Halaczinsky, Die Besteuerung gemeinnütziger und öffentlich-rechtlicher Körperschaften, Kapitel C Rn. 10.

66 *KTK*, FR 1985, 612 (612).

67 Schriftenreihe des BMF v. 24.03.1988, Heft 49, S. 15 f.

68 Schriftenreihe des BMF v. 24.03.1988, Heft 40, S. 17; *Herrnkind*, DStZ 1988, 547 (547).

69 Schriftenreihe des BMF v. 24.03.1988, Heft 40, S. 275.

70 Schriftenreihe des BMF v. 24.03.1988, Heft 40, S. 275.

71 Schriftenreihe des BMF v. 24.03.1988, Heft 40, S. 85, 276, 284; *Herrnkind*, DStZ 1988, 547 (549).

werden, um so mehr Rechtsklarheit zu schaffen.[72] In dem darauffolgenden Gesetzgebungsverfahren blieb dieser Vorschlag jedoch nahezu unberücksichtigt.[73] So sollte nach Ansicht der Kommission der Sport nicht mehr dem vorgeschlagenen engen Begriff der Gemeinnützigkeit unterfallen.[74] Der Gesetzgeber beugte sich jedoch dem Druck der Lobby und erweiterte stattdessen den Katalog auf bestimmte Freizeitzwecke.[75] Der Sport blieb als Folge gemeinnützig,[76] weshalb die große Wende im Gemeinnützigkeitsrecht ausblieb.[77]

Seit 1977 wurde das Gemeinnützigkeitsrecht mehrfach geändert. Dabei wurden immer wieder stichpunktartige Änderungen vorgenommen, welche aber keine große Entwicklung mit sich brachten.[78] Erst durch die zunehmenden grenzüberschreitenden Sachverhalte ist das Gemeinnützigkeitsrecht wieder verstärkt in den Fokus der Politik gelangt. Insbesondere durch die Rs. *Stauffer*[79] wurden die Vorschriften der unmittelbaren Steuerbegünstigung für Körperschaften erstmals auf ihre Europarechtskonformität überprüft. Wie der deutsche Gesetzgeber auf die Vorgaben des EuGH reagierte, soll im Rahmen der Ausführungen zur Rechtsprechungsentwicklung näher dargestellt werden.[80]

2. Das Spendenrecht

Die Geschichte des Spendenrechts beginnt zu Zeiten des Ersten Weltkrieges. Erstmals fand sich im Reichskriegsteuergesetz aus dem Jahr 1916 eine Vorschrift, wonach Abgaben insoweit nicht erhoben werden, „als [sie] verhältnismäßig auf

72 Schriftenreihe des BMF v. 24.03.2088, Heft 40, S. 277 f.

73 Gesetz zur Verbesserung und Vereinfachung der Vereinsbesteuerung (Vereinsförderungsgesetz) v. 18.12.1989, BStBl. I 1989, 499 ff. = BGBl. I 1989, 2212 ff.; ausführlich zu den verschiedenen Vorschlägen siehe *Thiel/Eversberg*, DB 1990, 290 ff.; DB 1990, 344 ff.; DB 1990, 395 ff.; zur Nichtberücksichtigung der Kommissionsvorschläge siehe *Buchna/Leichinger/Seeger/Brox*, Gemeinnützigkeit im Steuerrecht, S. 23.

74 Schriftenreihe des BMF v. 24.03.1988, Heft 40, S. 278.

75 *Thiel/Eversberg*, DB 1990, 290 (291).

76 Vereinsförderungsgesetz v. 18.12.1989, BStBl. I 1989, 499 ff. = BGBl. I 1989, 2212 ff.; zum Gesetzgebungsverfahren siehe *Thiel/Eversberg*, DB 1990, 290 ff.

77 *Wallenhorst* in Wallenhorst/Halaczinsky, Die Besteuerung gemeinnütziger und öffentlich-rechtlicher Körperschaften, Kapitel C Rn. 11.

78 Zu den einzelnen Änderungsgesetzen siehe *Hüttemann*, Gemeinnützigkeit- und Spendenrecht, Kapitel 1 Rn. 1.18.

79 EuGH Urt. v. 14.09.2006, Rs. C-386/04 (*Stauffer*), ECLI:EU:C:2006:568, Slg. 2006, I-08203 = IStR 2006, 675 ff.

80 Siehe S. 49 ff. zur Rechtsprechung des EuGH und sein Einfluss auf grenzüberschreitende Spenden.

Gewinnbeträge [entfallen], die zu ausschließlich gemeinnützigen Zwecken bestimmt [...] und deren dauernde Zuwendung zu solchen Zwecken gesichert [sind]."[81] Kurze Zeit später, im Jahr 1920, war dann der erste einkommensteuerrechtliche Gemeindienlichkeitstatbestand in § 13 Abs. 1 Nr. 7 EStG von 1920 enthalten.[82] Die Spenden konnten noch nicht als Sonderausgabe, sondern als Werbungskosten vom Gesamtbetrag der Einkünfte abgezogen werden.[83] Die gesetzliche Regelung hatte jedoch nur kurzen Bestand. Bereits im EStG von 1925 wurde die Vorschrift verkürzt und § 13 Abs. 1 Nr. 7 EStG entfiel.[84] Erst in der Zeit des Nationalsozialismus nahm der Gesetzgeber die Möglichkeit eines Spendenabzuges im Gesetz zur Verminderung der Arbeitslosigkeit in Abschnitt III wieder auf.[85] Die Regelung wurde befristet bis zum 31. März 1934 eingeführt.[86] Die Vorschrift war jedoch weit von der heutigen Vorschrift entfernt. Zwar konnte kurzzeitig eine solche Spende die Einkommensteuer verringern oder unter Zuzahlung von Aufgeld zur Tilgung von Nachforderungen wegen zu wenig gezahlter und verkürzter Steuern verwendet werden, jedoch fehlte der heute typische Charakter einer freiwilligen Zuwendung.[87] Die Spende wurde vielmehr erwartet.[88] Außerhalb dieser Sonderregelung bezüglich der Förderung der nationalen Arbeit konnten auch keine weiteren Spenden als Sonderausgaben abgezogen werden.[89] Die Möglichkeit zur Berücksichtigung von Spenden für politische, gemeinnützige, mildtätige Zwecke im Rahmen der Werbungskosten wurde sowohl von der damaligen Rechtsprechung[90] als auch von der Literatur abgelehnt.[91] Hintergrund war, dass es dem Grundsatz des nationalsozialistischen Staatsgedankens widersprechen würde, solche Spenden zu begünstigen.

81 Kriegsteuergesetz v. 21.06.1916, RGBl. 1916, 561 (568).
82 EStG v. 29.03.1920, RGBl. 1920, 359 (365), *Geserich* in Kirchhof/Söhn/Mellinghoff, EStG-Kommentar, § 10b Rn. A 150.
83 EStG v. 29.03.1920, RGBl. 1920, 359 (365); *Hüttemann*, Gemeinnützigkeits- und Spendenrecht, Rn. 1.19; zur Einordnung des Spendenabzugs als Sonderausgabe siehe S. 118 ff..
84 Einkommensteuergesetz v. 10.08.1925, RGBl. I 1925, 189 (192).
85 Gesetz zur Verminderung der Arbeitslosigkeit v. 01.06.1933, RGBl. I 1933, 323 (324 f.).
86 Gesetz zur Verminderung der Arbeitslosigkeit v. 01.06.1933, RGBl. I 1933, 323 (326), § 8 Abs. 2.
87 *Friesecke*, DStZ 1933, 412 (412).
88 *Geserich* in Kirchhof/Söhn/Mellinghof, EStG-Kommentar, § 10b Rn. A 169.
89 *Friesecke*, DStZ 1933, 412 (412).
90 RFH v. 23.06.1933 - VI A 1493/30, RStBl. 1933, 811 Nr. 636; RFH v. 23.06.1933 - VI A 170/32, RStBl. 1933, 812 Nr. 637.
91 *Friesecke*, DStZ 1933, 412 (412).

Der Gemeinnutz gehe immer vor Eigennutz, weshalb die Spenden gerade nicht aus eigensüchtigen Gründen, wie beispielsweise zum Zweck der Steuerbegünstigung, gefördert werden sollten.[92] Mit Ablauf der befristeten Sonderregelung war ein Spendenabzug nicht mehr gesetzlich geregelt.

Erst nach Ende des Zweiten Weltkrieges wurde eine entsprechende Regelung wieder eingeführt. Durch das Gesetz Nr. 64 konnten Spenden als Sonderausgaben gem. § 10 Abs. 1 Nr. 2e EStG vom Gesamtbetrag der Einkünfte abgezogen werden.[93] Ob dabei das deutsche Spendenrecht vom ausländischen Steuerrecht, insbesondere dem amerikanischen, beeinflusst wurde, kann nicht genau belegt werden.[94] Anders als noch in den Kriegsjahren[95] wurden die abschließend in § 10 EStG aufgezählten Sonderausgaben aus wirtschaftlichen, sozialen und auch politischen Erwägungen steuerbegünstigt.[96] Diese Vorschrift legte den Grundstein für den späteren § 10b EStG. Dabei wurde die Ursprungsfassung in § 10b EStG überführt und blieb im Wesentlichen bis 2007 unverändert.[97]

Auch eine Spende ins Ausland war Mitte der 1960er Jahre Gegenstand von Verfahren. So versagte der BFH einem Steuerpflichtigen den Spendenabzug mangels inländischen Zuwendungsempfängers.[98] Bei der Schwedischen Akademie handelte es sich nicht um eine Körperschaft des öffentlichen Rechts. Der BFH begründete seine Entscheidung unter anderem mit dem Wortlaut sowie dem Sinn und Zweck von § 48 EStDV. Danach müsse der Zuwendungsempfänger eine Körperschaft des öffentlichen Rechts oder eine öffentliche Dienststelle sein. Eine Spende an einen ausländischen Zuwendungsempfänger sei mit dem Gesetz folglich nicht zu vereinbaren.[99] Die inländische gemeinnützige Körperschaft erfülle innenpolitische Aufgaben, wodurch der Staat im Ergebnis entlastet werde. Solche Aufgaben könnten nicht von einer ausländischen Körperschaft

---

92 Siehe ausführlich zur Instrumentalisierung der Gemeinnützigkeit *Droege*, Gemeinnützigkeit im offenen Steuerstaat, S. 46 ff.; *Friesecke*, DStZ 1933, 412 (413); *Offczors*, Wandlungen und aktuelle Probleme des steuerlichen Gemeinnützigkeitsrechts, S. 102 f.

93 Militärregierung Deutschland Gesetz v. 20.06.1948, WiGBl. 1948, Beilage Nr. 4, § 10 Abs. 1 Nr. 2e EStG.

94 *Geserich* in Kirchhof/Söhn/Mellinghof, EStG-Kommentar, § 10b Rn. A 173; a.A. *Schropp*, DStZ 1948, 74 (77).

95 *Friesecke*, DStZ 1933, 412 (413).

96 Ausführlich zu den Sonderausgaben siehe *Schropp*, DStZ 1948, 74 (74).

97 ESt- und KSt-ÄnderG v. 27.06.1951, BGBl. I 1951, 411 ff.; BStBl. I 1951, 223 ff.; *Kulosa* in Hermann/Heuer/Raupach, EStG-Kommentar, § 10b Rn. 3.

98 BFH Urt. v. 11.11.1966 – VI R 45/66, BStBl. III 1967, 116 f.

99 BFH Urt. v. 11.11.1966 – VI R 45/66, BStBl. III 1967, 116 f.

wahrgenommen werden.[100] Anders sah dies noch das FG Düsseldorf 1961, wonach ein unbeschränkt Steuerpflichtiger die Zahlung an eine ausländische Kirchengemeinde im Rahmen von § 10b EStG von seiner Einkommensteuer abziehen dürfe.[101] Das FG begründete seine Entscheidung damit, dass es sich bei der ausländischen Kirchengemeinde um eine Körperschaft des öffentlichen Rechts iSv § 48 EStDV 1958 Ziff. 1 handele. Ein ausdrücklicher Inlandsbezug sei in dieser Ziffer wegen des eindeutigen Wortlauts von § 48 EStDV 1958 gerade nicht erhalten.[102]

Dieser kurze Rechtsprechungsüberblick zeigt, dass bereits vor über 50 Jahren diskutiert wurde, ob ein grenzüberschreitender Spendenabzug möglich sei. Dass es den Bürgern wichtig ist, selbst zu entscheiden, an welche Körperschaft sie spenden, unabhängig von einem Inlandsbezug, soll im Nachgang untersucht und verdeutlicht werden.[103]

Trotz der Beständigkeit des Spendenabzuges seit 1948 blieb die Vorschrift nicht unverändert. Die Sachverständigenkommission[104], welche schon das Gemeinnützigkeitsrecht kritisiert hatte, hinterfragte auch die steuerliche Begünstigung von Spenden.[105] Dabei kam auch die Kommission zu dem Ergebnis, dass die steuerliche Begünstigung von Spenden dadurch gerechtfertigt sei, dass den Körperschaften mehr Spendenmittel zur Verfügung stünden und dadurch wiederum öffentliche Aufgaben durch Private wahrgenommen würden.[106] Trotzdem kam die Kommission auch zu dem Ergebnis, dass die Vorschriften des Spendenabzuges starke formelle Mängel aufwiesen und daher reformbedürftig seien.[107] Die weitgehenden Änderungsvorschläge der Kommission fanden jedoch, ähnlich wie bereits bei den Reformvorschlägen über das Gemeinnützigkeitsrecht, keinen Eingang ins Gesetz.[108] Der Gesetzgeber nahm lediglich die mildtätigen Zwecke in den Anwendungsbereich des erhöhten Höchstbetrages

---

100 BFH Urt. v. 11.11.1966 – VI R 45/66, BStBl. III 1967, 116 f.

101 FG Düsseldorf v. 28.02.1961 – VII 289/60 E; EFG 1961, 444.

102 FG Düsseldorf v. 28.02.1961 – VII 289/60 E; EFG 1961, 444.

103 Siehe S. 123 ff.

104 Siehe S. 5 ff.

105 Schriftenreihe des BMF, v. 24.03.1988, Heft 40, S. 227 ff.

106 Schriftenreihe des BMF, v. 24.03.1988, Heft 40, S. 227.

107 Schriftenreihe des BMF, v. 24.03.1988, Heft 40, S. 231 ff.

108 Siehe Vereinsförderungsgesetz v. 18.12.1989, BStBl. I 1989, 499 (500 f.); BGBl. I 1989, 2212 (2213 f.); *Buchna/Leichinger/Seeger/Brox*, Gemeinnützigkeit im Steuerrecht, S. 23.

sowie den Abzug von Aufwandspenden, Vertrauensschutz und Haftung in § 10b EStG auf.[109]

Die große „Reform“ des Spendenrechts kam erst beinahe zehn Jahre später zustande. Mit der Verordnung zur Änderung der EStDV wurde zwar § 10b EStG nicht geändert, jedoch wurden die wesentlichen Grundsätze des Spendenrechts nun in Rechtsnormen aufgenommen und die sog. Durchlaufspendenverfahren abgeschafft.[110] Damit versuchte der Gesetzgeber, die Zweifel an der Verfassungsmäßigkeit des geltenden Spendenrechts, welche sowohl durch die Sachverständigenkommission als auch durch den BFH geäußert wurden, auszumerzen.[111] Ein wesentliches Problem blieb jedoch erhalten, weil gemeinnützige und spendenbegünstigte Zwecke nicht einheitlich geregelt wurden, weshalb die Neuregelungen nicht nur auf Zustimmung stießen.[112]

In den folgenden Jahren wurde das Spendenrecht immer wieder geringfügig angepasst.[113] Einen größeren Schritt machte der deutsche Gesetzgeber erst wieder durch das Gesetz zur weiteren Stärkung des bürgerschaftlichen Engagements.[114] Vor dem Hintergrund der Vereinfachung der Vorschriften findet sich nunmehr ein Verweis von § 10b Abs. 1 S. 1 EStG in die AO, wonach sowohl für das Gemeinnützigkeits- als auch für das Spendenrecht eine einheitliche Definition von spendenbegünstigten und gemeinnützigen Zwecken gilt. Der Gesetzgeber nahm zur weiteren Vereinfachung redaktionelle Anpassungen vor. So wurde anstelle der Begriffe „Ausgaben“ und „Zuwendungen“ der Oberbegriff „Zuwendung“ eingeführt.[115] Insgesamt wurde durch die angehobenen Höchstbeträge und die Vereinfachung der Vorschriften das Spendenrecht deutlich attraktiver ausgestaltet.

Mit der Attraktivität stieg zugleich das Interesse an einer möglichen Direktspende an eine ausländische gemeinnützige Körperschaft, weshalb auch das Spendenrecht nicht von grenzüberschreitenden Sachverhalten verschont blieb.

---

109 Vereinsförderungsgesetz v. 18.12.1989, BStBl. I 1989, 499 (500 f.); BGBl. I 1989, 2212 (2213 f.).

110 Verordnung zur Änderung der EStDV v. 10.12.1999, BGBl. I 1999, 2413 ff.; *Kulosa* in Hermann/Heuer/Raupach, EStG-Kommentar, § 10b Rn. 3.

111 BFH Urt. v. 24.11.1993 – X R 5/91, BStBl. II 1994, 683 (686); *Hüttemann*, NJW 2000, 638 (638 ff.).

112 *Hüttemann*, NJW 2000, 638 (640).

113 Zur Gesetzesentwickelung siehe *Kulosa* in Hermann/Heuer/Raupach, EStG-Kommentar, § 10b Rn. 3.

114 Gesetz zur weiteren Stärkung des bürgerschaftlichen Engagements v. 10.10.2007, BStBl. I 2007, 815 ff.; BGBl. I 2007, 2332 ff.

115 *Kulosa* in Hermann/Heuer/Raupach, EStG-Kommentar, § 10b Rn. 3.

Mit der Rs. *Persche* war auch das Spendenrecht erstmals Gegenstand einer Entscheidung des EuGH.[116] Im Verlauf dieser Arbeit soll insbesondere das Problem der Direktspende ins Ausland genauer erörtert werden, um im Nachgang mögliche Lösungen aufzuzeigen und einen Anreiz für den deutschen Gesetzgeber zu schaffen, auch das Spendenrecht weiter zu öffnen.

II. Bedeutung des Europarechts einschließlich der europäischen Stiftung

1. Die Europäische Stiftung

Die Schaffung einer supranationalen Rechtsform im Stiftungsrecht wurde erstmals in den 2000er Jahren diskutiert.[117] Die ursprünglichen Bedenken der EU-Kommission wurden durch die positive Resonanz der Stiftungen aus den Mitgliedstaaten beseitigt.[118] So gab die EU-Kommission im Frühjahr 2007 eine Machbarkeitsstudie in Auftrag, welche prüfen sollte, ob durch die Schaffung einer FE die bestehenden Probleme beseitigt werden könnten.[119] Die Autoren der Machbarkeitsstudie sprachen sich dabei im Ergebnis für die Schaffung einer Europäischen Stiftung (Fundatio Europaea – FE) aus und gaben eine entsprechende Empfehlung hinsichtlich einer möglichen Umsetzung heraus.[120] Auf diese Studie stützte die EU-Kommission ihren späteren Vorschlag.[121]

Dabei standen drei wesentliche Funktionen im Vordergrund. Zum einen sollte durch die Schaffung einer FE eine Möglichkeit gegeben werden, grenzüberschreitend zu handeln und so bestehende Hindernisse abzubauen. Darüber hinaus sollte die Reputation der Rechtsform der Stiftung dadurch positiv

---

116 EuGH Urt. v. 27.01.2009, Rs. C-318/07 (*Persche*), ECLI:EU:C:2009:33, Slg. 2009, I-00359 = IStR 2009, 171 ff.

117 *Hopt/Hippel*, ZEuP 2013, 235 (237); *Stöber*, DStR 2012, 804 (805).

118 Die Bedenken ergaben sich aus anderweitigen Versuchen, europäische Rechtsformen einzuführen, beispielsweise des Europäischen Vereins; siehe hierzu grundlegend *Wagner*, Der Europäische Verein, S. 284 ff.; *Schöpflin* in Bamberger/Roth, BeckOK, § 21 BGB Rn. 73 f.; zu den Bedenken bei der Europäischen Stiftung siehe *Helios* in Schauhoff, Handbuch der Gemeinnützigkeit, § 22 Rn. 110 f.; *Hopt/Hippel*, ZEuP 2013, 235 (238); *Terner*, ZEuP, 2007, 96 ff.

119 http://ec.europa.eu/internal_market/company/docs/eufoundation/feasibilitystudy_en.pdf: im Folgenden: Machbarkeitsstudie.

120 Machbarkeitsstudie S. 1 ff.

121 http://ec.europa.eu/internal_market/company/docs/eufoundation/proposal_de.pdf: im Folgenden: FE-VO-E, S. 4.

beeinflusst werden, um im Ergebnis die Mitgliedstaaten davon zu überzeugen, das eigene nationale Gemeinnützigkeits- und Spendenrecht der Globalisierung anzupassen.[122] Zuletzt sollten auch durch die geringeren Gründungskosten mehr finanzielle Mittel für entsprechende Tätigkeiten zur Verfügung stehen, was ebenfalls positive Auswirkungen auf das europäische Gemeinwohl und den Binnenmarkt haben sollte.[123]

a) Die wesentlichen Eckpunkte des Entwurfes (FE-VO-E)

Der Entwurf der EU-Kommission enthält insgesamt acht Abschnitte mit Vorschriften über die Ausgestaltung einer solchen Rechtsform.[124] Im Wesentlichen geht es dabei um die grundsätzlichen Regeln, die Errichtung und interne Organisation der FE sowie die Sitzverlegung und Möglichkeiten der Beendigung.[125] Darüber hinaus soll eine Stiftungsaufsicht die Überwachung und Kontrolle übernehmen und steuerliche Besonderheiten sollen vereinheitlicht werden. Laut Entwurf wäre die FE gem. Art. 5 Abs. 1, 9 Abs. 1, 10 Abs. 1 FE-VO-E damit eine gemeinnützige Einrichtung mit eigener Rechtspersönlichkeit.[126] Voraussetzung dafür ist die Eintragung ins Register, wodurch die FE in allen Mitgliedstaaten Handlungsfähigkeit erlangt (Art. 21 ff. FE-VO-E).[127] Die Rechtsform steht dabei ausschließlich bei Verfolgung grenzüberschreitender gemeinnütziger Zwecke zur Wahl (Art. 6 FE-VO-E).[128]

Neben der wesentlichen Voraussetzung der Verfolgung eines der gemeinnützigen Zwecke, die in Art. 5 FE-VO-E abschließend aufgezählt sind,[129] muss die FE gem. Art. 7 Abs. 2 FE-VO-E ein Anfangsvermögen in Höhe von 25.000 € aufweisen.[130] Der abschließende Katalog war hinsichtlich der Schaffung von mehr Rechtssicherheit durchaus zu begrüßen, wenn auch hierdurch der Anwendungsbereich

122 FE-VO-E, S. 2; *Hopt/Hippel*, ZEuP 2013, 235 (236); *Steiner*, GES 2014, 56 (57); *Stöber*, DStR 2012, 804 (804).

123 FE-VO-E, S. 3.

124 FE-VO-E, S. 6 ff.

125 Grundlegend hierzu *Hopt/Hippel*, ZEuP 2013, 235 (239 ff.).

126 *Weitemeyer* in MüKo, § 80 BGB Rn. 238.

127 *Cranshaw*, DZWIR 2013, 299 (306 f.); *Schiffer/Pruns*, NWB Nr. 11 v. 11.03.2013, 772 (773).

128 *Schiffer/Pruns*, NWB Nr. 11 v. 11.03.2013, 772 (773); *Stöber*, DStR 2012, 804 (805).

129 *Cranshaw*, DZWIR 2013, 299 (302); *Stöber*, DStR 2012, 804 (805); *Weitemeyer*, NZG 2012, 1001 (1007).

130 *Cranshaw*, DZWIR 2013, 299 (309 f.); *Schiffer/Pruns*, NWB Nr. 11 v. 11.03.2013, 772 (773); zu der weiteren Ausgestaltung siehe *Weitemeyer*, NZG 2012, 1001 ff.; *Hopt/*

enger geworden wäre.[131] Das festgesetzte Anfangsvermögen sollte dabei zur Vereinheitlichung zwischen den Mitgliedstaaten beitragen und dennoch keine sonderlich große Hürde für die Gründung einer solchen FE darstellen.[132] Damit ist der Entwurf der Kommission schon um einiges enger als die nationalen Anforderungen an die Gründung einer Stiftung, denn ein Mindestvermögen ist nach den nationalen Vorschriften nicht erforderlich.[133]

Der Bundesrat befand die Voraussetzung der festgesetzten Vermögensausstattung als nicht gelungen, da er die Auffassung vertrat, der jeweilige konkrete Bedarf sei von dem verfolgten Zweck abhängig.[134] Nach Ansicht des Bundesrates würde die Gefahr bestehen, dass durch die Pauschalisierung viele Kleinstiftungen gegründet würden, welche durch eine Unterkapitalisierung nicht lebensfähig seien.[135] Es würde dadurch ein hoher Verwaltungsaufwand verursacht werden und der positive Einfluss entfallen.[136] Die Fachliteratur sah dies anders, da durch das Mindestkapital Rechtssicherheit geschaffen würde.[137] Nicht nur das Mindestkapital zog entsprechende Diskussionen nach sich. Auch die anderen Eckpunkte der FE überzeugten nicht vollends.[138] So wurde zwar die automatische steuerliche Privilegierung als positives Zeichen erachtet, die Ausgestaltung bezüglich der entsprechenden Umsetzung wies aber einen Schwachpunkt auf. Im Entwurf geht die Kommission nicht auf die notwendigen Voraussetzungen ein, sondern stellt vielmehr fest, dass unter den zivilrechtlichen Voraussetzungen eine entsprechende steuerliche Rechtsfolge eintritt.[139] So ergeben sich Schwierigkeiten im Hinblick auf die zeitnahe Mittelverwendung (§ 55 Abs. 1 Nr. 1 AO), die sehr großzügige Möglichkeit einer Verfolgung von

---

Hippel, ZEuP 2013, 235 ff.; zur zivilrechtlichen Voraussetzung siehe *Schulte*, Rechtsbeziehungen zwischen Stifter und Stiftung, S. 60.

131 So auch *Weitemeyer*, NZG 2012, 1001 (1007).

132 *Schulte*, Rechtsbeziehungen zwischen Stifter und Stiftung, S. 60; *Weitemeyer* in MüKo, § 80 BGB Rn. 240.

133 *Stöber*, DStR 2012, 804 (805); *Weitemeyer* in MüKo, § 80 BGB Rn. 240; a.A. *Schulte*, Rechtsbeziehungen zwischen Stifter und Stiftung, S. 60, nach welchem zwar kein Mindestkapital gesetzlich notwendig erscheint, im Ergebnis jedoch die Stiftung nicht anerkannt wird, solange diese kein Mindestkapital von 50.000 € aufweist.

134 Beschl. des Bundesrates v. 30.03.2012, BR-Drs. 74/12 (5).

135 Beschl. des Bundesrates v. 30.03.2012, BR-Drs. 74/12 (5).

136 Beschl. des Bundesrates v. 30.03.2012, BR-Drs. 74/12 (5).

137 *Stöber*, DStR 2012, 804 (805); *Weitemeyer*, NZG 2012, 1001 (1004).

138 Zu den einzelnen Eckpunkten siehe auch *Hopt/Hippel*, ZEuP 2013, 235 ff.; *Stöber*, DStR 2012, 804 ff.

139 *Hopt/Hippel*, ZEuP 2013, 235 (254).

wirtschaftlichen Tätigkeiten (§ 65 AO) sowie das Steuerverfahren (§ 63 AO), wozu die Verordnung selber keinerlei Vorgaben enthält.[140] Diese fehlende Präzision der Vorschriften und das Nebeneinanderstehen von Verordnung und den strengeren nationalen Vorschriften zeigen dabei Schwachpunkte auf.[141] Durch die politische Relevanz des dritten Sektors und die notwendige Einstimmigkeit für das Verfahren gem. Art. 352 AEUV war das Vorhaben bereits von Beginn an zum Scheitern verurteilt.

b) Die Folgen des Scheiterns für grenzüberschreitende Spenden

Der Vorschlag der EU-Kommission zur Schaffung einer neuen europäischen Rechtsform stieß in der Fachliteratur zunächst größtenteils auf Zustimmung, da durch den Entwurf die grenzüberschreitende Tätigkeit grundsätzlich gefördert werde.[142] Die EU-Länder sahen den Entwurf aufgrund der geplanten steuerlichen Gleichstellung der FE mit den nationalen gemeinnützigen Stiftungen und der Gefahr des „Tax Shopping" deutlich kritischer.[143] Die ökonomische Bedeutung des dritten Sektors wird durch die Schätzung des Vermögens auf 350 Mrd. Euro bis zu 1.000 Mrd. Euro deutlich.[144] So war es nicht verwunderlich, dass der Bundesrat nicht überzeugt von dem Vorhaben war, da bei Einführung der FE Steuermindereinnahmen für Deutschland zu befürchten waren. Mit Beschluss vom 30.03.2012 zweifelte er die Zuständigkeit der EU-Kommission gem. Art. 352 AEUV an.[145] Die Kommission begründete ihre Zuständigkeit aus Art. 352 AEUV damit, dass es an einer anderen Zuständigkeitsvorschrift fehle.[146] Die Einführung der anderen europäischen Gesellschaften seien ebenfalls auf Art. 352 AEUV gestützt worden und zumindest werde durch das Vorhaben ein funktionierender Binnenmarkt weiter unterstützt.[147] Dieses Argument für eine

---

140 Ausführlich hierzu *Weitemeyer*, NZG 2012, 1001 (1008 f.).

141 *Hopt/Hippel*, ZEuP 2013, 235 (254).

142 Kritisch *Hüttemann*, EuZW 2012, 441 f.; *Schiffer/Pruns*, NWB Nr. 11 v. 11.03.2013, 772 ff.; *Steiner*, GES 2014, 56 (64); *Stöber*, DStR 2012, 804 ff.

143 *Weitemeyer* in MüKo, § 80 BGB Rn. 236.

144 Machbarkeitsstudie S. 2; *Steiner*, GES 2014, 56 (57).

145 Beschl. des Bundesrates v. 30.03.2012, BR-Drs. 74/12.

146 Europäische Kommission zum Vorschlag für eine Verordnung des Rates über das Statut der Europäischen Stiftung (FE) v. 08.02.2012, COM (2012) 35 final, S. 5 f.; Beschl. des Bundesrates v. 30.03.2012, BR-Drs. 74/12.

147 Europäische Kommission zum Vorschlag für eine Verordnung des Rates über das Statut der Europäischen Stiftung (FE) v. 08.02.2012, COM (2012) 35 final, S. 5 f., Beschl. des Bundesrates v. 30.03.2012, BR-Drs. 74/12 (2).

Zuständigkeit sah der Bundesrat nicht. In dem entsprechenden Beschluss ging dieser ebenfalls auf die Frage ein, ob die FE zum Binnenmarkt etwas beitragen könne, und zweifelte dies im Ergebnis an.[148] Bei dem ursprünglichen Ziel der Schaffung eines gemeinsamen Binnenmarktes ging es jedoch um die Verwirklichung des freien Verkehrs von Waren, Personen, Dienstleistungen und Kapital. Der Bundesrat stellte dabei schon in Frage, ob die Grundfreiheiten das Gemeinnützigkeits- und Spendenrecht überhaupt mitumfassen.[149] Auch wenn in großen Teilen dem Bundesrat zugestimmt werden sollte, insbesondere bzgl. der Kompetenz[150], so muss berücksichtigt werden, dass der EuGH bereits in den Rs. *Stauffer* und *Persche* verdeutlich hat, dass auch das Gemeinnützigkeits- und Spendenrecht Teil dieses Binnenmarktes ist, insbesondere dass in diesen Fällen die Kapitalverkehrsfreiheit nicht ungerechtfertigt beschränkt werden darf.[151]

Neben dem Problem der Zuständigkeit wurde auch das Problem der Einstimmigkeit gem. Art. 352 AEUV in der Fachliteratur stark diskutiert. *Weitemeyer* wies bereits 2012 auf die Problematik der Einstimmigkeit hin, weshalb die Wahrscheinlichkeit der Durchsetzung dieses Vorhabens schon zu diesem Zeitpunkt gering erschien.[152] Die Kritiker des Vorhabens sollten Recht behalten. Mit dem am 16.12.2014 veröffentlichten Arbeitsprogramm der EU-Kommission[153] wurde das Vorhaben der Europäischen Stiftung zunächst aufgegeben.[154] Hintergrund war die notwendige Einstimmigkeit, welche durch die negative Haltung der Mitgliedstaaten in weite Ferne rückte.[155] Ob die Kommission die Schaffung einer solchen supranationalen Rechtsform zu einem späteren Zeitpunkt erneut aufgreift,

---

148 Beschl. des Bundesrates v. 30.03.2012, BR-Drs. 74/12 (2).

149 Beschl. des Bundesrates v. 30.03.2012, BR-Drs. 74/12 (2); ausführlich zu dem Verhältnis von Grundfreiheiten und dem Gemeinnützigkeits- und Spendenrecht siehe S. 21 ff.

150 Zum Prinzip der begrenzten Einzelermächtigung siehe S. 21 ff.

151 EuGH Urt. v. 14.09.2006, Rs. C-386/04 (*Stauffer*), ECLI:EU:C:2006:568, Slg. 2006, I-08203 = IStR 2006, 675 ff.; EuGH Urt. v. 27.01.2009, Rs. C-318/07 (*Persche*), ECLI:EU:C:2009:33, Slg. 2009, I-00359 = IStR 2009, 171 ff.

152 *Hüttemann*, EuZW 2012, 441 (441); *Jochum*, npoR 2012, 177 (180); *Schauhoff*, npoR 2013, 128 (130); *Weitemeyer*, NZG 2012, 1001 (1009); *Weitemeyer* in MüKo, § 80 BGB Rn. 236: das Verfahren der Societas Europaea, welche eine Vorlaufzeit von rund 30 Jahren aufweist, zeigt, dass die Schaffung von supranationalen Rechtsformen sehr schwierig ist.

153 http://ec.europa.eu/atwork/pdf/cwp_2015_de.pdf

154 *Weitemeyer* in MüKo, § 80 BGB Rn. 236.

155 *Cranshaw*, DZWIR 2013, 299 (316); *Hüttemann*, EuZW 2012, 441 (441).

bleibt abzuwarten.[156] Anderen Rechtsformen, welche ebenfalls gemeinnützig tätig werden können und somit steuerprivilegiert werden, wäre mit der Schaffung einer Europäischen Stiftung ohnehin nicht geholfen worden.[157]

2. Schutz des Zuwendenden durch einschlägige Grundfreiheiten

a) Allgemeines

Durch das Scheitern der Europäischen Stiftung und das Ausbleiben des Erlasses entsprechender Vorschriften fehlt eine rechtliche Grundlage, welche eine Direktspende ins Ausland ohne Schwierigkeiten zulässt. Fraglich ist daher, ob der Spender im Rahmen der einschlägigen Grundfreiheiten eine Direktspende ins Ausland dennoch vollziehen kann, ohne Gefahr zu laufen, die Spende nicht im Wege des Sonderausgabenabzugs steuerlich geltend machen zu können. Probleme bereiten dabei insbesondere die nationalen Vorschriften, welche nicht mit den Grundfreiheiten[158] zu vereinbaren, aber derzeit geltendes Recht sind.

b) Fehlende Harmonisierung im Rahmen der direkten Steuern

Grundsätzlich lässt sich festhalten, dass es in Bezug auf die direkten Steuern – wozu auch der Spendenabzug iSv § 10b EStG zählt – auf EU-Ebene noch zu keiner Harmonisierung gekommen ist.[159] Hintergrund ist, dass auch bei den direkten Steuern das Prinzip der begrenzten Einzelermächtigung und das Subsidiaritätsprinzip gelten.[160] Das Prinzip der begrenzten Einzelermächtigung ergibt sich aus Art. 5 Abs. 1 und 2 EUV und besagt, dass durch den AEUV oder den EU-Vertrag den Gesetzgebungsorganen der EU eine entsprechende Kompetenz ausdrücklich zugewiesen werden muss.[161] Eine solche Vorschrift für die direkten Steuern fehlt, weshalb deren Ausgestaltung im Grundsatz ausschließlich den

---

156 Siehe S. 135 ff.

157 Zur Abgrenzung der verschiedenen Rechtsformen im Bereich des Gemeinnützigkeits- und Spendenrechts siehe *Wallenhorst* in Wallenhorst/Halaczinsky, Die Besteuerung gemeinnütziger und öffentlich-rechtlicher Körperschaften, Kapitel C Rn. 4 ff.

158 Insbesondere Verstöße gegen die Kapitalverkehrsfreiheit oder auch die Niederlassungsfreiheit.

159 *Haase,* Internationales und Europäisches Steuerrecht, § 6 Rn. 761 ff.; ausführlich zu der Entwicklung seit Beginn der Gründungsphase der EWG siehe *Cordewener,* Europäische Grundfreiheiten und nationales Steuerrecht, S. 18 ff.

160 *Haase,* Internationales und Europäisches Steuerrecht, § 6 Rn. 761 f.

161 *Haase,* Internationales und Europäisches Steuerrecht, § 6 Rn. 761; *Schaumburg* in Schaumburg/Englisch, Europäisches Steuerrecht, Rn. 11.1.

Mitgliedstaaten überlassen bleibt.[162] Mehr Schwierigkeiten bereitet hingegen das Subsidiaritätsprinzip. Nach diesem darf die EU gem. Art. 5 Abs. 3 EUV nur dann tätig werden, wenn auf Ebene der Mitgliedstaaten das entsprechende Ziel nicht erreicht werden kann.[163] Anders beurteilte dies die EU-Kommission, wonach im Bereich des Gemeinnützigkeits- und Spendenrechts die Schaffung einer europäischen Rechtsform für gemeinnützige Stiftungen keine Schwierigkeiten hinsichtlich des Subsidiaritätsprinzips sahen, da „mit einem Alleingang der Mitgliedstaaten [...] der Binnenmarkt nicht in der Lage [wäre], ein für den EU-Bürger optimales Ergebnis zu liefern."[164] Zwar kann der Streit bzgl. Art. 5 Abs. 3 EUV derzeit dahinstehen, solange die EU keine weiteren Vorhaben zur Harmonisierung im Bereich des Gemeinnützigkeits- und Spendenrechts durchführt, grundsätzlich ist jedoch der Kommission dahingehend zuzustimmen, dass allein auf nationaler Ebene die grenzüberschreitende Tätigkeit einer gemeinnützigen Körperschaft nicht in einem solchen Maß gefördert werden kann, wie es die Schaffung einer supranationalen Rechtsform tun würde.[165]

Im Ergebnis lässt sich zunächst festhalten, dass trotz der fehlenden Harmonisierung der Spender auf der Ebene des Unionsrechts einen Schutz erhält. Denn auch im Rahmen des nationalen Rechts hat die EU den Mitgliedstaaten durch die Grundfreiheiten Grenzen gesetzt. Bereits Mitte der 1990er Jahre hatte der EuGH in der Rs. *Schumacker* den Mitgliedstaaten die Aufgabe gegeben, ihre Befugnisse auf dem Gebiet der direkten Steuern nur „unter Wahrung des Gemeinschaftsrechts aus[zu]üben."[166] Seither nehmen die Grundfreiheiten daher auch Einfluss auf die direkten Steuern und somit auch auf das Gemeinnützigkeits- und Spendenrecht.[167] Durch diese Rechtsprechung, welche der EuGH auch nach der Entscheidung in der Rs. *Schumacker* weiterhin beibehalten hat, ist es daher zumindest zu einer schleichenden Harmonisierung auch bei den direkten Steu-

162 So auch Beschl. des Bundesrates v. 30.03.2012, BR-Drs. 74/12 (1 f.).

163 *Bast* in Grabitz/Hilf/Nettesheim, Das Recht der Europäischen Union, Art. 5 EUV Rn. 49.

164 Vorschlag für eine Verordnung des Rates über das Statut der Europäischen Stiftung (FE) v. 08.02.2012, COM (2012) 35 final, S. 6; a.A. Beschl. des Bundesrates v. 30.03.2012, BT-Drs. 74/12 (1); *Lissner*, Das Gemeinnützigkeits- und Spendenrecht unter dem Einfluss der europäischen Grundfreiheiten, S. 23.

165 Vor diesem Hintergrund hat wohl auch der Bundesrat in seinem Beschl. v. 30.03.2012, BT-Drs. 74/12 zum Subsidiaritätsprinzip keine Aussage gemacht.

166 EuGH Urt. v. 14.02.1995, Rs. C-279/93 (*Schumacker*), ECLI:EU:C:1995:31, Slg. 1995, I-00225 Rn. 21.

167 *Hüttemann*, Gemeinnützigkeits- und Spendenrecht, Rn. 1.122 ff.; *Reimer* in Schaumburg/Englisch, Europäisches Steuerrecht, Rn. 7.1.

ern gekommen.[168] Dabei darf jedoch nicht verkannt werden, dass es zum einen große Schwierigkeiten bereitet, dass der EuGH in seiner Rechtsprechung keine stringente Linie verfolgt, und zum anderen, dass die Übertragung einzelner Entscheidungen auf andere Sachverhalte oft nur schwer möglich ist.[169] Es handelt sich um Einzelfallentscheidungen, welche sich nicht verallgemeinern lassen. Im Ergebnis führt dies zu erhöhter Rechtsunsicherheit, weshalb auch weiterhin die Diskussion bezüglich einer Harmonisierung bei den direkten Steuern notwendig erscheint.[170]

Entscheidend für den Schutz des Spenders bleibt, ob durch die engen Voraussetzungen der §§ 51 ff. AO und die nur erschwerte Möglichkeit einer Direktspende ins Ausland die Grundfreiheiten verletzt sind.[171] Dabei spielen insbesondere im Gemeinnützigkeits- und Spendenrecht die möglichen Rechtfertigungsgründe eine große Rolle, da die Finanzverwaltung sich immer wieder auf diese beruft, sowohl um die unmittelbare als auch mittelbare Steuerbegünstigung in grenzüberschreitenden Fällen zu verneinen.[172]

3. Die Grundfreiheiten des AEUV

Grundsätzlich sollen durch die Grundfreiheiten wirtschaftsbezogene Freiheiten geschützt werden.[173] Daher war Mitte der 2000er Jahre fraglich, ob der Bereich des Gemeinnützigkeits- und des Spendenrechts überhaupt in den Anwendungsbereich der Grundfreiheiten fallen kann.[174] Allein aufgrund der fehlenden wirtschaftlichen Betätigung muss der Bereich des dritten Sektors nicht zwangsläufig ausgeschlossen sein, da im Rahmen der Grundfreiheiten der Begriff der wirtschaftlichen Betätigung mittlerweile sehr weit verstanden wird, sodass jede Art der wirtschaftlichen Tätigkeit, welche entlohnt wird, mitumfasst ist.[175] So kam auch der EuGH in der Rs. *Stauffer* zu dem Ergebnis, dass die

---

168 Vertiefend m.w.N. *Haase*, Internationales und Europäisches Steuerrecht, § 6 Rn. 767; *Schaumburg* in Schaumburg/Englisch, Europäisches Steuerrecht, Rn. 1.5.

169 *Haase*, Internationales und Europäisches Steuerrecht, § 6 Rn. 767.

170 *Haase*, Internationales und Europäisches Steuerrecht, § 6 Rn. 767.

171 Zur wesentlichen Bedeutung der Grundfreiheiten im Rahmen des Gemeinnützigkeits- und Spendenrecht *Unger*, DStZ 2010, 154 (158 ff.).

172 Siehe S. 35 ff.

173 *Frotscher*, Internationales Steuerrecht, § 2 Rn. 88.

174 EuGH Urt. v. 14.09.2006, Rs. C-386/04 (*Stauffer*), ECLI:EU:C:2006:568, Slg. 2006, I-08203 = IStR 2006, 675 ff.; ausführlich zur Grundsatzentscheidung des EuGH in der Rs. *Stauffer* siehe S. 49 ff.

175 *Hüttemann*, Gemeinnützigkeits- und Spendenrecht, Rn. 1.126.

Grundfreiheiten auch im Rahmen des Gemeinnützigkeitsrechts beachtet werden müssen. Zwar liege die Ausgestaltung der nationalen Vorschriften im Ermessen der jeweiligen Mitgliedstaaten, diese müssen ihr Ermessen jedoch in gemeinschaftskonformer Weise ausüben.[176] Der EuGH griff dabei auf die wesentlichen Grundsatzentscheidungen zurück und festigte seine Rechtsprechung im Rahmen der direkten Steuern.[177]

Fraglich ist zunächst, welche Grundfreiheiten im Bereich des Gemeinnützigkeits- und Spendenrechts in Betracht kommen, um im Ergebnis sodann bei Verstoß einer nationalen Vorschrift gegen diese Grundfreiheit gerichtlich vorgehen zu können.

a) Arbeitnehmerfreizügigkeit (Art. 45 AEUV)

Der persönliche Anwendungsbereich von Art. 45 AEUV erfasst sowohl den Arbeitnehmer als auch den Arbeitgeber.[178] Durch die Arbeitnehmerfreizügigkeit wird es dem Unionsbürger ermöglicht, in jedem Staat der EU ein Arbeitsverhältnis einzugehen.[179] Andererseits wird es dem Arbeitgeber ermöglicht, Arbeitnehmer aus allen EU-Staaten zu beschäftigen.[180] Der sachliche Anwendungsbereich bezieht sich daher ausschließlich auf die berufliche Sphäre.[181]

Ein Eingriff in die Arbeitnehmerfreizügigkeit ist dann gegeben, wenn die Behandlung des ausländischen Arbeitnehmers in Bezug auf Beschäftigung, Entlohnung und sonstige Arbeitsbedingungen eine andere ist als bei einem inländischen Arbeitnehmer.[182]

---

176 EuGH Urt. v. 14.09.2006, Rs. C-386/04 (*Stauffer*), ECLI:EU:C:2006:568, Slg. 2006, I-08203 = IStR 2006, 675 (676); EuGH Urt. v. 14.02.1995, Rs. C-279/93 (*Schumacker*), ECLI:EU:C:1995:31, Slg. 1995, I-00225 Rn. 21, ausführlich siehe S. 59 f. zu den Auswirkungen durch die Rs. *Stauffer*.

177 EuGH Urt. v. 14.02.1995, Rs. C-279/93 (*Schumacker*), ECLI:EU:C:1995:31, Slg. 1995, I-00225 Rn. 21; EuGH Urt. v. 11.08.1995, Rs. C-80/94 (*Wielockx*), ECLI:EU:C:1995:271, Slg. 1995, I-02493 Rn. 16; EuGH Urt. v. 23.02.2006, Rs. C-513/03 (*van Hilten-van der Heijden*), ECLI:EU:C:2006:131, Slg. 2006, I-01957 Rn. 36 = IStR 2006, 309 (310) Rn. 36.

178 *Frotscher*, Internationales Steuerrecht, § 2 Rn. 96; *Reimer* in Schaumburg/Englisch, Europäisches Steuerrecht, Rn. 7.67.

179 *Frotscher*, Internationales Steuerrecht, § 2 Rn. 96.

180 *Frotscher*, Internationales Steuerrecht, § 2 Rn. 96.

181 Haase, Internationales und Europäisches Steuerrecht, § 6 Rn. 800; *Reimer* in Schaumburg/Englisch, Europäisches Steuerrecht, Rn. 7.69.

182 *Hahn*, DStZ 2005, 469 (471).

Strittig ist, ob es einen praktischen Anwendungsfall gibt, welcher sowohl das Gemeinnützigkeits- und Spendenrecht als auch die Arbeitnehmerfreizügigkeit betrifft. Nach der Ansicht von *Hüttemann* ist ein solcher Fall zumindest denkbar, da ein ausländischer Arbeitnehmer, welcher in Deutschland arbeitet, ansonsten daran gehindert werden könnte, in sein Heimatland zu spenden.[183] Der Anwendungsfall ergibt sich aus der Pressemitteilung der EU-Kommission, bei welcher ein ähnlicher Fall dargestellt und die Arbeitnehmerfreizügigkeit nicht von vornherein ausgeschlossen wird.[184] Dieser Fall ist nach Ansicht *Möllmanns* rein fiktiv und von Art. 45 AEUV nicht mitumfasst.[185] Zur Lösung greift *Möllmann* neben Art. 45 AEUV ergänzend auf die Verordnung über die Freizügigkeit der Arbeitnehmer innerhalb der Union zurück.[186] Zwar werde durch Art. 7 Abs. 2 der VO (EU) 492/2011[187] der ausländische Arbeitnehmer dem inländischen Arbeitnehmer gleichgestellt, jedoch könne auch der ausländische Arbeitnehmer innerhalb des Bundesgebietes unter denselben Bedingungen spenden wie der inländische Arbeitnehmer.[188] Im Rahmen der Arbeitnehmerfreizügigkeit liegen die Schwerpunkte im Bereich der Mobilität des Arbeitnehmers und des Schutzes des Arbeitsverhältnisses. Nach Ansicht *Möllmanns* ist daher die Verordnung kein geeignetes Argument für einen solchen Anwendungsfall.

Dieser Auffassung ist nur bedingt zu folgen. Stellt man auf den Wortlaut von Art. 45 AEUV ab, so hat der Anwendungsbereich die von *Möllmann* angenommenen Grenzen. Eine Spende in das jeweilige Heimatland steht in keinerlei Zusammenhang mit der beruflichen Tätigkeit des ausländischen Arbeitnehmers, weshalb der Anwendungsbereich grundsätzlich nicht betroffen ist. Um dennoch Art. 45 AEUV anwenden zu können, müsste eine teleologische Extension vorgenommen werden, sodass der Anwendungsbereich von Art. 45 AEUV

183 *Hüttemann*, Gemeinnützigkeits- und Spendenrecht, Rn. 1.129.; *Möllmann*, Die steuerliche Privilegierung gemeinnütziger Körperschaften im Spannungsfeld von Verfassungsrecht und europäischen Grundfreiheiten, S. 167.

184 Kommission v. 10.07.2006 – IP/06/964.

185 *Möllmann*, Die steuerliche Privilegierung gemeinnütziger Körperschaften im Spannungsfeld von Verfassungsrecht und europäischen Grundfreiheiten, S. 167.

186 Freizügigkeits-VO (EU) v. 05.04.2011, Verordnung (EU) 492/2011, ABl. Nr. L 141, v. 27.05.2011, ursprünglich Arbeitnehmerfreizügigkeits-VO (EWG) v. 15.10.1968, Verordnung (EWG) 1612/68, ABl. Nr. L 257, v. 19.10.1968.

187 Freizügigkeits-VO (EU) v. 05.04.2011, Verordnung (EU) 492/2011, ABl. Nr. L 141, v. 27.05.2011, S. 3, ursprünglich Arbeitnehmerfreizügigkeits-VO (EWG) v. 15.10.1968, Verordnung (EWG) 1612/68, ABl. Nr. L 257, v. 19.10.1968, S. 4.

188 *Möllmann*, Die steuerliche Privilegierung gemeinnütziger Körperschaften im Spannungsfeld von Verfassungsrecht und europäischen Grundfreiheiten, S. 167.

dahingehend erweitert wird, dass auch mittelbar ein Zusammenhang mit der beruflichen Tätigkeit bereits ausreichend ist. Gestützt werden kann dies durch Art. 7 Abs. 2 der VO (EU) 492/2011, wonach dem Arbeitnehmer die gleichen sozialen und steuerlichen Vergünstigungen wie dem inländischen Arbeitnehmer zustehen. Hierunter fällt auch der Spendenabzug nach § 10b EStG.[189] Einen Anwendungsfall des Art. 45 AEUV – wie die oben beschrieben – ausschließlich deswegen zu verneinen, weil der ausländische Arbeitnehmer ebenfalls im Bundesgebiet frei spenden kann, ist zwar vertretbar, mit der Realität jedoch nur schwer zu vereinbaren. Der ausländische Arbeitnehmer hat eine andere soziale Beziehung zu Stiftungen oder anderen gemeinnützigen Körperschaften seines Heimatlandes als zu solchen der Bundesrepublik.[190] Berücksichtigt werden muss, dass insbesondere diese soziale Verbindung ausschlaggebend ist für eine solche Spende. Dieses Verhältnis besteht gerade zwischen inländischen Arbeitnehmern und einer inländischen Stiftung. Eine Fallkonstellation, welche sowohl das Spendenrecht und mittelbar dadurch das Gemeinnützigkeitsrecht als auch die Arbeitnehmerfreizügigkeit betrifft, ist somit wenigstens denkbar.[191]

b) Niederlassungsfreiheit (Art. 49 AEUV)

Die Niederlassungsfreiheit schützt jeden Unionsbürger in einem EU-Staat, der eine selbstständige Erwerbstätigkeit aufnimmt oder bereits ausübt.[192] Im Unterschied zur Arbeitnehmerfreizügigkeit umfasst der Schutzbereich der Niederlassungsfreiheit nur solche Tätigkeiten, welche im Zusammenhang mit einer Selbstständigkeit stehen.[193] Dabei muss die Tätigkeit zwar auf ein Entgelt abzielen, eine Gewinnerzielungsabsicht muss jedoch nicht vorhanden sein.[194] Strittig ist, ob eine gemeinnützige Körperschaft die Voraussetzung der wirtschaftlichen

---

189 Freizügigkeits-VO (EU) v. 05.04.2011, Verordnung (EU) 492/2011, ABl. Nr. L 141, v. 27.05.2011, S. 3, ursprünglich Arbeitnehmerfreizügigkeits-VO (EWG) v. 15.10.1968, Verordnung (EWG) 1612/68, ABl. Nr. L 257, v. 19.10.1968, S. 4.

190 *Hüttemann*, Gemeinnützigkeits- und Spendenrecht, Rn. 1.129.

191 Ob durch die derzeitig geltenden Vorschriften der Gemeinnützigkeit und des Spendenrechts ein Verstoß gegen die Grundfreiheiten vorliegt, soll im Nachgang ausführlich erörtert werden.

192 *Frotscher*, Internationales Steuerrecht § 2 Rn. 97; *Schaumburg* in Schaumburg, Internationales Steuerrecht, Kapitel 4 Rn. 4.25.

193 *Müller-Graff* in Streinz, EUV/AEUV § 49 AEUV Rn. 5; *Reimer* in Schaumburg/Englisch, Europäisches Steuerrecht, Rn. 7.72 ff.

194 *Haase*, Internationales und Europäisches Steuerrecht, § 6 Rn. 804; *Schaumburg* in Schaumburg, Internationales Steuerrecht Kapitel 4 Rn. 4.26.

Tätigkeit erfüllt, um sich überhaupt auf die Niederlassungsfreiheit berufen zu können.[195] Um ein sachgerechtes Ergebnis zu erreichen, wird in der Literatur einhellig die Auffassung vertreten, dass zumindest dann eine gemeinnützige Körperschaft sich auf die Niederlassungsfreiheit berufen kann, wenn der Bereich betroffen ist, in welchem auch diese Körperschaft tatsächlich Gewinne erzielt oder am Markt tätig wird.[196] Hierunter könnten insbesondere die Zweckbetriebe fallen, bei denen eine partielle Steuerpflicht vorliegt.[197] Dieses Ergebnis entspricht auch der weiten Auslegung der wirtschaftlichen Tätigkeit im Bereich der Niederlassungsfreiheit, sodass grundsätzlich Fallkonstellationen denkbar sind, in welchen eine gemeinnützige Körperschaft sich auf Art. 49 AEUV berufen kann.[198]

Anders sieht es hingegen auf der Seite des Spenders aus. Strittig ist dabei, ob die Behandlung des Spendenabzugs gem. § 10b EStG in den Anwendungsbereich von Art. 49 AEUV fällt, da hierbei nur der ideelle Bereich betroffen ist und es vollständig an einer wirtschaftlichen Betätigung fehlt. Nach Ansicht der Literatur ist ein Spendenabzug iSv § 10b EStG nicht von der Niederlassungsfreiheit mitumfasst.[199] Es würde dem Sinn und Zweck der Grundfreiheiten widerstreben, auch diesen Bereich zu schützen. Nach Ansicht von *Hüttemann* benötigt dieser Bereich auch den Schutz durch die Niederlassungsfreiheit nicht, da im Falle des Spendenrechts ggf. die Kapitalverkehrsfreiheit einen ausreichenden Schutz gewährleisten kann.[200]

Entscheidend für die Anwendbarkeit der Niederlassungsfreiheit bleibt folglich, ob die Körperschaft wirtschaftlich tätig ist und ein entsprechendes Entgelt oder lediglich Spenden erhält. Nur im erstgenannten Fall kann sich die Körperschaft auf Art. 49 AEUV berufen. Der Spender wird sich hingegen nicht auf Art. 49 AEUV berufen können.

---

195 *Helios*, BB 2002, 1893 (1894) m.w.N.; *Helios* in Schauhoff, Handbuch der Gemeinnützigkeit, § 22 Rn. 24.

196 *Helios*, BB 2002, 1893 (1895); *Randelzhofer/Forsthoff* in Grabitz/Hilf/Nettesheim, Das Recht der Europäischen Union, Art. 48 EGV Rn. 8; *Vollmer*, ZHR 1993, 373 (380).

197 Zur wirtschaftlichen Betätigung der gemeinnützigen Körperschaft siehe S. 114 ff.

198 *Hüttemann*, Gemeinnützigkeits- und Spendenrecht, Rn. 1.126.

199 *Hüttemann*, Gemeinnützigkeits- und Spendenrecht, Rn. 1.127; vertiefend m.w.N. *Möllmann*, Die steuerliche Privilegierung gemeinnütziger Körperschaften im Spannungsfeld von Verfassungsrecht und europäischen Grundfreiheiten, S. 170.

200 *Hüttemann*, Gemeinnützigkeits- und Spendenrecht, Rn. 1.127.

c) *Dienstleistungsfreiheit (Art. 56 ff. AEUV)*

Die Dienstleistungsfreiheit gem. Art. 56 ff. AEUV kommt für die ausländische gemeinnützige Körperschaft, welcher es unter Umständen versagt bleibt, sich auf die begünstigenden Vorschriften zu berufen, nur schwerlich in Betracht. Ähnlich wie bei der Niederlassungsfreiheit fallen in den Schutzbereich der Dienstleistungsfreiheit nur solche Leistungen, die überwiegend entgeltlich sind.[201] Die Entgeltlichkeit ist nach ständiger Rechtsprechung Wesensmerkmal der Dienstleistungsfreiheit.[202] Was unter Entgeltlichkeit iSv Art. 57 AEUV zu verstehen ist, lässt sich nicht der Vorschrift selbst entnehmen.[203] Vielmehr bedarf es eines Rückgriffs auf Art. 3 Abs. 2 EUV, wonach die Ziele der Union darin bestehen, den Bürgern „einen Raum der Freiheit, der Sicherheit und des Rechts ohne Binnengrenzen" zu gewährleisten.[204] So bedarf es auch bei der Dienstleistungsfreiheit einer Aktivität, welche zum Wirtschaftsleben gehört.[205] Nicht ausgeschlossen sollen jedoch Grenzfälle sein, bei welchen nur ausnahmsweise keine Gegenleistung erbracht wird.[206] Im Rahmen der Dienstleistungsfreiheit wird daher mit der Begrifflichkeit der Entgeltlichkeit ähnlich verfahren wie bei der Niederlassungsfreiheit bezüglich einer wirtschaftlichen Tätigkeit. In Abgrenzung der beiden Grundfreiheiten zueinander zeigt sich, dass zwar beide Grundfreiheiten grundsätzlich nebeneinander bestehen können, der Begriff der wirtschaftlichen

201 *Haase*, Internationales und Europäisches Steuerrecht, § 6 Rn. 806; *Reimer* in Schaumburg/Englisch, Europäisches Steuerrecht, Rn. 7.81.

202 EuGH Urt. v. 27.09.1988, Rs. C-263/86 (*Humbel*), ECLI:EU:C:1988:451, Slg. 1988, 05365 Rn. 17; EuGH Urt. v. 26.06.2003, Rs. C-422/01 (*Skandia und Ramstedt*), ECLI:EU:C:2003:380, Slg. 2003, I-06817 Rn. 23; EuGH Urt. v. 11.09.2007, Rs. C-76/05 (*Schwarz und Gootjes-Schwarz*), ECLI:EU:C:2007:492, Slg. 2007, I-06849 Rn. 38; EuGH Urt. v. 18.12.2007, Rs. C-281/06 (*Jundt*), ECLI:EU:C:2007:816, Slg. 2007, I-12231 Rn. 29.

203 *Kluth* in Calliess/Ruffert, EUV/AEUV-Kommentar, Art. 57 AEUV Rn. 11; *Randelzhofer/Forsthoff* in Grabitz/Hilf/Nettesheim, Das Recht der Europäischen Union Art. 57 AEUV Rn. 44 f.

204 *Randelzhofer/Forsthoff* in Grabitz/Hilf/Nettesheim, Das Recht der Europäischen Union Art. 57 AEUV Rn. 44.

205 *Randelzhofer/Forsthoff* in Grabitz/Hilf/Nettesheim, Das Recht der Europäischen Union Art. 57 AEUV Rn. 44.

206 *Kluth* in Calliess/Ruffert, EUV/AEUV-Kommentar, Art. 57 AEUV Rn. 13; *Randelzhofer*/Forsthoff in Grabitz/Hilf/Nettesheim, Das Recht der Europäischen Union Art. 57 AEUV Rn. 47.

Tätigkeit jedoch weiter verstanden wird als die Entgeltlichkeit im Rahmen der Dienstleistungsfreiheit.[207]

An einer solchen Entgeltlichkeit fehlt es zumindest in jenen Fällen, in welchen die Körperschaft eine rein karitative Leistung erbringt.[208] Eine gemeinnützig tätige Körperschaft fällt daher grundsätzlich nicht in den Schutzbereich der Dienstleistungsfreiheit. Zwar ist die wirtschaftliche Betätigung auch bei gemeinnützigen Körperschaften nicht per se ausgeschlossen, jedoch darf diese wiederum nur in Ausnahmefällen und in einem geringen Umfang vorhanden sein.[209] Ein Schutz durch die Dienstleistungsfreiheit gem. Art. 56 ff. AEUV kommt folglich nur bei der wirtschaftlichen Betätigung der gemeinnützigen Körperschaft in Betracht.

d) Kapitalverkehrsfreiheit (Art. 63 ff. AEUV)

Eine wichtige Rolle im Gemeinnützigkeits- und Spendenrecht spielt die Kapitalverkehrsfreiheit gem. Art. 63 AEUV. So prüfte der EuGH in der Rs. *Stauffer* und der darauffolgenden Entscheidung *Persche* die nationalen Vorschriften des Gemeinnützigkeits- und des Spendenrechts insbesondere anhand der Kapitalverkehrsfreiheit auf ihre Europarechtskonformität.[210]

Grundsätzlich soll durch Art. 63 AEUV der Kapitalverkehr zwischen den Mitgliedstaaten und zwischen Mitgliedstaaten und Drittländern geschützt werden. Aus der Vorschrift ergibt sich keine Definition, was unter Kapitalverkehr zu verstehen ist.[211] Aufgrund dieser Ungenauigkeit wurde lange Zeit diskutiert, ob die Auslandsspende mit vom Schutzbereich des Art. 63 AEUV umfasst ist oder bereits aufgrund ihres ideellen Charakters ausscheidet.[212] Die Literatur verstand ursprünglich unter der Kapitalverkehrsfreiheit ausschließlich die „einseitige

---

207 *Forsthoff* in Grabitz/Hilf/Nettesheim, Das Recht der Europäischen Union, Art. 49 AEUV Rn. 127.

208 *Müller-Graf* in Streinz, EUV/AEUV-Kommentar, Art. 56 Rn. 23.

209 Ausführlich zu den Voraussetzungen einer gemeinnützigen Körperschaft siehe S. 75 ff.

210 EuGH Urt. v. 14.09.2006, Rs. C-386/04 (*Stauffer*), ECLI:EU:C:2006:568, Slg. 2006, I-08203 = IStR 2006, 675 ff.; EuGH Urt. v. 27.01.2009, Rs. C-318/07 (*Persche*), ECLI:EU:C:2009:33, Slg. 2009, I-00359 = IStR 2009, 171 ff.

211 EuGH Urt. v. 12.12.2006, Rs. C-446/04 (*Test Claimants in the FII Group Litigation*), ECLI:EU:C:2006:774, Slg. 2006, I-11753 Rn. 177 ff.; *Frotscher*, Internationales Steuerrecht, § 2 Rn. 101.

212 Ausführlich zu der Auslegung der Definition der Kapitalverkehrsfreiheit *Hippel*, EuZW 2005, 7 ff.

Übertragung von Sach- oder Geldkapital aus einem Staat in einen anderen Staat, die regelmäßig zugleich eine Vermögensanlage darstellt."[213] Dabei verlangte die noch vor 10 Jahren herrschende Ansicht in der Literatur, dass ein subjektives Element im Sinne einer Anlagenabsicht vorliegt.[214]

Die Rechtsprechung behalf sich zur Begriffsbestimmung seit jeher mit der Richtlinie 88/361/EWG.[215] Aus dieser Richtlinie wurde der wesentliche Inhalt für die Kapitalverkehrsfreiheit hergeleitet und die Nomenklatur beibehalten.[216] Unter Zuhilfenahme der Richtlinie fällt danach unter die Kapitalverkehrsfreiheit in erster Linie die Anlage oder die Investition eines Betrages.[217] Lange Zeit umstritten war auch im Rahmen dieser Rechtsprechung, ob nach dieser Definition ein subjektives Element in Form einer Anlagenabsicht notwendig ist.[218] Ursprung dieses subjektiven Elements war die Rs. *Luisi und Carbone*.[219] Der EuGH griff dabei auf die Anlageabsicht zurück, um den Kapitalverkehr vom Zahlungsverkehr abgrenzen zu können, sodass die Anlageabsicht ursprünglich eine reine Abgrenzungsfunktion innehatte.[220]

Im Ergebnis würde dieses zusätzliche subjektive Element jedoch dazu führen, dass neben einer Abgrenzung auch eine Beschränkung der Kapitalverkehrsfreiheit entsteht.[221] Konsequenz für den Spendenabzug wäre folglich, dass dieser mangels Anlageabsicht von vornherein aus dem Schutzbereich der

---

213 *Schweitzer/Hummer*, Europarecht, 5. Aufl. (1996), Rn. 1213; *Kiemel*, in: von der Groeben/Schwarz (Hrsg.), EUV/EGV-Kommentar, 6. Aufl. (2003), Art. 56 EG, Rn. 1; *Pajunk*, Die Bedeutung und Reichweite der Kapitalverkehrs- und Dienstleistungsfreiheit des EG-Vertrages (1999), S. 35; zitiert nach *Hippel* in Walz/Auer/Hippel, Steuerliche Diskriminierung ausländischer gemeinnütziger Nonprofit-Organisationen: ein Verstoß gegen die EG-Grundfreiheiten?, S. 677 (684).

214 Vertiefend m.w.N. *Tiedtke/Möllmann*, IStR 2007, 837 (841).

215 Richtlinie 88/361/EWG v. 24.06.1988, ABl. EG Nr. L 178, v. 08.07.1988, S. 5, 8, 10.

216 Beispielhaft hier: EuGH Urt. v. 16.03.1999, Rs. C-222/97 (*Trummer und Mayer*), ECLI:EU:C:1999:143, Slg. 1999, I-01661 Rn. 21; EuGH Urt. v. 23.02.2006, Rs. C-513/03 (*van Hilten-van der Heijden*), ECLI:EU:C:2006:131, Slg. 2006, I-01957, Rn. 39 = IStR 2006, 309 (310) Rn. 39.

217 EuGH Urt. v. 31.01.1984, Rs. C-286/82 (*Luisi und Carbone*), ECLI:EU:C:1984:35, Slg. 1984, 00377 Rn. 21.

218 *Hippel* in Walz/Auer/Hippel, Steuerliche Diskriminierung ausländischer gemeinnütziger Nonprofit-Organisationen: ein Verstoß gegen die EG-Grundfreiheiten, S. 684 f.

219 EuGH Urt. v. 31.01.1984, Rs. C-286/82 (*Luisi und Carbone*), ECLI:EU:C:1984:35, Slg. 1984, 00377 Rn. 19 ff.

220 Ausführlich zu der Definition und Funktion der Anlageabsicht *Hippel*, EuZW 2005, 7 (7).

221 *Hippel*, EuZW 2005, 7 (7).

Kapitalverkehrsfreiheit herausfallen würde.[222] Dies wäre jedoch weder mit der Richtlinie noch mit der Kapitalverkehrsfreiheit vereinbar, aus welcher eine solch strenge Voraussetzung nicht hervorgeht.[223] Dass auch das Gemeinnützigkeits- und das Spendenrecht in den Schutzbereich der Freiheit des Kapitalverkehrs fallen können, wird durch den Anhang I der Richtlinie deutlich, in welchem auch Vorgänge mit persönlichem Charakter umfasst sind.[224] Dabei muss berücksichtigt werden, dass es sich bei der Spende zivilrechtlich betrachtet um eine Schenkung handelt.[225] Es ist daher nicht ausschlaggebend, dass die Spende nicht explizit in der Richtlinie aufgeführt wird, zumal die Aufzählung nicht abschließend ist.

Die grundlegende Problematik hat sich durch die Grundsatzentscheidungen des EuGH nunmehr weitgehend erübrigt. Dass es im Ergebnis daher keiner Anlagenabsicht bedarf, hat sowohl der EuGH in der Rs. *Persche* entschieden als auch die Literatur anerkannt.[226] So findet sich nunmehr in der Literatur die Definition, dass unter Kapitalverkehr die „einseitige grenzüberschreitende Verbringung von Sach- oder Geldkapital jeglicher Art“[227] zu verstehen ist.[228] Von der Kapitalverkehrsfreiheit mitumfasst sind insbesondere der Erwerb von Aktien, der Dividendenbezug, die Veräußerung von Wertgegenständen und die Aufnahme und Vergabe von Darlehen sowie nunmehr auch Geld- und Sachspenden.[229] Die weitgefasste Definition lässt somit sowohl die gemeinnützigen Körperschaften als auch den Spender in den Schutzbereich der Kapitalverkehrsfreiheit fallen. Damit müssen die nationalen Voraussetzungen auch des Gemeinnützigkeits- und Spendenrechts mit der Kapitalverkehrsfreiheit in Einklang stehen oder es

222 *Tiedtke/Möllmann*, IStR 2007, 837 (841).

223 *Hüttemann*, Gemeinnützigkeits- und Spendenrecht, Rn. 1.127.

224 Richtlinie 88/361/EWG v. 24.06.1988, ABl. EG Nr. L 178, v. 08.07.1988, S. 10.

225 RG v. 07.05.1909 – VII 360/08, RGZ 71, 140; RG v. 16.10.1908 – VII 595/07, RGZ 70, 15; *Helios/Schlotter*, IStR 2006, 483 (486); *Schauhoff* in Schauhoff, Handbuch der Gemeinnützigkeit, § 11 Rn. 15; vertiefend m.w.N *Tiedtke/Möllmann*, IStR 2007, 837 (841).

226 EuGH Urt. v. 27.01.2009, Rs. C-318/07 (*Persche*), ECLI:EU:C:2009:33, Slg. 2009, I-00359 Rn. 24 = IStR 2009, 171 (171 f.) Rn. 24.

227 *Haase*, Internationales und Europäisches Steuerrecht, § 6 Rn. 808.

228 *Frotscher*, Internationales Steuerrecht, § 2 Rn. 101; *Weber-Grellet*, Europäisches Steuerrecht, § 9 Rn. 170.

229 EuGH Urt. v. 27.01.2009, Rs. C-318/07 (*Persche*), ECLI:EU:C:2009:33, Slg. 2009, I-00359 Rn. 24 ff. = IStR 2009, 171 (171 f.) Rn. 24 ff.; *Haase*, Internationales und Europäisches Steuerrecht, § 6 Rn. 808; *Weber-Grellet*, Europäisches Steuerrecht, § 9 Rn. 170.

muss ggf. ein Rechtfertigungsgrund vorliegen, weshalb eine Beschränkung dennoch möglich ist.[230]

Besondere Brisanz entwickelt die Thematik im Bereich der Drittstaaten, da die Kapitalverkehrsfreiheit – als Ausnahme gegenüber den anderen Grundfreiheiten – grundsätzlich auch auf Drittstaaten anwendbar ist.[231] Eine zulässige Beschränkung der Kapitalverkehrsfreiheit bei Drittstaaten ist allerdings möglich, wenn Art. 64 AEUV eingreift. Voraussetzung für eine zulässige Beschränkung ist zunächst, dass diese am 31.12.1993 bestand (sog. Stillstandsklausel).[232] Wird eine Vorschrift nach dem 31.12.1993 verändert, bleibt jedoch im Wesenskern gleich, so ist Art. 64 Abs. 1 AEUV dennoch anwendbar.[233] Neben dieser zeitlichen Anknüpfung ist darüber hinaus eine Beschränkung nur dann zulässig, wenn diese „im Zusammenhang mit Direktinvestitionen einschließlich Anlagen in Immobilien, mit einer Niederlassung, der Erbringung von Finanzdienstleistungen oder der Zulassung von Wertpapieren zu den Kapitalmärkten“[234] steht. Zur Auslegung der Begrifflichkeit der Direktinvestition wird sowohl von der Literatur als auch von der Rechtsprechung auf die Kapitalverkehrsrichtlinie zurückgegriffen.[235] Anders als im Gemeinnützigkeits- und Spendenrecht wird hierbei auf die Rubrik I des Anhangs I der Richtlinie 88/361/EWG abgestellt, sodass sich im Ergebnis für den Bereich des Gemeinnützigkeits- und Spendenrechts festhalten lässt, dass auch Drittstaaten sich auf die Kapitalverkehrsfreiheit berufen können, wenn es unter anderem um die Anerkennung ihrer Gemeinnützigkeit geht.[236]

---

230 Siehe ausführlich zu den einzelnen Rechtfertigungsgründen S. 35 ff.

231 *Jacobs*, Internationale Unternehmensbesteuerung, S. 204 f.

232 *Schön*, FS Wassermeyer 2005, 498 (493); *Sedlaczek/Züger* in Streinz, EUV/AEUV-Kommentar, Art. 64 AEUV Rn. 10; zu dem Streit, ob die Vorschrift am Stichtag bereits in Kraft getreten sein muss, siehe *Schnitger*, IStR 2004, 635 (636).

233 EuGH Urt. v. 10.04.2014, Rs. C-190/12 (*Emerging Markets Series of DFA Investment Trust Company*), ECLI:EU:C:2014:249 Rn. 48.

234 EuGH Urt. v. 15.02.2017, Rs. C-317/15 (*X/Staatssecretaris van Financiën*), ECLI:EU:C:2017:119 Rn. 17.

235 EuGH Urt. v. 12.12.2006, Rs. C-446/04 (*Test Claimants in the FII Group Litigation*), ECLI:EU:C:2006:774, Slg. 2006, I-11753 Rn. 180; EuGH Urt. v. 24.05.2005, Rs. C-157/05 (*Holböck*), ECLI:EU:C:2007:297, Slg. 2007, I-04051 Rn. 33; EuGH Urt. v. 17.09.2009, Rs. C-182/08 (*Glaxo Wellcome*), ECLI:EU:C:2009:559, Slg. 2009, I-08591 Rn. 40; *Sedlaczek/Züger* in Streinz, EUV/AEUV-Kommentar, Art. 64 AEUV Rn. 14.

236 So unter anderem FG Baden-Württemberg Urt. v. 23.04.2015 – 3 K 1766/13, IStR 2015, 701 (706 f.); ausführlich zur Problematik von Art. 64 AEUV siehe S. 76 ff.

Insbesondere die zulässige Beschränkung aus Art. 64 AEUV greift in diesem Bereich mangels eines Zusammenhangs mit Direktinvestitionen nicht ein.[237]

e) *Zusammenfassung*

Als Fazit lässt sich daher zunächst zusammenfassen, dass die Grundfreiheiten – insbesondere die Kapitalverkehrsfreiheit – auch im Rahmen des Gemeinnützigkeits- und Spendenrechts Anwendung finden und ggf. einen Schutz vor Ungleichbehandlung bieten können.

4. Beeinträchtigung von Grundfreiheiten

Neben der Eröffnung des Schutzbereichs muss darüber hinaus auch eine Beeinträchtigung der jeweils einschlägigen Grundfreiheit vorliegen. Dabei muss berücksichtigt werden, dass die Grundfreiheiten ursprünglich als reine Diskriminierungsverbote ausgestaltet worden sind.[238] Nach ständiger Rechtsprechung liegt eine solche Diskriminierung nur dann vor, wenn „unterschiedliche Vorschriften auf vergleichbare Situationen angewandt werden oder [...] dieselbe Vorschrift auf unterschiedliche Situationen angewandt wird."[239] Differenziert werden kann zwischen einer offenen/unmittelbaren oder versteckten/mittelbaren Diskriminierung.[240] Im Falle einer offenen Diskriminierung knüpft die jeweilige Vorschrift an die Staatsangehörigkeit des Steuerpflichtigen an, wohingegen bei einer versteckten Diskriminierung andere Unterscheidungsmerkmale entscheidend sind, welche aber regelmäßig ebenfalls nur von den Angehörigen bestimmter Mitgliedstaaten erfüllt werden können.[241] Der EuGH sieht die Grundfreiheiten trotz ihrer ursprünglichen Ausgestaltung als Diskriminierungsverbote auch als reine Beschränkungsverbote an. Diese Erweiterung der Eingriffsmöglichkeit erachtete der EuGH als notwendig, da die Grundfreiheiten auch dann beeinträchtigt werden können, wenn die nationale Steuervorschrift die grenzüberschreitende Tätigkeit weniger attraktiv macht.[242] Ob eine solche

---

237 FG Baden-Württemberg Urt. v. 23.04.2015 – 3 K 1766/13, IStR 2015, 701 (706 f.).

238 *Haase*, Internationales und Europäisches Steuerrecht, § 6 Rn. 818.

239 EuGH Urt. v. 14.02.1995, Rs. C-279/93 (*Schumacker*), ECLI:EU:C:1995:31, Slg. 1995, I-00225 Rn. 30.

240 EuGH Urt. v. 12.02.1974, Rs. C-152/73 (*Sotgui*), ECLI:EU:C:1974:13, Slg. 1974, 00153 Rn. 11.

241 *Streinz* in Streinz, EUV/AEUV-Kommentar, Art. 18 Rn. 51 ff.

242 EuGH Urt. v. 11.07.1974, Rs. C-8/74 (*Dassonville*), ECLI:EU:C:1974:82, Slg. 1974, 00837 Rn. 5; EuGH Urt. v. 12.12.1996, Rs. C-3/95 (*Broede/Sandker*),

Vorschrift einen Eingriff in die Grundfreiheiten darstellen kann, ist mittlerweile für sämtliche Grundfreiheiten vom EuGH entschieden worden.[243] Nunmehr ist es ausreichend, wenn durch eine nationale Steuervorschrift anstelle der Staatsangehörigkeit an vergleichbare Kriterien angeknüpft werden kann und dadurch ein Nachteil für den Steuerpflichtigen entsteht.[244] Wann ein solcher Eingriff ausreichend ist, muss am jeweiligen Einzelfall geprüft werden.[245] Der EuGH sieht bereits dann eine nationale Steuervorschrift als europarechtswidrig an, wenn es dem Steuerpflichtigen durch diese weniger attraktiv gemacht wird, grenzüberschreitend tätig zu werden.[246] Insbesondere im Bereich des Gemeinnützigkeits- und Spendenrechts waren vor den Grundsatzentscheidungen vermehrt offene Diskriminierungen zu finden. Durch die Gesetzesreformen nach der Rs. *Stauffer* und der Rs. *Persche* hat diese Zahl deutlich abgenommen, sodass sich nunmehr nur noch vereinzelt offene Diskriminierungen finden lassen. Bei den Beschränkungsverboten gelangt man zu einem anderen Ergebnis, da weiterhin das Gemeinnützigkeits- und Spendenrecht vom Gesetzgeber national ausgestaltet wird, sodass viele notwendige Voraussetzungen es dem Spender „unattraktiv" machen, grenzüberschreitend zu spenden.[247]

ECLI:EU:C:1996:487, Slg. 1996, I-06511 Rn. 25; EuGH Urt. v. 09.07.1997, Rs. C-222/95 (*Parodi*), ECLI:EU:C:1997:345, Slg. 1997, I-03899 Rn. 18; *Haase*, Internationales und Europäisches Steuerrecht, § 6 Rn. 825.

243 Für die Arbeitnehmerfreizügigkeit EuGH Urt. v. 12.12.2002, Rs. C-385/00 (*de Groot*), ECLI:EU:C:2002:750, Slg. 2002, I-11819 Rn. 71 f.; für die Niederlassungsfreiheit EuGH Urt. v. 21.11.2002, Rs. C-436/00 (*X und Y*), ECLI:EU:C:2002:704, Slg. 2002, I-10829 Rn. 38; für die Dienstleistungsfreiheit EuGH Urt. v. 04.12.1986, Rs. C-205/84 (*Kommission/Deutschland*), ECLI:EU:C:1986:463, Slg. 1986, 03755 Rn. 28; für die Kapitalverkehrsfreiheit EuGH Urt. v. 07.09.2004, Rs. C-319/02 (*Manninen*), ECLI:EU:C:2004:484, Slg. 2004, I-07477 Rn. 20; *Haase*, Internationales und Europäisches Steuerrecht, § 6 Fn. 181; *Frotscher*, Internationales Steuerrecht, § 2 Fn. 62 m.w.N.

244 *Haase*, Internationales und Europäisches Steuerrecht, § 6 Rn. 825; *Hahn*, DStZ 2005, 433 (440); *Streinz*, FS Rudolf 2001, 199 (207 f.).

245 *Haase*, Internationales und Europäisches Steuerrecht, § 6 Rn. 825; *Schaumburg* in Schaumburg/Englisch, Europäisches Steuerrecht, Rn. 1.5.

246 EuGH Urt. v. 12.12.2002, Rs. C-324/00 (*Lankhorst-Hohorst*), ECLI:EU:C:2002:749, Slg. 2002, I-11779 Rn. 32.

247 Zu der grundlegenden Problematik der grenzüberschreitenden Direktspende bei den einzelnen Voraussetzungen siehe S. 123 ff.

5. Anerkannte Rechtfertigungsgründe

Liegt ein Eingriff vor, kann eine Vorschrift dennoch anwendbar sein. Voraussetzung dafür ist, dass ein Rechtfertigungsgrund eingreift und die Vorschrift einer Verhältnismäßigkeitsprüfung standhält.[248] Differenziert werden kann zwischen den geschriebenen und den richterlich entwickelten Rechtfertigungsgründen.

a) Geschriebene Rechtfertigungsgründe

Der AEUV enthält geschriebene Rechtfertigungsgründe in Art. 36–44 AEUV, welche zugunsten der öffentlichen Sicherheit und Ordnung, der öffentlichen Gesundheit, zum Schutz der Menschen, Tiere und Pflanzen und aus weiteren Gründen des Allgemeininteresses von den Mitgliedstaaten vereinbart worden sind.[249] Für das Steuerrecht allerdings ist die praktische Relevanz dieser Rechtfertigungsgründe sehr gering.[250]

b) Richterlich entwickelte Rechtfertigungsgründe

Bedeutsamer sind daher in der Steuerpraxis die durch die Rechtsprechung entwickelten Rechtfertigungsgründe (sog. rule of reason).[251] Erstmals entwickelt wurden diese in den Rs. *Dassonville*[252] und *Cassis de Dijon*[253]. Der EuGH stellte darauf ab, dass ein Eingriff in die Grundfreiheit gerechtfertigt werden kann, „soweit Bestimmungen notwendig sind, um zwingenden Erfordernissen gerecht zu werden, insbesondere einer wirksamen steuerlichen Kontrolle, des Schutzes der öffentlich Gesundheit, der Lauterkeit des Handelsverkehrs und des Verbraucherschutzes."[254] Diese ungeschriebenen Rechtfertigungsgründe werden

---

248 *Frotscher*, Internationales Steuerrecht, § 2 Rn. 118; *Schaumburg* in Schaumburg, Internationales Steuerrecht, Kapitel 4 Rn. 4.19.

249 *Haase* Internationales und Europäisches Steuerrecht, § 6 Rn. 832.

250 *Haase*, Internationales und Europäisches Steuerrecht, § 6 Rn. 832; *Schaumburg* in Schaumburg, Internationales Steuerrecht, Kapitel 4 Rn. 4.19; *Hahn*, DStZ 2005, 507 (507).

251 *Hahn*, DStZ 2005, 507 (507 f.); *Haase*, Internationales und Europäisches Steuerrecht, § 6 Rn. 831.

252 EuGH Urt. v. 11.07.1974, Rs. C-8/74 (*Dassonville*), ECLI:EU:C:1974:82, Slg. 1974, 00837.

253 EuGH Urt. v. 20.02.1979, Rs. C-120/78 (*Cassis de Dijon*), ECLI:EU:C:1979:42, Slg. 1979, 00649.

254 EuGH Urt. v. 20.02.1979, Rs. C-120/78 (*Cassis de Dijon*), ECLI:EU:C:1979:42, Slg. 1979, 00649 Rn. 8.

durch Einzelfallentscheidungen des EuGH immer noch weiterentwickelt, weshalb der Anwendungsbereich noch nicht vollständig geklärt ist.[255] In ständiger Rechtsprechung[256] hat der EuGH auch für Beschränkungen im Bereich des Steuerrechts die im Folgenden näher dargelegten ungeschriebenen Rechtfertigungsgründe anerkannt.[257] Bei den offenen Diskriminierungen greifen diese nicht ein, bei versteckten Diskriminierungen ist eine mögliche Rechtfertigung umstritten.[258]

aa) Zwingende Gründe des Allgemeinwohls

Für die Rechtfertigung aus ungeschriebenen Gründen muss zunächst ein zwingender Grund des Allgemeinwohls vorhanden sein. Der EuGH hat in seiner Rechtsprechung Fallgruppen entwickelt, unter welchen Umständen zwingende Gründe des Allgemeinwohls einen Eingriff in die Grundfreiheiten rechtfertigen können.[259] Bislang anerkannt sind als Fallgruppen (1) die wirksame Steueraufsicht, (2) die Kohärenz des Steuersystems, (3) die Aufteilung der Besteuerungsbefugnisse sowie (4) die Verhinderung von Missbrauch.[260]

bb) Fallgruppen

(1) Wirksame Steueraufsicht

Die wirksame Steueraufsicht ist von wesentlicher Bedeutung für die Rechtfertigung von Steuervorschriften, welche die Ausübung der Grundfreiheiten in grenzüberschreitenden Fällen beschränken. Welche Sachverhalte von der wirksamen Steueraufsicht umfasst sind, lässt sich jedoch nicht ganz einheitlich definieren.[261] Die Rechtsprechung des EuGH hat eine Rechtfertigung unter dem Gesichtspunkt der wirksamen Steueraufsicht erstmals in der Rs. *Cassis de Dijon* anerkannt.[262] Danach sind Bestimmungen gerechtfertigt, wenn diese für eine

---

255 *Cordewener*, DStR 2004, 6 (8).

256 EuGH Urt. v. 30.11.1995, Rs. C-55/94 (*Gebhard*), ECLI:EU:C:1995:411, Slg. 1995, I-04165 Rn. 37; EuGH Urt. v. 15.05.1997, Rs. C-250/95 (*Futura Participations*), ECLI:EU:C:1997:239, Slg. 1997, I-02471 Rn. 26; EuGH Urt. v. 21.11.2002, Rs. C-436/00 (*X und Y*), ECLI:EU:C:2002:704, Slg. 2002, I-10829 Rn. 49.

257 *Haase*, Internationales und Europäisches Steuerrecht, § 6 Rn. 833.

258 *Cordewener*, DStR 2004, 6 (8 f.); *Haase*, Internationales und Europäisches Steuerrecht, § 6 Rn. 834.

259 *Weber-Grellet*, Europäisches Steuerrecht, § 9 Rn. 37.

260 *Haase*, Internationales und Europäisches Steuerrecht, § 6 Rn. 836 ff.

261 *Hahn*, DStZ 2005, 507 (509).

262 EuGH Urt. v. 20.02.1979, Rs. C-120/78 (*Cassis de Dijon*), ECLI:EU:C:1979:42, Slg. 1979, 00649 Rn. 8.

wirksame steuerliche Kontrolle notwendig erscheinen.[263] Bestätigt wurde dieser Rechtfertigungsgrund in der Rs. *Futura Participations SA*, wonach es dem Mitgliedstaat möglich sein muss, eine klare und eindeutige Feststellung über die Höhe der steuerbaren Einkünfte zu treffen.[264] Nach diesen Entscheidungen ist die wirksame Steueraufsicht zwar grundsätzlich im Rahmen von Steuervorschriften als Rechtfertigungsgrund anerkannt, der EuGH hat es jedoch zunächst unterlassen, den Mitgliedstaaten eine genaue Definition an die Hand zu geben.[265]

Um den Anwendungsbereich der wirksamen Steueraufsicht genauer bestimmen zu können, werden im Schrifttum die Vorschriften der AO zur Hilfe herangezogen.[266] In § 209 AO wird unter der Steueraufsicht die laufende Kontrolle und Überwachung durch die Behörde verstanden.[267] Grundsätzlich muss es daher der Finanzbehörde möglich sein, den Steuerpflichtigen so zu überwachen, dass das allgemeine Prinzip der gleichmäßigen Besteuerung gem. § 85 AO gewahrt werden kann.[268] Vornehmlich sind folglich solche Sachverhalte erfasst, bei welchen die Finanzbehörde bei grenzüberschreitenden Fällen keine Möglichkeit mehr hat, den Besteuerungsanspruch ohne vermehrten Verwaltungsaufwand durchzusetzen, und eine unterschiedliche Behandlung von in- und ausländischen Sachverhalten daher notwendig erscheint.[269]

Um den Rechtfertigungsgrund der wirksamen Steueraufsicht nicht uferlos werden zu lassen, schränkt der EuGH eine Rechtfertigung insoweit ein, dass die entsprechende Vorschrift einer strengen Verhältnismäßigkeitsprüfung standhalten muss, was im Ergebnis häufig zum Ausschluss dieses Grundes führt.[270] Hintergrund sind die verschiedenen Möglichkeiten, wie die Behörde die notwendigen Unterlagen zur Überprüfung erhalten kann, ohne dabei zwischen

---

263 EuGH Urt. v. 20.02.1979, Rs. C-120/78 (*Cassis de Dijon*), ECLI:EU:C:1979:42, Slg. 1979, 00649 Rn. 8.

264 EuGH Urt. v. 15.05.1997, Rs. C-250/95 (*Futura Participations SA*), ECLI:EU:C:1997:239, Slg. 1997, I-02471 Rn. 31.

265 EuGH Urt. v. 15.05.1997, Rs. C-250/95 (*Futura Participations SA*), ECLI:EU:C:1997:239, Slg. 1997, I-02471 Rn. 31; EuGH Urt. v. 04.03.2004, Rs. C-334/02 (*Kommission/Frankreich*), ECLI:EU:C:2004:129, Slg. 2004, I-02229 Rn. 27 ff.; EuGH Urt. v. 14.09.2006, Rs. C-386/04 (*Stauffer*), ECLI:EU:C:2006:568, Slg. 2006, I-08203 Rn. 47 m.w.N. = IStR 2006, 675 (678) Rn. 47.

266 *Hahn*, DStZ 2005, 507 (509).

267 *Rüsken* in Klein, AO-Kommentar, § 209 Rn. 2.

268 *Hahn*, DStZ 2005, 507 (509).

269 *Haase*, Internationales und Europäisches Steuerrecht, § 6 Rn. 838.

270 *Hahn*, DStZ 2005, 507 (509).

in- und ausländischen Sachverhalten differenzieren zu müssen.[271] So besteht unter anderem die Möglichkeit, die notwendigen Auskünfte auf der Grundlage der Amtshilferichtlinie zu erlangen.[272] Diese Richtlinie wurde im Jahr 2013 mit dem EU-Amtshilfegesetz (EUAHiG) umgesetzt.[273] Das Gesetz ist Rechtsgrundlage für § 117 AO, wonach die Finanzbehörde die entsprechende Rechts- und Amtshilfe in Anspruch nehmen kann oder selbst leistet.[274] So kann ein Mitgliedstaat die wesentlichen Informationen erlangen, um die vom Steuerpflichtigen gemachten Angaben zu kontrollieren und zu überwachen, weshalb allein durch eine grenzüberschreitende Tätigkeit die wirksame Steueraufsicht nicht gefährdet wird.[275]

Auf die durch die Amtshilferichtlinie eröffneten Möglichkeiten kann jedoch erst dann zurückgegriffen werden, wenn die Finanzbehörde bereits alle eigenen Auskunftsmöglichkeiten ausgeschöpft und nicht alle notwendigen Informationen erlangt hat.[276] Die Subsidiarität war schon in der Richtlinie 77/799/EWG in Art. 2 Abs. 1 S. 1 vorgesehen und ist auch in den darauffolgenden Änderungen aufrechterhalten worden.[277] Zunächst ist die Finanzbehörde daher dazu verpflichtet, vorrangig den Steuerpflichtigen zur erhöhten Mitwirkung gem. § 90 Abs. 2 AO aufzufordern.[278] Der Steuerpflichtige muss durch die zusätzliche Sachaufklärungs- und Beweisbeschaffungspflicht die steuerlich relevanten Tatsachen selbstständig beibringen, also auch Informationen beschaffen, welche er zunächst nicht selber

271 *Söhn* in Hübschmann/Hepp/Spitaler, AO-Kommentar, § 117 Rn. 5 ff.

272 Richtlinie 77/799/EWG v. 19.12.1977, ABl. EG. Nr L 336/15, v. 27.12.1977; zwischenzeitlich geändert durch die Richtlinie 2004/106/EG v. 16.11.2004, ABl. EU. Nr. L 359/30, v. 04.12.2004; aufgehoben durch die Richtlinie 2011/16/EU v. 15.02.2011, ABl. EU. Nr. L 64/1, v. 11.03.2011; geändert durch Richtlinie 2014/107/EU v. 09.12.2014, ABl. EU Nr. L 359/1, v. 16.12.2014; geändert durch Richtlinie 2015/2376 v. 08.12.2015, ABl. EU Nr. L 332/1, v. 18.12.2015; geändert durch Richtlinie 2016/881 v. 25.05.2016, ABl. EU Nr. L 146/8, v. 03.06.2016.

273 Gesetz zur Umsetzung der Amtshilferichtlinie sowie zur Änderung steuerlicher Vorschriften (Amtshilferichtlinie-Umsetzungsgesetz – AmtshilfeRLUmsG) v. 26.06.2013, BGBl. I 2013, 1809.

274 *Eich*, KÖSDI 2010, 17041 (17042); *Rätke* in Klein, AO-Kommentar, § 117 Rn. 2; *Seer* in Tipke/Kruse, AO-Kommentar, § 117 Rn. 8, 23.

275 EuGH Urt. v. 14.09.2006, Rs. C-386/04 (*Stauffer*), ECLI:EU:C:2006:568, Slg. 2006, I-08203 Rn. 50 = IStR 2006, 675 (678) Rn. 50.

276 *Eich*, KÖSDI 2010, 17041 (17043); *Seer*, FS Schaumburg 2009, S. 151 (159).

277 Siehe § 6 Abs. 2 des Gesetzes zur Umsetzung der Amtshilferichtlinie sowie zur Änderung steuerlicher Vorschriften (Amtshilferichtlinie-Umsetzungsgesetz – AmtshilfeRLUmsG) v. 26.06.2013, BGBl. I 2013, 1809 (1811).

278 *Seer*, FS Schaumburg 2009, S. 151 (161); zur Reichweite dieser Mitwirkungspflicht des Steuerpflichtigen in grenzüberschreitenden Sachverhalten siehe S. 107 ff.

besitzt.[279] Hintergrund ist, dass die deutsche Finanzbehörde aufgrund des Territorialitätsprinzips keine Befugnisse außerhalb der deutschen Staatsgrenzen hat und somit selbst keine Sachaufklärungsmaßnahmen vornehmen kann.[280] Fraglich ist, ob eine solche erhöhte Anforderung an den Steuerpflichtigen mit den Grundfreiheiten vereinbar ist.[281] Ein rein inländischer Sachverhalt wird ausschließlich durch § 90 Abs. 1 AO geregelt, wonach der Steuerpflichtige zur Auskunft und Beweisnennung verpflichtet ist, jedoch keine Sachaufklärungs- und Beweisbeschaffungspflicht besteht.[282] Daraus folgt eine unterschiedliche Behandlung von inländischen und ausländischen Sachverhalten, weshalb ein Eingriff in die Niederlassungsfreiheit, Dienstleistungsfreiheit und ggf. auch in die Kapitalverkehrsfreiheit in Betracht kommt.[283] Geht man zunächst von einer Beschränkung dieser Grundfreiheiten aus, so kann diese jedoch aufgrund zwingender Gründe des Allgemeininteresses gerechtfertigt sein.[284] Zur Rechtfertigung von § 90 Abs. 2 AO wird ebenfalls auf eine wirksame Steueraufsicht abgestellt, weshalb auch hier eine strenge Verhältnismäßigkeitsprüfung vorzunehmen ist.[285]

Die erhöhte Mitwirkungspflicht in grenzüberschreitenden Sachverhalten ist zunächst geeignet, der Finanzbehörde die notwendigen Informationen zu beschaffen. Problematisch erscheint jedoch, ob diese auch erforderlich ist. Anlässlich der Möglichkeit, auf der Grundlage der EU-Amtshilferichtlinie ebenfalls an diese notwendigen Informationen zu gelangen, könnte der Finanzbehörde ein milderes, gleich geeignetes Mittel zur Verfügung stehen.[286] Im Schrifttum wird dies zum Teil bejaht, so dass die zur Verfügung stehenden Möglichkeiten nach der EU-Amtshilferichtlinie ausreichend sind und die erhöhte Mitwirkungspflicht ein Eingriff in die Grundfreiheiten darstellt, welcher auch nicht aufgrund zwingender

279 *Frotscher*, Mitwirkungs-, Nachweis- und Dokumentationspflichten im Internationalen Steuerrecht, in Lüdicke (Hrsg.), Forum der internationalen Unternehmensbesteuerung, Bd. 23, 167 (172); *Seer*, FS Schaumburg 2009, 151 (162).

280 *Seer*, FS Schaumburg 2009, 151 (163); *Seer* in Tipke/Kruse, AO-Kommentar, § 90 Rn. 18.

281 Ausführlich hierzu *Reuß*, Grenzen steuerlicher Mitwirkungspflicht, S. 101 ff.; *Seer* in Tipke/Kruse, AO-Kommentar, § 90 Rn. 37; *Söhn* in Hübschmann/Hepp/Spitaler, AO/FGO-Kommentar, § 90 Rn. 145 ff. m.w.N.; a.A. *Carlé*, KÖSDI 2003, 13583 (13588).

282 *Wünsch* in Koenig, AO-Kommentar, § 90 Rn. 12, 16.

283 *Söhn* in Hübschmann/Hepp/Spitaler, AO/FGO-Kommentar, § 90 Rn. 147.

284 *Seer*, FS Schaumburg 2009, 151 (163).

285 *Seer*, IWB 2005, 243 (246).

286 *Frotscher*, Mitwirkungs-, Nachweis- und Dokumentationspflichten im Internationalen Steuerrecht, in Lüdicke (Hrsg.), Forum der internationalen Unternehmensbesteuerung, Bd. 23, 167 (180 f.); *Seer*, FS Schaumburg 2009, 151 (163).

Gründe des Allgemeininteresses gerechtfertigt werden kann.[287] Lange Zeit stellte auch die Rechtsprechung auf die EU-Amtshilferichtlinie ab und sah in den durch sie eröffneten Möglichkeiten ein milderes und gleich geeignetes Mittel.[288] Diese Sichtweise hat der EuGH mittlerweile aufgegeben.[289] Er begründet seine Ansicht damit, dass es sich lediglich um einen „passiven Informationsaustausch"[290] zwischen den Mitgliedstaaten handelt und dieser gegenüber der erhöhten Mitwirkungspflicht subsidiär ist.[291] Die EU-Amtshilfe stellt lediglich ein anderes Mittel dar.[292] Die erhöhte Mitwirkungspflicht ist daher nach Ansicht des EuGH erforderlich, um an alle notwendigen Informationen zu gelangen. Im Ergebnis lässt sich daher zunächst feststellen, dass zwar eine Beschränkung der Grundfreiheiten durch die erhöhte Mitwirkungspflicht besteht, diese jedoch durch zwingende Gründe des Allgemeininteresses, insbesondere der wirksamen Steueraufsicht, gerechtfertigt ist. Die Maßnahme ist insoweit auch verhältnismäßig.[293]

Ebenfalls diskussionswürdig erscheint die Reichweite der Sachverhaltsaufklärungs- und Beweismittelbeschaffungspflicht. Einigkeit besteht insoweit darüber, dass es dem Steuerpflichtigen zumindest möglich sein muss, die entsprechenden Informationen zu erlangen.[294] Die Finanzbehörde soll in Fällen, in welchen es dem Steuerpflichtigen kaum möglich ist, an die wesentlichen Informationen zu gelangen, selbst tätig werden.[295] Ist die Behörde ihrerseits lange Zeit untätig

---

287 *Frotscher*, Mitwirkungs-, Nachweis- und Dokumentationspflichten im Internationalen Steuerrecht, in Lüdicke (Hrsg.), Forum der internationalen Unternehmensbesteuerung, Bd. 23, 167 (181).

288 EuGH Urt. v. 12.04.1994, Rs. C-1/93 (*Halliburton Services BV*), ECLI:EU:C:1994:127, Slg. 1994, I-01137 Rn. 21 f.; EuGH Urt. v. 14.02.1995, Rs. C-279/93 (*Schumacker*), ECLI:EU:C:1995:31, Slg. 1995, I-00225 Rn. 43 ff.; EuGH Urt. v. 28.10.1999, Rs. C-55/98 (*Vestergaard*), ECLI:EU:C:1999:533, Slg. 1999, I-07641 Rn. 26; *Staringer*, DStJG Bd. 31, S. 135 (144); *Seer*, FS Schaumburg 2009, 151 (163).

289 *Seer*, IWB Nr. 5 v. 09.03.2005, 243 (247); *Seer*, FS Schaumburg 2009, 151 (163); *Seer/Gabert*, StuW 2010, 3 (18); *Staringer*, DStJG Bd. 31, S. 135 (144).

290 *Seer*, IWB Nr. 5 v. 09.03.2005, 243 (247).

291 EuGH Urt. v. 28.01.1992, Rs. C-300/90 (*Kommission/Belgien*), ECLI:EU:C:1992:37, Slg. 1992, I-00305 Rn. 13; EuGH Urt. v. 11.06.2009, Rs. C-155/08 und C-157/08 (*Passenheim-van Schoot*), ECLI:EU:C:2009:368, Slg. 2009, I-05093 Rn. 64 ff.; *Seer* in Tipke/Kruse, AO-Kommentar, § 90 Rn. 37.

292 Vgl. so auch *Seer*, IWB Nr. 5 v. 09.03.2005, 243 (247).

293 *Söhn* in Hübschmann/Hepp/Spitaler, AO/FGO-Kommentar, § 90 Rn. 147.

294 *Seer* in Tipke/Kruse, AO-Kommentar, § 90 Rn. 34; *Seer*, FS Schaumburg 2009, 151 (162).

295 *Seer*, FS Schaumburg 2009, 151 (162); *Seer/Gabert*, StuW 2010, 3 (17).

geblieben, so kann ggf. die erhöhte Mitwirkungspflicht des Steuerpflichtigen reduziert werden.[296]

Auch im Rahmen des Gemeinnützigkeits- und Spendenrechts spielt die wirksame Steueraufsicht und die mit ihr verbundene erhöhte Mitwirkungspflicht des Spenders eine große Rolle.[297] So wies auch der Generalanwalt *Mengozzi* in der Rs. *Persche* in seinen Schlussanträgen darauf hin, dass es nicht verhältnismäßig sei, dem Spender die vollständige mittelbare Steuerbegünstigung zu verwehren, wenn dieser zumindest alles in seiner Macht stehende getan hat, um die notwendigen Informationen zu erbringen.[298] Wann die erhöhte Mitwirkungspflicht unverhältnismäßig ist, muss zumindest beim jeweiligen Einzelfall abgewogen werden.[299] Aufgrund der mangelnden Präzision des Rechtfertigungsgrunds der wirksamen Steueraufsicht und infolge der strengen Verhältnismäßigkeitsprüfung greift dieser in den meisten Verfahren nur selten, sodass eine Rechtfertigung häufig ausscheidet. Insbesondere aufgrund der erhöhten Mitwirkungspflicht besteht eine Möglichkeit der grenzüberschreitenden Informationsermittlung, ohne dass es dabei einer Vorschrift bedarf, durch die in- und ausländische Sachverhalte unterschiedlich behandelt werden.[300]

(2) Kohärenz des Steuersystems

Mit dem Rechtfertigungsgrund der Kohärenz ist vereinfacht gesagt der „unmittelbare Zusammenhang zwischen der beschränkenden Steuernorm und" dem damit verbundenen Steuervorteil gemeint.[301] Erstmals von der Rechtsprechung anerkannt wurde der Rechtfertigungsgrund in der Rs. *Bachmann* und der Rs. *Kommission/Königreich Belgien*.[302] In der Rs. *Bachmann* ging es um Beiträge zu einer Lebensversicherung, welche grundsätzlich abziehbar sind, wenn die

---

296 *Seer* in Tipke/Kruse, AO-Kommentar, § 90 Rn. 34 m.w.N.

297 Ausführlich zu der Problematik der erhöhten Mitwirkungspflicht in grenzüberschreitenden Sachverhalten siehe S. 107 ff.

298 Schlussanträge *Mengozzi* v. 14.10.2008, Rs. C-318/07 (*Persche*), ECLI:EU:C:2008:561, Slg. 2009, I-00359 Rn. 86.

299 *Bornemann*, JM 2015, 342 (347), welcher ebenfalls auf die restriktive Rechtsprechung im Rahmen einer erhöhten Mitwirkungspflicht hinweist.

300 EuGH Urt. v. 12.04.1994, Rs. C-1/93 (*Halliburton Service BV*), ECLI:EU:C:1994:127, Slg. 1994, I-01137 Rn. 22; vertiefend m.w.N. *Haase*, Internationales und Europäisches Steuerrecht, § 6 Rn. 838.

301 *Haase*, Internationales und Europäisches Steuerrecht, § 6 Rn. 842.

302 EuGH Urt. v. 28.01.1992, Rs. C-204/90 (*Bachmann*), ECLI:EU:C:1992:35, Slg. 1992, I-00249 Rn. 21; EuGH Urt. v. 28.01.1992, Rs. C-300/90 (*Kommission/Belgien*), ECLI:EU:C:1992:37, Slg. 1992, I-00305 Rn. 21; *Stahlschmidt*, FR 2006 249 (249).

spätere Rente der belgischen Steuer unterworfen ist.[303] Diese Regelung beschränkt sowohl die Arbeitnehmerfreizügigkeit als auch die Dienstleistungsfreiheit, welche nach Ansicht des EuGH jedoch aufgrund der Kohärenz des Steuersystems gerechtfertigt ist.[304] Was dabei eine Rechtfertigung unter dem Gesichtspunkt der Kohärenz mitumfasst, ließ der EuGH dabei unbeantwortet.[305] Aus der Entscheidung in der Rs. *Bachmann* ergaben sich zunächst zwei Voraussetzungen, unter denen die Kohärenz eingreifen solle. So war ein wechselseitiger Zusammenhang zwischen der Belastung und der Entlastung notwendig; weiter war erforderlich, dass diese in ein und derselben Person vorlagen.[306]

Seit Beginn der 1990er Jahre war die Kohärenz immer wieder Gegenstand von Einzelfallentscheidungen.[307] In der Rs. *Wielockx* fügte der EuGH zusätzlich zu diesen zwei Voraussetzungen hinzu, dass die steuerliche Entlastung nicht auf einem Doppelbesteuerungsabkommen beruhen darf.[308] In der Fachliteratur wurde diese Voraussetzung stark diskutiert. Nach Ansicht von *Thömmes* ist die Kohärenz nunmehr bloß „eine Leerformel", da in Fällen eines Doppelbesteuerungsabkommens der Rechtfertigungsgrund niemals eingreifen kann.[309] Entweder ist unstrittig, wem das Besteuerungsrecht zusteht, oder aber der Kohärenzgedanke ist aufgrund eines Doppelbesteuerungsabkommens schon von vornherein nicht anwendbar.[310] Der EuGH hätte bereits in der Rs. *Bachmann* auf die Besonderheit in Doppelbesteuerungsabkommen eingehen müssen, um so zu verhindern, dass das Vorliegen eines Doppelbesteuerungsabkommens zu einem Ausschlusskriterium heranwächst.[311] Mangels strenger Wechselbeziehung zwischen steuerlicher Belastung und Entlastung auf der Ebene der Privatperson verneinte der EuGH in der Rs. *Wielockx* eine mögliche Rechtfertigung.[312]

---

303 *Haase*, Internationales und Europäisches Steuerrecht, § 6 Rn. 841.

304 EuGH Urt. v. 28.01.1992, Rs. C-204/90 (*Bachmann*), ECLI:EU:C:1992:35, Slg. 1992, I-00249 Rn. 27.

305 *Cordewener,* Europäische Grundfreiheiten und nationales Steuerrecht, S. 446.

306 EuGH Urt. v. 28.01.1992, Rs. C-204/90 (*Bachmann*), ECLI:EU:C:1992:35, Slg. 1992, I-00249 Rn. 21; *Stahlschmidt*, FR 2006, 249 (259); *Stahlschmidt*, FR 2006, 525 (528).

307 Ausführlich zu den einzelnen Entscheidungen des EuGH zum Thema der Kohärenz *Stahlschmidt,* FR 2006, 249 ff.

308 EuGH Urt. v. 11.08.1995, Rs. C-80/94 (*Wielockx*), ECLI:EU:C:1995:271, Slg. 1995, I-02493.

309 *Thömmes*, GS Knobbe-Keuk 1997, S. 795 (831).

310 *Jacobs*, Internationale Unternehmensbesteuerung, S. 214.

311 *Thömmes*, GS Knobbe-Keuk 1997, S. 795 (831).

312 EuGH Urt. v. 11.08.1995, Rs. C-80/94 (*Wielockx*), ECLI:EU:C:1995:271, Slg. 1995, I-02493 Rn. 24 f.

In der Rs. *Lasteyrie du Saillant* ging es um die Besteuerung der Wertsteigerung von Wertpapieren durch eine Wohnsitzverlagerung ins Ausland. Der EuGH stellte dabei jedoch fest, dass die Vorschrift nicht aufgrund der Kohärenz des Steuersystems gerechtfertigt sei. Durch die Vorschrift werde „[…] offenbar nicht das Ziel verfolgt, allgemein in dem Fall, dass ein Steuerpflichtiger seinen Wohnsitz ins Ausland verlegt, die Besteuerung der Wertsteigerungen sicherzustellen, die während seines Aufenthalts in Frankreich eingetreten sind."[313] Der EuGH erweiterte daher erneut die Voraussetzungen der Kohärenz dahin, dass nunmehr auch das Ziel der steuerlichen Regelung geeignet sein muss, die Kohärenz zu gewährleisten.[314]

Entgegen der zunächst entwickelten Voraussetzung, dass für das Eingreifen des Rechtfertigungsgrundes der Kohärenz die steuerliche Belastung und Entlastung in ein und derselben Person vorliegen muss, entschied der EuGH in der Rs. *Manninen*, dass auch eine übergreifende Betrachtungsweise möglich ist.[315] Statt einer Steuersubjektidentität verlangte der EuGH einen unmittelbaren Zusammenhang zwischen steuerlicher Belastung und Entlastung.[316] Andernfalls wäre eine Rechtfertigung durch die Kohärenz bei Kapitalgesellschaften und ihren Anteilseignern gar nicht erst denkbar gewesen.[317]

Im Anschluss blieb der Rechtfertigungsgrund der Kohärenz, dessen Heranziehung ohnehin seither selten von Erfolg gekrönt war, längere Zeit unangetastet.[318] Erst in der Rs. *Krankenheim Ruhesitz am Wannsee* ließ der EuGH eine Rechtfertigung wegen Kohärenz wieder durchgreifen.[319] Hierbei lagen ausnahmsweise die sehr strengen Voraussetzungen tatsächlich vor, da es ausschließlich um die Besteuerung der Gesellschaft ging. „Somit bestand ein direkter, persönlicher und sachlicher Zusammenhang zwischen den beiden Komponenten der im

313 EuGH Urt. v. 11.03.2004, Rs. C-9/02 (*Lasteyrie du Saillant*), ECLI:EU:C:2004:138, Slg. 2004, I-02409 Rn. 65.

314 EuGH Urt. v. 11.03.2004, Rs. C-9/02 (*Lasteyrie du Saillant*), ECLI:EU:C:2004:138, Slg. 2004, I-02409 Rn. 65.

315 EuGH Urt. v. 07.09.2004, Rs. C-319/02 (*Manninen*), ECLI:EU:C:2004:484, Slg. 2004, I-07477 Rn. 41.

316 EuGH Urt. v. 07.09.2004, Rs. C-319/02 (*Manninen*), ECLI:EU:C:2004:484, Slg. 2004, I-07477 Rn. 42.

317 EuGH Urt. v. 07.09.2004, Rs. C-319/02 (*Manninen*), ECLI:EU:C:2004:484, Slg. 2004, I-07477 Rn. 41.

318 *Haase*, Internationales und Europäisches Steuerrecht, § 6 Rn. 840.

319 EuGH Urt. v. 23.10.2008, Rs. C-157/07 (*Krankenheim Ruhesitz am Wannsee*), ECLI:EU:C:2008:588, Slg. 2008, I-08061.

Ausgangsverfahren streitigen Steuerregelung, da die Hinzurechnung das logische Pendant zum vorher gewährten Abzug darstellte."[320]

Auch im Rahmen des Gemeinnützigkeitsrechts kann die Kohärenz des Steuersystems als Rechtfertigung für eine entsprechende nationale Vorschrift eingreifen. So hatte der EuGH in der Rs. *Stauffer* eine Rechtfertigung durch Kohärenz mit der Begründung verneint, dass zum einen der unmittelbaren Steuerbegünstigung (Entlastung) einer gemeinnützigen Körperschaft keine unmittelbaren Belastung gegenüberstehe[321] und zum anderen auch nicht allein durch eine inländische gemeinnützige Körperschaft das Ziel gem. § 52 AO a.F. erreicht werde. Vielmehr könne auch durch eine ausländische gemeinnützige Körperschaft ein entsprechendes Ziel erreicht werden.[322]

Es lässt sich daher festhalten, dass zwar der ungeschriebene Rechtfertigungsgrund der Kohärenz des Steuersystems auch im Bereich des Gemeinnützigkeitsrechts eine Rolle spielen kann. Aufgrund der häufigen Erweiterung, Änderung und der unpräzisen Voraussetzungen ist eine Rechtfertigung allerdings nur schwerlich zu bejahen.[323]

(3) Aufteilung der Besteuerungsbefugnisse

Neben diesen beiden Rechtfertigungsgründen hat der EuGH auch einen Eingriff in die Grundfreiheiten zugelassen, wenn es um die Aufteilung der Besteuerungsbefugnisse geht. Im Rahmen von grenzüberschreitender Verlustverrechnung entwickelte der EuGH in der Rs. *Marks & Spencer* eine Rechtfertigung aus zunächst drei Gründen.[324] Diese hatte bereits die britische Regierung vorgetragen und wurden vom EuGH umfänglich in seiner Entscheidung überprüft.[325] Für eine mögliche Rechtfertigung muss neben der Notwendigkeit der Wahrung der Aufteilung der Besteuerungsbefugnisse sowohl die Gefahr der doppelten

---

320 EuGH Urt. v. 23.10.2008, Rs. C-157/07 (*Krankenheim Ruhesitz am Wannsee*), ECLI:EU:C:2008:588, Slg. 2008, I-08061 Rn. 42.

321 EuGH Urt. v. 14.09.2006, Rs. C-386/04 (*Stauffer*), ECLI:EU:C:2006:568, Slg. 2006, I-08203 Rn. 56 = IStR 2006, 675 (679) Rn. 56.

322 EuGH Urt. v. 14.09.2006, Rs. C-386/04 (*Stauffer*), ECLI:EU:C:2006:568, Slg. 2006, I-08203 Rn. 57 = IStR 2006, 675 (679) Rn. 57.

323 *Haase*, Internationales und Europäisches Steuerrecht, § 6 Rn. 840.

324 EuGH Urt. v. 13.12.2005, Rs. C-446/03 (*Marks & Spencer*), ECLI:EU:C:2005:763, Slg. 2005, I-10837 Rn. 35 ff.; zur aktuellen Entwicklung grenzüberschreitender Verlustverrechnung in Europa *Stöber*, DStZ 2016, 582 ff.

325 EuGH Urt. v. 13.12.2005, Rs. C-446/03 (*Marks & Spencer*), ECLI:EU:C:2005:763, Slg. 2005, I-10837 Rn. 44 f.

Verlustberücksichtigung als auch die Gefahr der Steuerflucht bestehen.[326] Die Wahrung der Aufteilung der Besteuerungsbefugnisse war in dieser Entscheidung folglich noch nicht alleine als Rechtfertigung anerkannt. Im Verlauf der Rechtsprechungsgeschichte erleichterte der EuGH eine mögliche Rechtfertigung, indem er zunächst nur zwei von den möglichen drei Voraussetzungen und später sogar ausschließlich die Wahrung der Aufteilung der Besteuerungsbefugnisse ausreichen ließ.[327]

In der Literatur wird die Wahrung der Aufteilung der Besteuerungsbefugnisse zwar als Möglichkeit gesehen, einen besseren Interessensausgleich zwischen den Mitgliedstaaten zu schaffen.[328] Trotzdem gibt es auch Stimmen, welche die Gefahr sehen, dass durch die Wahrung der Aufteilung der Besteuerungsbefugnisse ein zu weitgehender Rechtfertigungsgrund durch den EuGH geschaffen worden ist, durch den es den Mitgliedstaaten ermöglicht wird, Vorschriften zu schaffen, welche gegen die Grundfreiheiten verstoßen, um Steuerausfälle zu verhindern.[329] Um zu einem sachgerechten Ergebnis zu gelangen, muss folglich bei der Anwendung dieses Rechtfertigungsgrundes sowohl auf die Interessen der Mitgliedstaaten als auch die Interessen des einzelnen Steuerpflichtigen Rücksicht genommen werden.

(4) Verhinderung von Missbrauch

Darüber hinaus ist eine steuerliche Vorschrift auch dann gerechtfertigt, wenn sie der Verhinderung von Missbrauch oder der Abwehr von Steuerumgehung oder Steuerflucht dient. Dieser Rechtfertigungsgrund muss einer strengen Verhältnismäßigkeitsprüfung standhalten, da die Ausübung der Grundfreiheiten an für sich noch zu keiner Steuerumgehung führt.[330] So hat der EuGH in der Rs. *Lasteyrie du Saillant* die Aussage getroffen, dass die Verlegung eines Wohnsitzes einer natürlichen Person in einen anderen Mitgliedstaat keine Steuerflucht darstellt.[331]

---

326 *Hey*, GmbHR 2006, 113 (114).

327 EuGH Urt. v. 18.07.2007, Rs. C-231/05 (*Oy AA*), ECLI:EU:C:2007:439, Slg. 2007, I-06373 Rn. 60; EuGH Urt. v. 25.02.2010, Rs. C-337/08 (*X Holding BV*), ECLI:EU:C:2010:89, Slg. 2010, I-01215 Rn. 27–33; *Jacobs*, Internationale Unternehmensbesteuerung, S. 217.

328 *Jacobs*, Internationale Unternehmensbesteuerung, S. 217.

329 *Schnitger/Mitschke*, IStR 2012, 618 (625).

330 *Haase*, Internationales und Europäisches Steuerrecht, § 6 Rn. 836; *Hahn*, DStZ 2005, 507 (510).

331 EuGH Urt. v. 11.03.2004, Rs. C-9/02 (*Lasteyrie du Saillant*), ECLI:EU:C:2004:138, Slg. 2004, I-02409 Rn. 51.

Der EuGH hat seither den Rechtfertigungsgrund dahin ausgelegt, dass die Inanspruchnahme der Grundfreiheit eine tatsächliche Ansiedlung im jeweiligen Mitgliedstaat und die Ausübung einer tatsächlichen wirtschaftlichen Tätigkeit in diesem Mitgliedstaat voraussetzt, die Mitgliedstaaten einen Auskunftsaustausch als Grundlage für die Überprüfung der Ansiedelung haben und dennoch der Steuerpflichtige verpflichtet werden kann, ggf. selber Nachweise für eine mögliche Überprüfung zu erbringen.[332] Liegen diese beiden Voraussetzungen zunächst vor, so kann gleichwohl ein Missbrauch gegeben sein, wenn eine rein künstliche Gestaltung mit dem Zweck der Steuerumgehung vorliegt und ein Missverhältnis dieser Aufteilung droht.[333] Durch die Notwendigkeit einer individuellen Feststellung des Missbrauchs im konkreten Fall greift der Rechtfertigungsgrund nur in seltenen Fällen ein.[334] Im Bereich des Gemeinnützigkeitsrechts ist es jedenfalls nicht ausreichend, eine Vorschrift, welche eine ausländische gemeinnützige Körperschaft ausschließt, mit der Begründung zu rechtfertigen, es liege durch den Auslandsbezug eine mögliche kriminelle Tätigkeit vor.[335]

cc) Verhältnismäßigkeit

Liegt ein ungeschriebener Rechtfertigungsgrund vor, so muss die betreffende nationale Vorschrift einer Verhältnismäßigkeitsprüfung standhalten, um ein Ausufern der ungeschriebenen Rechtfertigungsgründe zu vermeiden.[336] Die Verhältnismäßigkeitsprüfung soll dabei einen gerechten Ausgleich zwischen den Interessen des Binnenmarktes und denen der einzelnen Mitgliedstaaten schaffen.[337] Ein Eingriff ist dann gerechtfertigt, wenn die Vorschrift ein legitimes Ziel entsprechend Art. 2 ff. AEUV verfolgt und zur Erreichung dieses Ziels geeignet, erforderlich und angemessen ist.[338] Das Verhältnismäßigkeitsprinzip im Rahmen der Grundfreiheiten ist dabei ähnlich ausgestaltet wie im deutschen

---

332 EuGH Urt. v. 18.12.2007, Rs. C-101/05 (*Skatteverket/A*), ECLI:EU:C:2007:804, Slg. 2007, I-11531 Rn. 58; *Frotscher*, Internationales Steuerrecht, § 2 Rn. 121.

333 EuGH Urt. v. 12.09.2006, Rs. C-196/04 (*Cadbury Schweppes*), ECLI:EU:C:2006:544, Slg. 2006, I-07995 Rn. 54 f.; *Haase*, Internationales und Europäisches Steuerrecht, § 6 Rn. 837.

334 EuGH Urt. v. 12.12.2002, Rs. C-324/00 (*Lankhorst-Hohorst*), ECLI:EU:C:2002:749, Slg. 2002, I-11779 Rn. 37; *Jacobs*, Internationale Unternehmensbesteuerung, S. 212 f.

335 EuGH Urt. v. 14.09.2006, Rs. C-386/04 (*Stauffer*), ECLI:EU:C:2006:568, Slg. 2006, I-08203 Rn. 61 = IStR 2006, 675 (679) Rn. 61.

336 *Hahn*, DStZ 2005, 507 (513).

337 *Cordewener*, Europäische Grundfreiheiten und nationales Steuerrecht, S. 333.

338 *Haase*, Internationales und Europäisches Steuerrecht, § 6 Rn. 845.

Verfassungsrecht.[339] Lediglich im Falle einer Diskriminierung wird in der Literatur die Notwendigkeit einer Verhältnismäßigkeitsprüfung in Zweifel gezogen.[340] Diese Sichtweise könnte dazu führen, dass es keinerlei Unterschied mehr zwischen Beschränkungs- und Diskriminierungsverboten gäbe.[341] Dennoch hat sich auch bei den Diskriminierungsverboten eine Verhältnismäßigkeitsprüfung durchgesetzt.[342] Begründet wurde die Verhältnismäßigkeitsprüfung mit Art. 30 S. 2 EGV a.F., wonach ein Verbot oder eine Beschränkung weder ein Mittel zur willkürlichen Diskriminierung noch eine verschleierte Beschränkung des Handels zwischen den Mitgliedstaaten darstellen dürfe.[343]

6. Verfahrensrechtliche Aspekte

Bei der verfahrensrechtlichen Umsetzung von Unionsrecht sind grundsätzlich die nationalen Vorschriften zu beachten, wobei auch hierbei die Mitgliedstaaten gewisse Anforderungen erfüllen müssen und nicht vollständig frei in ihrer Umsetzung sind.[344] Die Mitgliedstaaten sind dabei verpflichtet, die Verwirklichung von Unionsrecht nicht praktisch unmöglich zu machen oder übermäßig zu erschweren (sog. Effektivitätsgrundsatz).[345] Darüber hinaus dürfen unionsrechtliche Sachverhalte nicht schlechter gestellt sein als rein nationale Sachverhalte (sog. Äquivalenzgebot).[346] Führt eine nationale Vorschrift folglich dazu, dass eine ausländische gemeinnützige Körperschaft aus dem Anwendungsbereich herausfällt, so kann hierin ein Verstoß gegen den Effektivitätsgrundsatz liegen.[347]

Ergeben sich durch die nationalen Vorschriften Verstöße gegen Unionsrecht oder gegen diese Grundsätze, so ist grundsätzlich der BFH als letztinstanzliches

---

339 *Haase*, Internationales und Europäisches Steuerrecht, § 6 Rn. 845; *Hahn*, DStZ 2005, 507 (513).

340 Ausführlich *Cordewener*, Europäische Grundfreiheiten und nationales Steuerrecht, S. 333 ff.

341 *Cordewener*, Europäische Grundfreiheiten und nationales Steuerrecht, S. 333.

342 *Cordewener*, Europäische Grundfreiheiten und nationales Steuerrecht, S. 334; *Hahn*, DStZ 2005, 507 (514).

343 Art. 36 EUV (ex-Art. 30 EGV); ausführlich siehe hierzu *Cordewener*, Europäische Grundfreiheiten und nationales Steuerrecht, S. 334.

344 Art. 291 Abs. 1 AEUV; *Nettesheim* in Grabitz/Hilf/Nettesheim, Das Recht der Europäischen Union, § 291 AEUV Rn. 1; *Streinz*, Europarecht, § 7 Rn. 603.

345 *Haratsch/Koenig/Pechstein*, Europarecht, Rn. 463; *Streinz*, Europarecht, § 7 Rn. 604.

346 *Haratsch/Koenig/Pechstein*, Europarecht, Rn. 463; *Streinz*, Europarecht, § 7 Rn. 604.

347 So bereits *Thömmes*, FS Meilicke 2010, S. 753 (764 f.); ausführlich zu dieser Problematik siehe S. 135 ff.

Gericht zur Vorlage an den EuGH gem. Art. 267 AEUV verpflichtet, da nur dieser das Auslegungsmonopol innehat.[348] Wie diese Vorlagepflicht im Detail ausgestaltet ist, soll nach Feststellung der Verstöße erörtert werden.[349]

7. Zusammenfassung

Aufgrund des Scheiterns des Vorhabens der Bildung einer supranationalen Rechtsform ist das Unionsrecht auch im Bereich des Gemeinnützigkeits- und Spendenrechts von großer Bedeutung. Mangels Harmonisierung im Rahmen der direkten Steuern ist insbesondere der EuGH der Wegbereiter für eine grenzüberschreitende Öffnung des Gemeinnützigkeits- und des Spendenrechts.

Die ursprüngliche Ausgestaltung der Grundfreiheiten mit dem Zweck, den Europäischen Binnenmarkt zu stärken, hatte bislang die notwendige Voraussetzung einer wirtschaftlichen Betätigung und eines Erwerbszwecks. Diese Voraussetzungen werden derweil vom EuGH weit ausgelegt, was zur Folge hat, dass auch der dritte Sektor vom Schutzbereich der Grundfreiheiten mitumfasst sein kann. Eine ausländische gemeinnützige Körperschaft und auch ein Spender, welcher direkt ins Ausland spendet, können daher von den Grundfreiheiten geschützt werden.

III. Die EuGH-Rechtsprechung und ihr Einfluss auf das Spendenrecht

Angesichts der schleichenden Harmonisierung[350] des Rechts der direkten Steuern durch den EuGH war es nicht verwunderlich, dass im Jahr 2002 erstmals das FG München die einschlägigen Vorschriften über die unmittelbare Steuerbegünstigung einer gemeinnützigen Körperschaft anhand der Grundfreiheiten zu überprüfen hatte.

1. Die Rs. *Stauffer*

a) Der Instanzenzug und die Entscheidung des EuGH

In der Rs. *Stauffer* hatte das FG München darüber zu entscheiden, ob eine Stiftung mit Sitz in Italien ebenso unmittelbar steuerbegünstigt wird wie eine rein

---

348 *Thömmes*, FS Meilicke 2010, S. 753 (765).

349 Zur grundlegenden Problematik der Nichtbeachtung der Vorlagepflicht siehe S. 135 ff.

350 So auch *Haase*, Internationales und Europäisches Steuerrecht, § 6 Rn. 767.

inländische Stiftung.[351] Die nach italienischem Recht gemeinnützige Stiftung war im Streitjahr 1997 Eigentümerin eines Grundstücks in Deutschland, weshalb das zuständige Finanzamt die Einkünfte aus Vermietung und Verpachtung der Körperschaftsteuer unterwarf. Eine unmittelbare Steuerbegünstigung der Stiftung aufgrund ihrer Gemeinnützigkeit in Italien lehnte das Finanzamt ab. Dagegen richtete sich die entsprechende Klage vor dem FG München.[352] Das Gericht wies die Klage mit der Begründung ab, dass es bereits an den formellen Voraussetzungen fehle, unter denen eine gemeinnützige Körperschaft steuerbegünstigt wird. Die notwendige satzungsmäßige Vermögensbindung gem. § 61 Abs. 1 AO a.F.[353] sei von der italienischen Stiftung nicht eingehalten worden. Nach Auffassung des FG fehlte es in der Satzung der italienischen Stiftung aus dem Streitjahr 1997 an einer genauen Bestimmung, wie das Vermögen ggf. auch nach Auflösung verteilt werden solle.[354] Dieser eindeutigen Bestimmung bedarf es aufgrund der sehr weiten Fassung der Normen des italienischen Bürgerlichen Gesetzbuchs (Codice Civile), angesichts derer nicht sichergestellt ist, dass das Restvermögen nicht anderweitigen Zwecken zugutekommt.[355] Auch trotz der staatlichen Aufsicht und der damit einschlägigen Ausnahmevorschrift des § 62 AO a.F.[356] müssten die weiteren Voraussetzungen gem. § 61 Abs. 1 AO a.F. vorliegen. Nur so könne bei Wegfall des steuerbegünstigten Zwecks die Verwendung des Vermögens sichergestellt werden.[357] Das FG stützt diese Auffassung auf einen Beschluss des BFH aus dem Jahr 1997, in welchem ebenfalls die Anerkennung der Gemeinnützigkeit mangels Bestimmung des künftigen Verwendungszwecks

351 FG München v. 30.10.2002 – 7 K 1384/00, EFG 2003, 481 (481).

352 FG München v. 30.10.2002 – 7 K 1384/00, EFG 2003, 481 (481).

353 § 61 AO in der Fassung v. 21.12.1993, gültig v. 30.12.1993 bis 31.08.2002: (1) Eine steuerlich ausreichende Vermögensbindung (§ 55 Abs. 1 Nr. 4) liegt vor, wenn der Zweck, für den das Vermögen bei Auflösung oder Aufhebung der Körperschaft oder bei Wegfall ihres bisherigen Zwecks verwendet werden soll, in der Satzung so genau bestimmt ist, daß auf Grund der Satzung geprüft werden kann, ob der Verwendungszweck steuerbegünstigt ist. Abrufbar unter juris.

354 FG München Urt. v. 30.10.2002 – 7 K 1384/00, EFG 2003, 481 (481).

355 FG München Urt. v. 30.10.2002 – 7 K 1384/00, EFG 2003, 481 (482).

356 § 62 AO in der Fassung v. 16.03.1976, gültig v. 01.01.1980 bis 31.08.2002: Bei Betrieben gewerblicher Art von Körperschaften des öffentlichen Rechts, bei staatlich beaufsichtigten Stiftungen, bei den von einer Körperschaft des öffentlichen Rechts verwalteten unselbstständigen Stiftungen und bei geistlichen Genossenschaften (Orden, Kongregationen) braucht die Vermögensbindung in der Satzung nicht festgelegt zu werden. Abrufbar unter juris.

357 FG München Urt. v. 30.10.2002 – 7 K 1384/00, EFG 2003, 481 (482).

verwehrt wurde.[358] Auf die übrigen Problemfelder, insbesondere die Frage, ob § 5 Abs. 2 Nr. 3 KStG a.F.[359] europarechtskonform ausgestaltet ist, ging das Gericht nur hilfsweise ein. Die Versagung der unmittelbaren Steuerbegünstigung für beschränkt steuerpflichtige gemeinnützige Körperschaften nach § 5 Abs. 2 Nr. 3 KStG a.F. ist nach Ansicht des Gerichts nicht europarechtswidrig, da es im Bereich der Gemeinnützigkeit am notwendigen Wettbewerb mangelt, dieser jedoch eine wesentliche Grundlage für die Grundfreiheiten darstellt.[360] Zu diesem Zeitpunkt handelte es sich dabei um die Auffassung des BFH.[361]

Diese sehr gefestigte Rechtsprechung sollte sich mit der Entscheidung des EuGH in der Rs. *Stauffer* ändern. Der BFH sah die nationalen Voraussetzungen der AO als weniger problematisch an als noch das FG München.[362] Die italienische Stiftung erfülle durchaus einen Teil der Anforderungen nach der AO. So könne zunächst durch eine ausländische Stiftung auch die Allgemeinheit iSv § 52 Abs. 1 S. 1 AO a.F.[363] gefördert werden, da eine Begrenzung auf die Bundesrepublik Deutschland aus der Vorschrift nicht hervorgehe.[364] Auch sei der notwendigen Bestimmtheit des Satzungszweckes gem. § 60 Abs. 1 AO a.F.[365] durch die

---

358 BFH Beschl. v. 12.08.1997 – I B 134/96, BFH/NV 1998, 146.

359 § 5 KStG in der Fassung v. 20.12.1996, gültig v. 28.12.1996 bis 31.03.1998: (2) Die Befreiung nach Abs. 1 gelten nicht Nr. 3 für beschränkt Steuerpflichtige im Sinne des § 2 Nr. 1. Abrufbar unter juris.

360 FG München Urt. v. 30.10.2002 – 7 K 1384/00, EFG 2003, 481 (482); zu den Grundfreiheiten im Allgemeinen siehe S. 23 ff.

361 Der BFH stellt in seinem Vorlagebeschluss auf das Urt. v. 20.10.1976 – I R 224/74, BStBl. II 1977, 175 ab. Dieses kann jedoch nicht beispielhaft angeführt werden, da der dem Urteil zugrunde liegende Sachverhalt aus den Jahren 1968–1972 stammt, in welchem Großbritannien noch nicht dem EWG-Vertrag beigetreten war. Daher konnte das Urteil keine Aussage zu der in Rede stehenden Problematik treffen. Alternativ kann auf das Urteil des BFH Urt. v. 11.11.1966 – VI R 45/66, BStBl. III 1967, 116 zurückgegriffen werden, um die wesentliche Ausrichtung des Gemeinnützigkeits- und des Spendenrechts aufzuzeigen. Hierin stellt der Gerichtshof auf die innerstaatliche Aufgabe ab, welche insbesondere von einer ausländischen gemeinnützigen Körperschaft nicht erbracht werden kann.

362 BFH Beschl. v. 14.07.2004 – I R 94/02, BStBl. II 2005, 721 (722 f.).

363 § 51 AO in der Fassung v. 23.09.1990, gültig v. 29.09.1990 bis 31.08.2002: (1) S. 1 Eine Körperschaft verfolgt gemeinnützige Zwecke, wenn ihre Tätigkeit darauf gerichtet ist, die Allgemeinheit auf materiellem, geistigem oder sittlichem Gebiet selbstlos zu fördern. Abrufbar unter juris.

364 BFH Beschl. v. 14.07.2004 – I R 94/02, BStBl. II 2005, 721 (722 f.).

365 § 60 AO in der Fassung v. 16.03.1976, gültig v. 01.01.1980 bis 31.08.2002: (1) Die Satzungszwecke und die Art ihrer Verwirklichung müssen so genau bestimmt sein,

staatliche Aufsicht gem. § 62 AO a.F.[366] genügend Rechnung getragen. Insbesondere sei § 62 AO a.F. nicht mit § 61 Abs. 1 AO a.F. verknüpft, da zu hohe Anforderungen an die staatliche Aufsicht nicht mit den Vorschriften vereinbar seien.[367]

Der BFH sah die eigentliche Problematik in der Körperschaftsteuer. Durch die unterschiedliche Behandlung von inländischen und ausländischen gemeinnützigen Körperschaften gem. § 5 Abs. 2 Nr. 3 KStG a.F. sei fraglich, ob die Regelung mit den Grundfreiheiten vereinbar sei. So prüfte der BFH zunächst sporadisch, ob eine gemeinnützige Körperschaft in den Schutzbereich der Grundfreiheiten fallen könne. Die abschließende Klärung sollte durch den EuGH erfolgen, weshalb der BFH in seinem Vorlagebeschluss hierzu lediglich oberflächlich Stellung bezog.[368]

Nach dessen Auffassung kamen die Niederlassungsfreiheit, die Dienstleistungsfreiheit und die Kapitalverkehrsfreiheit in Betracht.[369] Dabei ging der BFH nur auf die Frage der Notwendigkeit eines Erwerbszweckes ein, ohne im Ergebnis einen Eingriff in die Grundfreiheiten zu bejahen.[370] Hilfsweise ging dieser sodann auf eine mögliche Rechtfertigung ein, da er dabei erhebliche Bedenken hegte, die nationale Vorschrift anhand des Kohärenzgedankens zu rechtfertigen. Insbesondere fehlte es nach seiner Auffassung an dem gewollten Ziel, da die Allgemeinheit sowohl durch inländische als auch durch ausländische gemeinnützige Körperschaften gefördert werde.[371] Zur abschließenden Klärung legte der BFH dem EuGH die Frage zur Prüfung vor, ob eine unterschiedliche Behandlung von

---

daß auf Grund der Satzung geprüft werden kann, ob die satzungsmäßigen Voraussetzungen für Steuervergünstigungen gegeben sind.
(2) Die Satzung muß den vorgeschriebenen Erfordernissen bei der Körperschaftsteuer und der Gewerbesteuer während des ganzen Veranlagungs- oder Bemessungszeitraums, bei den anderen Steuern im Zeitpunkt der Entstehung der Steuer entsprechen. Abrufbar unter juris.

366 § 62 AO in der Fassung v. 16.03.1976, gültig v. 01.01.1980 bis 31.08.2002: Bei Betrieben gewerblicher Art von Körperschaften des öffentlichen Rechts, bei staatlich beaufsichtigten Stiftungen, bei denen von einer Körperschaft des öffentlichen Rechts verwalteten unselbstständigen Stiftungen und bei geistlichen Genossenschaften (Orden, Kongregationen) braucht die Vermögensbindung in der Satzung nicht festgelegt zu werden. Abrufbar unter juris.

367 BFH Beschl. v. 14.07.2004 – I R 94/02, BStBl. II 2005, 721 (723).

368 BFH Beschl. v. 14.07.2004 – I R 94/02, BStBl. II 2005, 721 (723).

369 BFH Beschl. v. 14.07.2004 – I R 94/02, BStBl. II 2005, 721 (723).

370 BFH Beschl. v. 14.07.2004 – I R 94/02, BStBl. II 2005, 721 (723 f.).

371 BFH Beschl. v. 14.07.2004 – I R 94/02, BStBl. II 2005, 721 (724).

in- und ausländischen gemeinnützigen Körperschaften iSv § 5 Abs. 2 Nr. 3 KStG a.F. gegen die Grundfreiheiten verstoße.[372]

Als Reaktion auf den Vorlagebeschluss veröffentlichte das Bundesministerium der Finanzen am 20.09.2005 ein BMF-Schreiben, um der Gefahr einer Ausuferung des Gemeinnützigkeitsrechts entgegenzuwirken.[373] Nach Auffassung des Ministeriums sollte dabei der Begriff der Allgemeinheit nur die deutsche Bevölkerung umfassen mit der Begründung, dass eine entsprechende Steuerbegünstigung nur dann gerechtfertigt erscheine, wenn die jeweilige Körperschaft Gemeinwohlaufgaben übernehme.[374] Damit vertrat das Ministerium entgegen der Auffassung des BFH die Ansicht, eine ausländische Stiftung könne nicht die Allgemeinheit iSv § 52 AO a.F. fördern. Es sei weiter auch erforderlich, dass sich eindeutig aus der Satzung ergebe, dass die jeweilige Stiftung die unmittelbare und ausschließliche Förderung des steuerbegünstigten Zwecks verfolge. Nicht ausreichend sei, wenn sich nur nichts Gegenteiliges aus der Satzung herleiten lasse.[375] Genau dies vertrat der BFH noch in dem Vorlagebeschluss an den EuGH. Das rein nationale Verständnis der Vorschriften im Gemeinnützigkeitsrecht durch das Ministerium war nicht verwunderlich. Im Rahmen der direkten Steuern obliegt den Mitgliedstaaten das Ermessen zur Ausgestaltung dieser Vorschriften. Durch eine weitere Öffnung waren ggf. Steuerausfälle und ein erhöhter Verwaltungsaufwand für die Finanzbehörden zu erwarten. Mithilfe des BMF-Schreibens versuchte das Ministerium zunächst, zumindest vorübergehend die alte Rechtslage aufrechtzuerhalten.

Ein weiteres Jahr später entschied der EuGH in der Rs. *Stauffer*. Nach Vorlage des BFH prüfte der EuGH, ob § 5 Abs. 2 Nr. 3 KStG a.F. mit den einschlägigen Grundfreiheiten vereinbar war.[376] Der EuGH lehnte eine Verletzung der Niederlassungsfreiheit mit der Begründung ab, dass die Stiftung in Deutschland keine Geschäftsräume für ihre aktive Tätigkeit unterhalte, wodurch bereits der Schutzbereich der Niederlassungsfreiheit nicht betroffen sei.[377] Im Folgenden ging der EuGH daher ausschließlich auf die Vereinbarkeit der Vorschrift mit

---

372 BFH Beschl. v. 14.07.2004 – I R 94/02, BStBl. II 2005, 721 (724 f.).

373 BMF v. 20.09.2005 – IV C 4 – S 0181 – 9/05, BStBl. I 2005, 902.

374 BMF v. 20.09.2005 – IV C 4 – S 0181 – 9/05, BStBl. I 2005, 902 (902).

375 BMF v. 20.09.2005 – IV C 4 – S 0181 – 9/05, BStBl. I 2005, 902 (903).

376 EuGH Urt. v. 14.09.2006, Rs. C-386/04 (*Stauffer*), ECLI:EU:C:2006:568, Slg. 2006, I-08203 Rn. 14 = IStR 2006, 675 (676) Rn. 14.

377 EuGH Urt. v. 14.09.2006, Rs. C-386/04 (*Stauffer*), ECLI:EU:C:2006:568, Slg. 2006, I-08203 Rn. 19 = IStR 2006, 675 (676) Rn. 19.

der Kapitalverkehrsfreiheit ein.[378] Nach seiner ständigen Rechtsprechung seien die Begriffe des Kapital- und des Zahlungsverkehrs unter Zuhilfenahme der früheren Richtlinie auszulegen.[379] Da es sich im Fall um ein Grundstück der Stiftung handelte, stellte der EuGH auf Anhang I der Richtlinie 88/361 unter dem Abschnitt II „Immobilieninvestitionen" ab, weshalb der Schutzbereich unproblematisch eröffnet sei.[380] Eine Prüfung der Dienstleistungsfreiheit war folglich nicht mehr notwendig.[381] Neben der Eröffnung des Schutzbereiches der Kapitalverkehrsfreiheit sei diese auch beschränkt, da durch die Vorschrift „ein Hemmnis für den freien Kapital- und Zahlungsverkehr" entstehe.[382] Die Beschränkung ergebe sich im vorliegenden Fall daraus, dass eine Steuerbefreiung für die Einkünfte einer Stiftung aus Vermietung und Verpachtung nur unter der Prämisse des § 5 Abs. 2 Nr. 3 KStG a.F. bewilligt werde.[383] Danach müsse es sich um eine unbeschränkt steuerpflichtige Körperschaft gem. § 5 Abs. 2 KStG a.F. handeln. Andernfalls werde eine Befreiung iSv § 5 Abs. 1 KStG a.F. nicht gewährt, sodass eine Ungleichbehandlung zwischen einer Stiftung, welche in Deutschland, und einer Stiftung, welche in einem anderen Mitgliedstaat ansässig ist, gegeben sei.[384]

Nach der Klärung, ob die Kapitalverkehrsfreiheit auf den entsprechenden Sachverhalt anwendbar war und eine Beschränkung grundsätzlich vorlag, befasste sich der EuGH sodann mit der Differenzierung zwischen einer erlaubten Ungleichbehandlung gem. Art. 73d Abs. 1 Buchst. a EGV (nunmehr Art. 65 Abs. 1

378 EuGH Urt. v. 14.09.2006, Rs. C-386/04 (*Stauffer*), ECLI:EU:C:2006:568, Slg. 2006, I-08203 Rn. 21 = IStR 2006, 675 (676) Rn. 21.

379 EuGH Urt. v. 31.01.1984, Rs. C-286/82 (*Luisi und Carbone*), ECLI:EU:C:1984:35, Slg. 1984, 00377 Rn. 21; EuGH Urt. v. 16.03.1999, Rs. C-222/97 (*Trummer und Mayer*), ECLI:EU:C:1999:143, Slg. 1999, I-01661 Rn. 21; EuGH Urt. v. 05.03.2002, Rs. C-515/99, C-519/99 bis C-524/99 und C-526/99 bis C-540/99 (*Reisch*), ECLI:EU:C:2002:135, Slg. 2002, I-02157 Rn. 30; EuGH Urt. v. 23.02.2006, Rs. C-513/03 (*van Hilten-van der Heijden*), ECLI:EU:C:2006:131, Slg. 2006, I-01957 Rn. 39 = IStR 2006, 309 (310) Rn. 39.

380 EuGH Urt. v. 14.09.2006, Rs. C-386/04 (*Stauffer*), ECLI:EU:C:2006:568, Slg. 2006, I-08203 Rn. 23 = IStR 2006, 675 (676) Rn. 23.

381 EuGH Urt. v. 14.09.2006, Rs. C-386/04 (*Stauffer*), ECLI:EU:C:2006:568, Slg. 2006, I-08203 Rn. 24 = IStR 2006, 675 (676) Rn. 24.

382 EuGH Urt. v. 14.09.2006, Rs. C-386/04 (*Stauffer*), ECLI:EU:C:2006:568, Slg. 2006, I-08203 Rn. 27 = IStR 2006, 675 (676) Rn. 27.

383 EuGH Urt. v. 14.09.2006, Rs. C-386/04 (*Stauffer*), ECLI:EU:C:2006:568, Slg. 2006, I-08203 Rn. 11 ff.

384 EuGH Urt. v. 14.09.2006, Rs. C-386/04 (*Stauffer*), ECLI:EU:C:2006:568, Slg. 2006, I-08203 Rn. 27 = IStR 2006, 675 (675) Rn. 27.

Buchst. a AEUV) und einer verbotenen willkürlichen Diskriminierung gem. Art. 73d Abs. 3 EGV (nunmehr Art. 65 Abs. 3 AEUV) und deren möglicher Rechtfertigung durch zwingende Gründe des Allgemeininteresses.[385] Der EuGH ging zunächst auf die Frage ein, ob zwischen einer inländischen und einer ausländischen gemeinnützigen Körperschaft eine objektiv vergleichbare Situation vorliege, weil in diesem Fall eine unterschiedliche Behandlung eine verbotene willkürliche Diskriminierung darstellen würde. Dem Vorbringen des Finanzamtes, dass es bei einer ausländischen gemeinnützigen Körperschaft an der Übernahme nationaler Aufgaben fehle und folglich keine objektiv vergleichbare Situation vorliege, folgte der EuGH nicht. Eine Beschränkung auf das Inland lasse sich aus dem Wortlaut des § 52 AO a.F. nicht herleiten. Dort sei vielmehr entscheidend, ob das Interesse der Allgemeinheit gefördert werde. Nach Auffassung des EuGH könne die Allgemeinheit in gleichem Maße von einer ausländischen Stiftung wie der vorliegenden gefördert werden. Auch das Argument des Finanzamtes, dass die italienische Stiftung nicht die notwendigen Anforderungen nach der AO erfülle, wies der EuGH zurück. Bereits der BFH hatte – anders als noch zuvor das FG München – die formellen Voraussetzungen im vorliegenden Fall in Teilen als erfüllt angesehen.[386] Nach Auffassung des EuGH war somit eine objektiv vergleichbare Situation gegeben. Eine erlaubte Ungleichbehandlung gem. Art. 73d Abs. 1 Buchst. a EGV liege daher nicht vor.[387]

Entscheidend für die Frage der Vereinbarkeit des § 5 Abs. 2 Nr. 3 KStG a.F. mit der Kapitalverkehrsfreiheit war folglich, ob die Vorschrift trotz Beschränkung der Kapitalverkehrsfreiheit durch einen einschlägigen Rechtfertigungsgrund aufrechterhalten werden konnte.[388] Nach Ansicht des EuGH war der Rechtfertigungsgrund der Wirksamkeit der Steueraufsicht nicht einschlägig. Im vorliegenden Fall hätte die italienische Stiftung ausreichende Auskunft geben können, anhand derer die Gemeinnützigkeit hätte überprüft werden

---

385 EuGH Urt. v. 14.09.2006, Rs. C-386/04 (*Stauffer*), ECLI:EU:C:2006:568, Slg. 2006, I-08203 Rn. 30 ff. = IStR 2006, 675 (677 ff.) Rn. 30 ff.

386 BFH Beschl. v. 14.07.2004 – I R 94/02, BStBl. II 2005, 721 (722 f.); EuGH Urt. v. 14.09.2006, Rs. C-386/04 (*Stauffer*), ECLI:EU:C:2006:568, Slg. 2006, I-08203 Rn. 41 = IStR 2006, 675 (677) Rn. 41.

387 EuGH Urt. v. 14.09.2006, Rs. C-386/04 (*Stauffer*), ECLI:EU:C:2006:568, Slg. 2006, I-08203 Rn. 42 = IStR 2006, 675 (677) Rn. 42.

388 EuGH Urt. v. 14.09.2006, Rs. C-386/04 (*Stauffer*), ECLI:EU:C:2006:568, Slg. 2006, I-08203 Rn. 42 ff. = IStR 2006, 675 (677 ff.) Rn. 42 ff.

können.[389] Neben dieser Möglichkeit sei es den Finanzbehörden überlassen, die notwendigen Informationen durch die gegenseitige Amtshilfe zu erlangen.[390] Die Wirksamkeit der Steueraufsicht war daher nicht ausreichend, um die Beschränkung durch § 5 Abs. 2 Nr. 3 KStG a.F. zu rechtfertigen.[391] Darüber hinaus sei auch der Rechtfertigungsgrund der Kohärenz des Steuersystems nicht gegeben.[392] Die unterschiedliche Behandlung gehe nicht auf das Ziel zurück, dass durch solche Körperschaften staatliche Aufgaben wahrgenommen werden. Eine Steuerbegünstigung setze lediglich gem. § 52 AO a.F. voraus, dass die „Stiftung der Allgemeinheit im Inland zugutekommt."[393] Es fehle im Ergebnis daher am unmittelbaren Zusammenhang zwischen Steuerbelastung und Steuerbegünstigung.[394] Der EuGH kam daher zu dem Ergebnis, die Versagung der unmittelbaren Steuerbegünstigung einer im EU-Ausland ansässigen beschränkt steuerpflichtigen ausländischen Stiftung gem. § 5 Abs. 2 Nr. 3 KStG a.F. sei nicht mit der Kapitalverkehrsfreiheit vereinbar.[395]

Nach dem Urteil des EuGH nahm der BFH das ausgesetzte Revisionsverfahren wieder auf und legte § 5 Abs. 2 Nr. 3 KStG a.F. in diesem Sinne aus.[396] Eine beschränkt steuerpflichtige EU-ausländische Stiftung kann nunmehr von der Körperschaftsteuer befreit werden, wenn alle Voraussetzungen für die Anerkennung der Gemeinnützigkeit erfüllt sind.[397] Die nachfolgenden Ausführungen des BFH enthalten im Weiteren keine wesentlichen Änderungen gegenüber dem Vorlagebeschluss. So blieb der BFH bei seiner vorherigen Auffassung, dass die formellen Voraussetzungen zunächst auch von der italienischen Stiftung

389 EuGH Urt. v. 14.09.2006, Rs. C-386/04 (*Stauffer*), ECLI:EU:C:2006:568, Slg. 2006, I-08203 Rn. 48 f. = IStR 2006, 675 (678) Rn. 48 f.

390 EuGH Urt. v. 14.09.2006, Rs. C-386/04 (*Stauffer*), ECLI:EU:C:2006:568, Slg. 2006, I-08203 Rn. 49 f. = IStR 2006, 675 (678) Rn. 49 f.

391 EuGH Urt. v. 14.09.2006, Rs. C-386/04 (*Stauffer*), ECLI:EU:C:2006:568, Slg. 2006, I-08203 Rn. 48 ff. = IStR 2006, 675 (678) Rn. 48 ff.

392 EuGH Urt. v. 14.09.2006, Rs. C-386/04 (*Stauffer*), ECLI:EU:C:2006:568, Slg. 2006, I-08203 Rn. 51 = IStR 2006, 675 (678) Rn. 51.

393 EuGH Urt. v. 14.09.2006, Rs. C-386/04 (*Stauffer*), ECLI:EU:C:2006:568, Slg. 2006, I-08203 Rn. 57 = IStR 2006, 675 (679) Rn. 57.

394 EuGH Urt. v. 14.09.2006, Rs. C-386/04 (*Stauffer*), ECLI:EU:C:2006:568, Slg. 2006, I-08203 Rn. 54 = IStR 2006, 675 (678) Rn. 54, unter Bezugnahme der Grundsatzentscheidungen in der Rs. *Bachmann* und Rs. *Komission/Belgien*, siehe hierzu S. 41 ff.

395 EuGH Urt. v. 14.09.2006, Rs. C-386/04 (*Stauffer*), ECLI:EU:C:2006:568, Slg. 2006, I-08203 Rn. 62 = IStR 2006, 675 (679) Rn. 62.

396 BFH Urt. v. 20.12.2006 – I R 94/02, BStBl. II 2010, 331 (332) Rn. 10.

397 BFH Urt. v. 20.12.2006 – I R 94/02, BStBl. II 2010, 331 (332) Rn. 10.

erfüllt seien. Der Stiftungszweck fördere die Allgemeinheit iSv § 52 AO a.F. und der Zweck sei ausreichend in der Satzung bestimmt.[398] Durch die italienische Aufsichtsbehörde werde die notwendige Vermögensbindung ebenfalls ausreichend sichergestellt.[399] Das FG habe jedoch zu prüfen, wie ein Ausgleich zwischen dem italienischen Aufsichtsrecht und den Aufsichtsgesetzen der deutschen Bundesländer geschaffen werden könne.[400] Ebenfalls nicht abschließend geklärt sei, ob die italienische Stiftung die Voraussetzung der tatsächlichen Geschäftsführung gem. § 63 AO a.F.[401] erfülle.[402] Der BFH hob aus diesen Gründen das Urteil des FG München auf und verwies die Sache zur erneuten Entscheidung zurück.[403] Dort wurde das Verfahren zunächst fortgeführt, später jedoch in der Hauptsache für erledigt erklärt.[404] Eine vollständige Prüfung, ob die italienische Stiftung die nationalen Voraussetzungen erfüllte und dadurch unmittelbar steuerbegünstigt wurde, blieb daher im Ergebnis offen.

b) Gesetzesänderung nach der Stauffer-*Entscheidung des EuGH*

Das Urteil des EuGH blieb nicht ohne Folgen. Durch das Jahressteuergesetz 2009 (JStG 2009) wurde § 5 Abs. 2 Nr. 2 und Nr. 3 KStG a.F. insoweit angepasst, als nunmehr auch eine EU- oder EWR-ausländische steuerbegünstigte Körperschaft

---

398 BFH Urt. v. 20.12.2006 – I R 94/02, BStBl. II 2010, 331 (332) Rn. 15.

399 BFH Urt. v. 20.12.2006 – I R 94/02, BStBl. II 2010, 331 (333) Rn. 21.

400 BFH Urt. v. 20.12.2006 – I R 94/02, BStBl. II 2010, 331 (333) Rn. 22.

401 § 63 AO in der Fassung v. 13.12.1990, gültig v. 22.12.1990 bis 31.08.2002:
(1) Die tatsächliche Geschäftsführung der Körperschaft muß auf die ausschließliche und unmittelbare Erfüllung der steuerbegünstigten Zwecke gerichtet sein und den Bestimmungen entsprechen, die die Satzung über die Voraussetzungen für Steuervergünstigungen enthält.
(2) Für die tatsächliche Geschäftsführung gilt sinngemäß § 60 Abs. 2, für eine Verletzung der Vorschrift über die Vermögensbindung § 61 Abs. 3.
(3) Die Körperschaft hat den Nachweis, daß ihre tatsächliche Geschäftsführung den Erfordernissen des Absatzes 1 entspricht, durch ordnungsmäßige Aufzeichnungen über ihre Einnahmen und Ausgaben zu führen.
(4) Hat die Körperschaft Mittel angesammelt, ohne daß die Voraussetzungen des § 58 Nr. 6 und 7 vorliegen, kann das Finanzamt ihr eine Frist für die Verwendung der Mittel setzen. Die tatsächliche Geschäftsführung gilt als ordnungsgemäß im Sinne des Absatzes 1, wenn die Körperschaft die Mittel innerhalb der Frist für steuerbegünstigte Zwecke verwendet. Abrufbar unter juris.

402 BFH Urt. v. 20.12.2006 – I R 94/02, BStBl. II 2010, 331 (333) Rn. 23 f.

403 BFH Urt. v. 20.12.2006 – I R 94/02, BStBl. II 2010, 331 (334) Rn. 25.

404 Nach Auskunft des FG München – 7 K 1520/07.

von der unmittelbaren Steuerbegünstigung gem. § 5 Abs. 1 Nr. 9 KStG mitumfasst ist.[405] Die Ausweitung auf die EWR-Staaten war trotz des EuGH-Urteils, welches sich unmittelbar nur auf EU-Körperschaften bezog, notwendig, da die Grundfreiheiten des AEUV seit dem 01.01.1994[406] fast inhaltsgleich im EWR-Abkommen enthalten sind.[407] Bei Verletzung einer dieser Grundfreiheiten ist nicht der EuGH, sondern der EFTA-Gerichtshof zuständig.[408] Im Interesse der Verwirklichung eines einheitlichen Wirtschaftsraums ist dennoch zwingend die EuGH-Judikatur auch im Rahmen von EWR-Streitigkeiten zu berücksichtigen, sodass insbesondere auch die Rechtsprechung zur Rs. *Stauffer* beachtet werden muss.[409] Aufgrund der inhaltsähnlich ausgestalteten Grundfreiheiten im EWR-Abkommen würde man zum selben Ergebnis gelangen, sofern es sich um eine gemeinnützige Körperschaft handelt, welche im EWR-Raum ansässig ist. Auch hier wäre – mit der Rechtsprechung des EuGH – die Kapitalverkehrsfreiheit beschränkt und eine unmittelbare Steuerbefreiung zu gewähren. Die Frage, ob die Aufsicht durch eine ausländische Behörde eine ausreichende Kompensation ist für eine fehlende Vermögensbindung in der Satzung gem. § 62 AO a.F., ist nun hinfällig, da die Vorschrift durch das JStG 2009 vollständig entfallen ist.[410] Zur Begründung führte der Gesetzgeber an, dass eine Änderung von § 5 Abs. 2 Nr. 3 KStG a.F. dahingehend notwendig sei, dass infolge der Entscheidung des EuGH in der Rs. *Stauffer* nunmehr auch EU- und EWR-ausländische Stiftungen von der unmittelbaren Steuerbegünstigung mitumfasst werden müssten und dadurch die behördliche Kontrolle nicht mehr gewährleistet werden könne.[411]

Zusätzlich zu diesen – zum Teil notwendig gewordenen – Änderungen wurde in § 51 Abs. 2 AO n.F. der sog. strukturelle Inlandsbezug eingefügt.[412] Der

---

405 JStG 2009 v. 19.12.2008, BStBl. I 2009, 74 (91); BGBl. I 2008, 2794 (2811); BT-Drs. 16/11108 (2008), S. 26.

406 Abkommen über den Europäischen Wirtschaftsraum v. 13.12.1993, ABl. 1994 Nr. L 1/13, v. 03.01.1994, S. 3 ff.

407 *Ress/Ukrow* in Grabitz/Hilf/Nettesheim, Das Recht der Europäischen Union, Art. 63 AEUV Rn. 64; *Streinz*, Europarecht, § 2 Rn. 84.

408 *Seidel/Mertens* in Dauses/Ludwigs, Handbuch des EU-Wirtschaftsrechts, Kapitel H. IV. Rn. 456.

409 *Ress/Ukrow* in Grabitz/Hilf/Nettesheim, Das Recht der Europäischen Union, Art. 63 AEUV Rn. 66.

410 JStG 2009 v. 19.12.2008, BStBl. I 2009, 74 (106); BGBl. I 2008, 2794 (2827); BT-Drs. 16/11108 (2008), S. 44.

411 BT-Drs. 16/11108, S. 46; *Märtens* in Gosch, KStG-Kommentar, § 5 Rn. 217a.

412 JStG 2009 v. 19.12.2008, BStBl. I 2009, 74 (106); BGBl. I 2008, 2794 (2827); BT-Drs. 16/11108 (2008), S. 45.

Gesetzgeber reagierte damit auf die Diskussion in der Rs. *Stauffer*, ob der Begriff der Allgemeinheit auf eine nationale Ausrichtung begrenzt sei. Der nunmehr geltende strukturelle Inlandsbezug soll klarstellen, wann auch eine ausländische gemeinnützige Körperschaft in den Genuss der unmittelbaren Steuerbegünstigung kommen kann.[413] Fortan wird dabei eine direkte Verknüpfung zwischen dem steuerbegünstigten Zweck und der Bundesrepublik Deutschland verlangt.[414] Der Umweg über den Begriff der Allgemeinheit – auf den sich das FG München stützte – ist durch die Neueinführung nicht mehr notwendig. Der Gesetzgeber ging dabei davon aus, dass die Einschränkung durch den neu eingeführten § 51 Abs. 2 AO n.F. eine „Verwirklichung förderungswürdiger Zwecke im Ausland" nicht erschweren würde.[415] Ob dies auch der Praxis entspricht, soll näher unter den nunmehr geltenden Voraussetzungen erörtert werden.[416] Ebenfalls als Reaktion auf das Urteil wurde § 60 Abs. 1 AO a.F. insoweit angepasst, als nunmehr gesetzlich normiert ist, dass die Satzung die in der Mustersatzung bezeichneten Festlegungen enthalten muss.[417]

c) *Die Auswirkungen der* Stauffer-*Entscheidung des EuGH auf Direktspenden*

Die Rs. *Stauffer* kann als Meilenstein in der Historie des Gemeinnützigkeits- und des Spendenrechts bezeichnet werden. Erstmals hatten der BFH in seinem Vorlagebeschluss und später auch der EuGH in seinem Urteil geprüft, ob im vorliegenden Fall insbesondere das Gemeinnützigkeitsrecht mit den einschlägigen Grundfreiheiten zu vereinbaren ist. Das Ergebnis überzeugt und zeigt, dass auch im Rahmen der direkten Steuern die Grundfreiheiten eine wesentliche Rolle eingenommen haben. Beachtet werden muss jedoch hierbei, dass lediglich der Befreiungstatbestand von § 5 Abs. 2 Nr. 3 KStG a.F. und die Begriffsfrage bzgl. der Allgemeinheit einer europarechtlichen Prüfung unterzogen wurden, die anderweitigen Vorschriften zur Anerkennung dagegen nicht Gegenstand der Vorlage

---

413 JStG 2009 v. 19.12.2008, BStBl. I 2009, 74 (106); BGBl. I 2008, 2794 (2827); BT-Drs. 16/11108 (2008), S. 45.

414 JStG 2009 v. 19.12.2008, BStBl. I 2009, 74 (106); BGBl. I 2008, 2794 (2827); BT-Drs. 16/11108 (2008), S. 45.

415 JStG 2009 v. 19.12.2008, BStBl. I 2009, 74 (106); BGBl. I 2008, 2794 (2827); BT-Drs. 16/11108 (2008), S. 45; eine kritische Auseinandersetzung mit der Einführung siehe S. 84 ff.

416 Zum strukturellen Inlandsbezug siehe S. 84 ff.

417 JStG 2009 v. 19.12.2008, BStBl. I 2009, 74 (106); BGBl. I 2008, 2794 (2827); BT-Drs. 16/11108 (2008), S. 46.

an den EuGH waren.[418] Auch die Frage der Abzugsfähigkeit grenzüberschreitender Spenden war nicht Gegenstand der Entscheidung des EuGH. Damit ging diese Grundsatzentscheidung in die richtige Richtung, bewirkte aber noch nicht eine wünschenswerte europarechtliche Öffnung des Gemeinnützigkeits- und Spendenrechts.[419]

2. Die Rs. *Persche*

Anders als noch in der Rs. *Stauffer* stand in der Rs. *Persche* das Spendenrecht im Mittelpunkt. Die Anrechnung einer Direktspende ins Ausland auf die Einkommensteuer wurde lange Zeit von den Gerichten versagt.[420] So konnte verhindert werden, dass die Steuereinnahmen sanken, obwohl die Mittel nicht der Bundesrepublik Deutschland zugute kamen.[421]

a) Der Instanzenzug und die Entscheidung des EuGH

Das FG Münster hatte im Jahr 2005 zu entscheiden, ob eine Direktspende in Form einer Sachspende ins Ausland von dem Gesamtbetrag der Einkünfte abziehbar ist.[422] Im vorliegenden Fall hatte der Kläger in seiner Einkommensteuererklärung für das Jahr 2003 eine nach Portugal geleistete Sachspende in Höhe von 18.180 € zum Sonderausgabenabzug angemeldet. Eine deutsche Übersetzung der Spendenbescheinigung lag neben der Erklärung, dass es sich bei der Einrichtung um eine anerkannte Privateinrichtung handelte, bei.[423] Das Finanzamt versagte den Sonderausgabenabzug für die Sachspende. Hiergegen richtete sich die Klage.[424] Der Kläger machte geltend, dass die Nichtberücksichtigung gemeinschaftsrechtswidrig sei. Das FG Münster versagte dabei ebenfalls den Sonderausgabenabzug mit der Begründung, dass es sich bei der portugiesischen Einrichtung um keinen in § 49 EStDV a.F.[425] oder § 5 Abs. 1 Nr. 9 KStG

---

418 *Winheller/Klein*, DStZ 2009, 193 (193).

419 *Proff*, IStR 2007, 269 (273 f.).

420 BFH Urt. v. 11.11.1966 - VI R 45/66, BStBl. III 1967, 116 f.; BFH Beschl. v. 09.10.2001 - XI B 43/01, BFH/NV 2002, 191 f.

421 Beispielhaft hier BFH Urt. v. 11.11.1966 - IV R 45/66, BStBl. III 1967, 116.

422 FG Münster Urt. v. 28.10.2005 - 11 K 2505/05 E, EFG 2006, 357 ff.

423 Zum Sachverhalt siehe FG Münster Urt. v. 28.10.2005 - 11 K 25/05, BeckRS 2005, 26019027.

424 FG Münster Urt. v. 28.10.2005 - 11 K 25/05, BeckRS 2005, 26019027.

425 § 49 EStDV in der Fassung v. 10.05.2000, gültig v. 01.01.2000 bis 31.12.2006: Zuwendungen für die in § 48 bezeichneten Zwecke dürfen nur abgezogen werden, wenn der Empfänger der Zuwendung

aufgeführten Empfänger handelte.[426] Erfülle die Einrichtung selbst jedoch nicht die für eine Anerkennung der Gemeinnützigkeit notwendigen Voraussetzungen, so könne auch keine Spende an diese von der Einkommensteuer abgezogen werden. Zu diesem Zeitpunkt war die Rs. *Stauffer* noch anhängig und die nachfolgenden Änderungen waren daher auch noch nicht ins Gesetz gelangt. Darüber hinaus lag der Schwerpunkt in der Rs. *Stauffer* im Befreiungstatbestand des § 5 Abs. 2 Nr. 3 KStG a.F. und in der Frage, wie die Allgemeinheit gefördert werden könne, sodass für die Frage der Abziehbarkeit von Sachspenden im Rahmen einer grenzüberschreitenden Spende sich andere wesentliche Fragen ergaben.

Das FG folgte daher zunächst der ursprünglichen gefestigten Rechtsprechung, nach welcher grundsätzlich bei einer Auslandsspende die Abziehbarkeit versagt wurde.[427] Zur Begründung führte das FG Münster aus, dass es mit dem Gesetz unvereinbar sei, auch eine Direktspende ins Ausland steuerbegünstigt von der Einkommensteuer abziehen zu können, da es an einer entsprechenden Kontrolle der jeweiligen begünstigten Körperschaft fehle.[428] Diese Ungleichbehandlung von in- und ausländischen gemeinnützigen Körperschaften verstoße auch nicht gegen das Gemeinschaftsrecht. Das Gericht warf dabei insbesondere die Frage auf, ob das Spendenrecht überhaupt ein Teil des Gemeinschaftsrechts sei. Voraussetzung hierfür sei eine wirtschaftliche Betätigung, welche jedoch insbesondere im Bereich des Spendenrechts fehle.[429] Auf die wesentlichen Grundfreiheiten und deren Voraussetzungen ging das FG nicht ein. Es sei bereits entscheidend, dass es keine Harmonisierung im Bereich der direkten Steuern gebe. Zumindest wenn die Bundesrepublik Deutschland nicht ihre Befugnisse unter Wahrung des Gemeinschaftsrechts ausübe, liege eine Rechtfertigung durch zwingende Gründe des Allgemeinwohls vor.[430] Bei einer Direktspende ins Ausland sei es den Behörden nicht möglich, die notwendige Steuerkontrolle und Steueraufsicht durchzuführen. Die Steueraufsicht sei dabei ein ungeschriebener Rechtfertigungsgrund

---

1. eine inländische juristische Person des öffentlichen Rechts oder eine inländische öffentliche Dienststelle oder.
2. eine in § 5 Abs. 1 Nr. 9 des Körperschaftsteuergesetzes bezeichnete Körperschaft, Personenvereinigung oder Vermögensmasse ist. Abrufbar unter juris.

426 FG Münster Urt. v. 28.10.2005 – 11 K 2505/05 E, EFG 2006, 357 (358).

427 BFH Urt. v. 11.11.1966 – VI R 45/66, BStBl. III 1967, 116; BFH Beschl. v. 09.10.2001 – XI B 43/01, BFH/NV 2002, 191; FG Berlin Urt. v. 04.08.1995 – III 318/94, EFG 1995, 1066; FG München Urt. v. 26.02.2002 – 6 K 306/02, abrufbar unter juris.

428 FG Münster Urt. v. 28.10.2005 – 11 K 2505/05 E, EFG 2006, 357 (358).

429 FG Münster Urt. v. 28.10.2005 – 11 K 2505/05 E, EFG 2006, 357 (358).

430 FG Münster Urt. v. 28.10.2005 – 11 K 2505/05 E, EFG 2006, 357 (358).

für eine solche Einschränkung. So bleibe es auch unter Berücksichtigung dieser Erwägungen bei einer gerechtfertigten Ungleichbehandlung.[431]

Gegen das Urteil des FG Münster legte der Kläger Revision vor dem BFH ein.[432] Nach Ansicht des BFH ist fraglich, ob eine Sachspende von dem Anwendungsbereich der Kapitalverkehrsfreiheit mitumfasst ist. Bejahe man dies, so könne es mit dem Grundsatz der Verhältnismäßigkeit gem. Art. 5 S. 3 EGV (nunmehr Art. 5 Abs. 4 EGV in der Fassung von Lissabon) gerechtfertigt sein, aufgrund der Ansässigkeit der Körperschaft eine mittelbare Steuerbegünstigung zu versagen. Wenn dies trotz des möglichen hohen Verwaltungsaufwandes mit dem Grundsatz der Verhältnismäßigkeit zu vereinbaren ist, bleibt fraglich, ob eine Verpflichtung der Finanzbehörden besteht, notwendige Informationen auf der Grundlage der Amtshilferichtlinie zu ermitteln oder ob allein der Steuerpflichtige die Feststellungslast trägt.[433] Der BFH setzte das Revisionsverfahren aufgrund dieser Fragen aus und legte die entscheidungserheblichen Fragen dem EuGH vor.[434]

Darüber hinaus nahm der BFH selbst in seinem Beschluss zur Vereinbarkeit des deutschen Rechts mit dem Gemeinschaftsrecht Stellung. Eine mittelbare Steuerbegünstigung durch Abziehbarkeit des Spendenbetrages sei gem. § 10b Abs. 1 EStG nur dann möglich, wenn es sich bei dem Empfänger um „eine inländische juristische Person des öffentlichen Rechts, eine inländische öffentliche Dienststelle oder eine in § 5 Abs. 1 Nr. 9 KStG bezeichnete Körperschaft" handelt.[435] Die unmittelbar steuerbegünstigte Körperschaft müsse dabei gem. § 48 Abs. 1 EStDV a.F.[436] die Voraussetzungen aus §§ 51 ff. AO a.F.[437] erfüllen. Der BFH betonte dabei, dass „die steuerliche Begünstigung der Spende [...] ein Reflex

---

431 FG Münster Urt. v. 28.10.2005 – 11 K 2505/05 E, EFG 2006, 357 (358).

432 BFH Beschl. v. 09.05.2007 – XI R 56/05, BStBl. II 2010, 260 ff. = BFH/NV 2007, 1764 ff. = DB 2007, 1615 ff.

433 BFH Beschl. v. 09.05.2007 – XI R 56/05, BStBl. II 2010, 260 f. = BFH/NV 2007, 1764 = DB 2007, 1615.

434 BFH Beschl. v. 09.05.2007 – XI R 56/05, BStBl. II 2010, 260 ff. = BFH/NV 2007, 1764 ff. = DB 2007, 1615 ff.

435 BFH Beschl. v. 09.05.2007 – XI R 56/05, BStBl. II 2010, 260 (261) = BFH/NV 2007, 1764 (1765) = DB 2007, 1615 (1615).

436 § 48 EStDV in der Fassung v. 10.05.2000, gültig v. 01.01.2000 bis 21.12.2006: (1) Für die Begriffe mildtätige, kirchliche, religiöse, wissenschaftliche und gemeinnützige Zwecke im Sinne des § 10b des Gesetzes gelten die §§ 51 bis 68 AO. Abrufbar unter juris.

437 §§ 51 ff. AO a.F. jeweils gültig für das streitentscheidende Jahr 2003; abrufbar unter juris.

der steuerlichen Begünstigung der Körperschaft" sei.[438] Den Spendennachweis iSv § 50 Abs. 1 EStDV a.F.[439] kann eine Körperschaft nur dann dem Spender ausstellen, wenn sie die gesetzlichen Voraussetzungen für die Anerkennung der Gemeinnützigkeit erfüllt. Die zuständige Behörde für die Einkommensteuer des Spenders sei nicht auch für die Prüfung der gemeinnützigen Körperschaft zuständig, weshalb dem Spendennachweis ein besonderer Stellenwert zukomme.[440] Im Ergebnis fehle es bei der portugiesischen Einrichtung an den notwendigen Voraussetzungen, sodass die Versagung der Anrechnung auf die Einkommensteuer mit deutschem Recht vereinbar sei. Für die Frage der Anwendbarkeit der Kapitalverkehrsfreiheit auf das Spendenrecht sah der BFH hingegen keine Schwierigkeiten. Mangels genauer Definition, was unter freiem Kapitalverkehr zu verstehen sei, folgte dieser insoweit der neuen Rechtsprechung und nahm den Anhang I der Richtlinie 88/361/EWG zu Hilfe, wonach auch der „Kapitalverkehr mit persönlichem Charakter" mitumfasst ist, sodass unter den Begriff des Kapitalverkehrs grundsätzlich eine Spende fallen könne.[441] Mangels abschließender Klärung müsse jedoch der EuGH hierzu Stellung beziehen.

Zu der Frage, ob eine entsprechende Einschränkung aufgrund der Ansässigkeit mit der Kapitalverkehrsfreiheit vereinbar ist, stellte der BFH zunächst fest, dass diese Frage nicht bereits durch die Rs. *Stauffer* geklärt sei. In der Rs. *Persche* sei anders als in der zuvor aburteilten Rs. *Stauffer* keine Verknüpfung zwischen der Bundesrepublik Deutschland und der steuerbegünstigten ausländischen Körperschaft gegeben. Es bestehe lediglich ein steuerliches Verhältnis zwischen dem Spender und der Finanzbehörde.[442] Auch könne eine ausländische

---

438 BFH Beschl. v. 09.05.2007 – XI R 56/05, BStBl. II 2010, 260 (261) = BFH/NV 2007, 1764 (1765) = DB 2007, 1615 (1616).

439 § 50 EStDV in der Fassung v. 19.12.2000, gültig v. 01.01.2002 bis 31.12.2006: (1) Zuwendungen im Sinne der §§ 10b und § 34g des Gesetzes dürfen nur abgezogen werden, wenn sie durch eine Zuwendungsbestätigung nachgewiesen werden, die der Empfänger nach amtlich vorgeschriebenem Vordruck ausgestellt hat. Abrufbar unter juris.

440 BFH Beschl. v. 09.05.2007 – XI R 56/05, BStBl. II 2010, 260 (261) = BFH/NV 2007, 1764 (1765) = DB 2007, 1615 (1616).

441 BFH Beschl. v. 09.05.2007 – XI R 56/05, BStBl. II 2010, 260 (263) = BFH/NV 2007, 1764 (1766) = DB 2007, 1615 (1616); ausführlich zur Definition der Kapitalverkehrsfreiheit und der Notwendigkeit der Anlageabsicht siehe S. 29 ff.

442 BFH Beschl. v. 09.05.2007 – XI R 56/05, BStBl. II 2010, 260 (262) = BFH/NV 2007, 1764 (1766) = DB 2007, 1615 (1616 f.).

gemeinnützige Körperschaft nicht die Allgemeinheit iSv § 52 Abs. 1 AO a.F.[443] fördern, da unter den Begriff ausschließlich die Bundesrepublik Deutschland falle. Zwar sei dies nicht unstreitig, wie dies bereits in den Schlussanträgen in der Rs. *Stauffer* des Generalanwalts *Stix-Hackl* deutlich wird.[444] Durch das zwischenzeitlich veröffentlichte BMF-Schreiben aus dem Jahr 2005[445] sei jedoch die Übernahme der Gemeinwohlaufgaben durch die jeweiligen Körperschaften ausschlaggebend.[446] Eine entsprechende Gemeinwohlaufgabe könne eine ausländische Körperschaft nicht wahrnehmen. Weiter habe die Finanzbehörde kaum die Möglichkeit zu überprüfen, ob die jeweilige Körperschaft die Voraussetzungen der AO erfülle und eine mittelbare Steuerbegünstigung somit gerechtfertigt sei. Die Wirksamkeit der Steueraufsicht stelle einen zwingenden Grund des Allgemeininteresses dar und rechtfertige somit im Ergebnis eine solche Beschränkung.[447] Nur durch die tatsächlichen Verhältnisse sei eine vollständige Prüfung möglich, welche jedoch in einem Auslandssachverhalt nicht durchführbar sei. Auch die Möglichkeit, über die Amtshilfe die notwendigen Informationen zu erlangen, sei nicht ausreichend, da die ausländischen Behörden auch einen Informationsaustausch dann versagen könnten, wenn dieser für sie einen zu hohen Aufwand darstelle. Zumindest greife der Grundsatz der Verhältnismäßigkeit ein, zumal eine ggf. niedrige Spende in keinerlei Verhältnis zum notwendigen Verwaltungsaufwand stehe, welcher notwendig sei, um zu überprüfen, ob die ausländische gemeinnützige Körperschaft die nationalen

---

443 § 52 AO in der Fassung v. 01.10.2002, gültig v. 01.09.2002 bis 31.06.2006: (1) [1]Eine Körperschaft verfolgt gemeinnützige Zwecke, wenn ihre Tätigkeit darauf gerichtet ist, die Allgemeinheit auf materiellem, geistigem oder sittlichem Gebiet selbstlos zu fördern. [2]Eine Förderung der Allgemeinheit ist nicht gegeben, wenn der Kreis der Personen, dem die Förderung zugutekommt, fest abgeschlossen ist, zum Beispiel Zugehörigkeit zu einer Familie oder zur Belegschaft eines Unternehmens, oder infolge seiner Abgrenzung, insbesondere nach räumlichen oder beruflichen Merkmalen, dauernd nur klein sein kann. [3]Eine Förderung der Allgemeinheit liegt nicht allein deswegen vor, weil eine Körperschaft ihre Mittel einer Körperschaft des öffentlichen Rechts zuführt. Abrufbar unter juris.

444 Schlussanträge *Stix-Hackl* v. 15.12.2005, Rs. C-386/04 (*Stauffer*), ECLI:EU:C:2005:785, Slg. 2006, I-08203 Rn. 96.

445 BMF v. 20.09.2005 – IV C 4 – S 0181 – 9/05, BStBl. I 2005, 902 f.

446 BFH Beschl. v. 09.05.2007 – IX R 56/05, BStBl. II 2010, 260 (263) = BFH/NV 2007, 1764 (1766) = DB 2007, 1615 (1617).

447 BFH Beschl. v. 09.05.2007 – XI R 56/05, BStBl. II 2010, 260 (263 f.) = BFH/NV 2007, 1764 (1767) = DB 2007, 1615 (1617).

Voraussetzungen erfülle.[448] Im Ergebnis ist nach Ansicht des BFH daher eine Versagung der Abziehbarkeit der Spende an eine ausländische Stiftung mit der Kapitalverkehrsfreiheit vereinbar. Würde der EuGH jedoch zu einem anderen Ergebnis gelangen, sei zumindest zu klären, ob den Steuerpflichtigen die erhöhte Mitwirkungspflicht bei Auslandssachverhalten gem. § 90 Abs. 2 AO treffe und ob darüber hinaus die Finanzbehörde dazu verpflichtet werden könne, ihrerseits wiederum die Auskünfte im Wege der Amtshilfe einzuholen.[449] Eine Verpflichtung der Finanzbehörde zur Einholung der entsprechenden Informationen sieht der Senat im Ergebnis nicht.[450]

Der EuGH bejahte zunächst die Frage, ob eine reine Sachspende vom Schutzbereich der Kapitalverkehrsfreiheit mitumfasst ist. In Art. 56 Abs. 1 EGV (nunmehr Art. 63 AEUV) sei keine Definition des Kapitalverkehrs enthalten. Aus der Nomenklatur im Anhang der Richtlinie 88/361/EWG könne jedoch hergeleitet werden, dass auch eine Sachspende in den Anwendungsbereich der Kapitalverkehrsfreiheit fallen kann.[451] Der EuGH stellte dabei – wie bereits der BFH – auf die Rubrik XI des Anhangs I aus der Richtlinie 88/361/EWG ab, worin der „Kapitalverkehr mit persönlichem Charakter" aufgeführt ist.[452] Auf die Frage, ob im Rahmen der Kapitalverkehrsfreiheit eine Anlageabsicht notwendig ist, ging er nicht näher ein.[453] Weiter sei unerheblich, ob es sich bei der Spende um eine Sach- oder Geldspende handele.[454] Der EuGH hatte bereits in früheren Entscheidungen geurteilt, dass auch der Eigentumsübergang an einem

---

448 BFH Beschl. v. 09.05.2007 – XI R 56/05, BStBl. II 2010, 260 (264 f.) = BFH/NV 2007, 1764 (1767 f.) = DB 2007, 1615 (1618).

449 BFH Beschl. v. 09.05.2007 – XI R 56/05, BStBl. II 2010, 260 (265) = BFH/NV 2007, 1764 (1768) = DB 2007, 1615 (1618 f.).

450 BFH Beschl. v. 09.05.2007 – XI R 56/05, BStBl. II 2010, 260 (265) = BFH/NV 2007, 1764 (1768) = DB 2007, 1615 (1618 f.).

451 EuGH Urt. v. 27.01.2009, Rs. C-318/07 (*Persche*), ECLI:EU:C:2009:33, Slg. 2009, I-00359 Rn. 24 = IStR 2009, 171 (171 f.) Rn. 24.

452 So auch der Generalanwalt *Mengozzi* in seinen Schlussanträgen v. 14.10.2008, Rs. C-318/07 (*Persche*), ECLI:EU:C:2009:33, Slg. 2009, I-00359 Rn. 29 ff.

453 Schlussanträge *Mengozzi* v. 14.10.2008 Rs. C-318/07 (*Persche*), ECLI:EU:C:2008:561, Slg. 2009, I-00359 Rn. 30: Der Generalanwalt *Mengozzi* hatte in seinem Schlussantrag diese Frage verneint, da eine solche Absicht nicht mit Art. 56 EG (nunmehr Art. 63 AEUV) zu vereinbaren sei.

454 EuGH Urt. v. 27.01.2009, Rs. C-318/07 (*Persche*), ECLI:EU:C:2009:33, Slg. 2009, I-00359 Rn. 25 = IStR 2009, 171 (172) Rn. 25.

Vermögensgegenstand eine Kapitalbewegung darstelle.[455] Eine Unterscheidung zwischen Geldtransaktionen und Sachtransaktionen sei daher nicht notwendig. Dabei betonte der EuGH, dass Art. 56 Abs. 1 EGV (Art. 63 Abs. 1 AEUV) „ganz allgemein Beschränkungen des Kapitalverkehrs zwischen den Mitgliedstaaten verbiete."[456]

Die zweite Vorlagefrage des BFH, ob es möglich sei, eine mittelbare Steuerbegünstigung in grenzüberschreitenden Sachverhalten grundsätzlich zu versagen, verneinte der EuGH. Gem. Art. 58 Abs. 1 Buchst. a EGV (nunmehr Art. 65 Abs. 1 Buchst. a AEUV) sei zunächst zwischen einer erlaubten Ungleichbehandlung und einer verbotenen willkürlichen Diskriminierung zu unterscheiden.[457] Ähnlich wie bereits in der Rs. *Stauffer* stellte der EuGH auf den Begriff der Allgemeinheit ab. Da im streitentscheidenden Jahr noch keine entscheidende Änderung des § 52 AO a.F.[458] erfolgte, blieb er bei seiner Ansicht, dass es zwar im Ermessen der Mitgliedstaaten liege, was sie als gemeinnützig fördern wollen; solange jedoch keine Beschränkung auf das Inland bestehe, könne auch eine ausländische gemeinnützige Körperschaft die Allgemeinheit iSv § 52 AO a.F. fördern.[459] Somit bestehe zwischen einer inländischen und einer ausländischen gemeinnützigen Körperschaft eine objektiv vergleichbare Situation, weshalb es für eine entsprechende Vorschrift einer Rechtfertigung bedürfe.[460] Zwar könne die Wirksamkeit der Steueraufsicht als zwingender Grund des Allgemeininteresses eine beschränkende Vorschrift rechtfertigen, jedoch müsse dies dem Grundsatz der Verhältnismäßigkeit genügen.[461] Nach Ansicht des EuGH ist es nicht erforderlich, dass grundsätzlich eine mittelbare Steuerbegünstigung beim Spender

455 EuGH Urt. v. 23.02.2006, Rs. C-513/03 (*van Hilten-van der Heijden*), ECLI:EU:C:2006:131, Slg. 2006, I-01957 Rn. 41 = IStR 2006, 309 (310) Rn. 41; deutlicher Schlussanträge *Léger* v. 30.06.2005, Rs. C-513/03 (*van Hilten-van der Heijden*), ECLI:EU:C:2005:416, Slg. 2006 I-01957 Rn. 53.

456 EuGH Urt. v. 27.01.2009, Rs. C-318/07 (*Persche*), ECLI:EU:C:2009:33, Slg. 2009, I-00359 Rn. 23 = IStR 2009, 171 (171) Rn. 23.

457 EuGH Urt. v. 27.01.2009, Rs. C-318/07 (*Persche*), ECLI:EU:C:2009:33, Slg. 2009, I-00359 Rn. 41 = IStR 2009, 171 (173) Rn. 41.

458 § 52 AO in der Fassung v. 01.10.2002, gültig v. 01.09.2002 bis 31.12.2006, abrufbar unter juris.

459 EuGH Urt. v. 27.01.2009, Rs. C-318/07 (*Persche*), ECLI:EU:C:2009:33, Slg. 2009, I-00359 Rn. 48, 50 = IStR 2009, 171 (173 f.) Rn. 48, 50.

460 EuGH Urt. v. 27.01.2009, Rs. C-318/07 (*Persche*), ECLI:EU:C:2009:33, Slg. 2009, I-00359 Rn. 50 = IStR 2009, 171 (174) Rn. 50.

461 EuGH Urt. v. 27.01.2009, Rs. C-318/07 (*Persche*), ECLI:EU:C:2009:33, Slg. 2009, I-00359 Rn. 52 = IStR 2009, 171 (174) Rn. 52.

versagt wird, wenn es sich dabei um eine Direktspende ins Ausland handelt. Es sei nicht auszuschließen, dass der Spender die notwendigen Belege vorlegen könne, um eine ausländische gemeinnützige Körperschaft zu verifizieren.[462] Darüber hinaus habe die jeweilige Finanzbehörde die Möglichkeit, im Rahmen der Amtshilfe die ausländische Behörde um Mithilfe zu ersuchen. Diese liegt nach Auffassung des EuGH auch nicht außerhalb des Anwendungsbereichs der Amtshilferichtlinie.[463] Eine Verpflichtung der deutschen Behörden, von den durch die Amtshilferichtlinie eröffneten Möglichkeiten Gebrauch zu machen, bestehe zwar nicht, jedoch könne daraus nicht eine grundsätzliche Versagung der mittelbaren Steuerbegünstigung hergeleitet werden.[464] Eine Außenprüfung könne ebenfalls über die Amtshilfe erfolgen, weshalb eine Verifikation einer ausländischen Körperschaft grundsätzlich möglich sei. Der EuGH kam daher zu dem Ergebnis, dass eine grundsätzliche Versagung der mittelbaren Steuerbegünstigung nicht gerechtfertigt sei. Es müsse dem Spender zumindest die Möglichkeit gegeben werden, die notwendigen stichhaltigen Belege für die Verifikation zu erbringen.[465]

Der EuGH ließ dabei in seinem Urteil unberücksichtigt, dass es für den Spender zum Teil schwierig sein wird, die notwendigen Belege von der ausländischen gemeinnützigen Körperschaft zu erlangen. Der Generalanwalt *Mengozzi* machte in seinen Schlussanträgen deutlich, dass es mitunter für den Spender unmöglich ist, alle notwendigen stichhalten Belege zu erhalten. Dies dürfe nicht außer Acht gelassen werden. Die Anstrengungen, welche der Spender jedoch unternommen hat, um seiner Verpflichtung nachzukommen, dürfe die deutsche Finanzbehörde nicht ignorieren. Zwar fehle es grundsätzlich an einer Verpflichtung, von der Amtshilfe Gebrauch zu machen; in Fällen, in welchen es dem Spender „trotz aller Anstrengungen" nicht möglich ist, die notwendigen Belege zu erlangen, könne jedoch nicht unberücksichtigt bleiben, dass die nationale Behörde eine solche Möglichkeit habe.[466]

---

462 EuGH Urt. v. 27.01.2009, Rs. C-318/07 (*Persche*), ECLI:EU:C:2009:33, Slg. 2009, I-00359 Rn. 60 = IStR 2009, 171 (174) Rn. 60.

463 EuGH Urt. v. 27.01.2009, Rs. C-318/07 (*Persche*), ECLI:EU:C:2009:33, Slg. 2009, I-00359 Rn. 62 = IStR 2009, 171 (175) Rn. 62.

464 EuGH Urt. v. 27.01.2009, Rs. C-318/07 (*Persche*), ECLI:EU:C:2009:33, Slg. 2009, I-00359 Rn. 65 f. = IStR 2009, 171 (175) Rn. 67 f.

465 EuGH Urt. v. 27.01.2009, Rs. C-318/07 (*Persche*), ECLI:EU:C:2009:33, Slg. 2009, I-00359 Rn. 72.

466 Schlussanträge *Mengozzi* v. 14.10.2008, Rs. C-318/07 (*Persche*), ECLI:EU:C:2008:561, Slg. 2009, I-00359 Rn. 110.

Nach der Entscheidung des EuGH nahm der BFH das Verfahren wieder auf.[467] Aufgrund der vorangegangenen Entscheidung sah der BFH nunmehr die Revision als begründet an und hob das Urteil des FG Münster auf.[468] Der EuGH hatte in seinem Urteil noch einmal verdeutlicht, dass eine grundsätzliche Versagung einer Steuerbegünstigung in grenzüberschreitenden Fällen nicht mit der Kapitalverkehrsfreiheit zu vereinbaren sei.[469] Die Mitgliedstaaten könnten jedoch frei darüber entscheiden, was durch eine Steuererleichterung unterstützt werden soll. So sei es ausreichend, wenn der Spender auch im Falle einer Direktspende ins Ausland eine mittelbare Steuerbegünstigung in Anspruch nehmen kann, wenn die ausländische gemeinnützige Körperschaft die notwendigen Voraussetzungen für eine Anerkennung insoweit erfüllt. Dies kann anhand stichhaltiger Belege überprüft werden, welche der Spender der Finanzbehörde vorlegen muss. Der BFH stellte daraufhin in seinem Urteil fest, dass in der Rs. *Persche* noch nicht abschließend geklärt werden könne, ob die portugiesische Stiftung die notwendigen Voraussetzungen der AO erfülle. Zur weiteren Sachverhaltsaufklärung verwies der BFH zur endgültigen Entscheidung an das FG Münster zurück.[470]

b) Unmittelbare Gesetzesänderung von § 10b EStG

Als Reaktion, jedoch etwas losgelöst von den Schwierigkeiten in der Rs. *Stauffer*, beschäftigte sich der Gesetzgeber ausführlicher mit dem Gemeinnützigkeits- und Spendenrecht, um weitere Verfahren zu verhindern. So wurden im Rahmen des Gesetzes zur weiteren Stärkung des bürgerschaftlichen Engagements § 48 und § 49 EStDV vollständig aufgehoben, welche noch in der Rs. *Persche* zu Schwierigkeiten geführt hatten.[471] Durch den Wegfall der Vorschriften kann nunmehr auch der inländische Spender an eine ausländische gemeinnützige Körperschaft spenden, ohne dass der Spendenabzug sogleich an der Voraussetzung scheitert, dass keine inländische gemeinnützige Körperschaft Empfänger der Zuwendung ist.[472]

Nach der Entscheidung in der Rs. *Persche* reagierte der Gesetzgeber unmittelbar durch das Gesetz zur Umsetzung steuerlicher EU-Vorgaben sowie zur

---

467 BFH Urt. v. 27.05.2009 – X R 46/05, BFH/NV 2009, 1633 (1634).

468 BFH Urt. v. 27.05.2009 – X R 46/05, BFH/NV 2009, 1633 (1634).

469 BFH Urt. v. 27.05.2009 – X R 46/05, BFH/NV 2009, 1633 (1634).

470 BFH Urt. v. 27.05.2009 – X R 46/05, BFH/NV 2009, 1633 (1634).

471 Gesetz zur weiteren Stärkung des bürgerschaftlichen Engagements v. 10.10.2007, BStBl. I 2007, 815 (816); BGBl. I 2007, 2332 (2333).

472 Dass das Gesetz zur weiteren Stärkung des bürgerschaftlichen Engagements nur ein Anfang sein konnte, sahen auch *Drüen/Liedtke*, FR 2008, 1 (14 f.).

Änderung steuerlicher Vorschriften und änderte § 10b EStG insoweit, als nunmehr auch gemeinnützige Körperschaften Empfänger sein können, wenn diese Mitglied der Europäischen Union oder in einem Staat belegen sind, in welchem das EWR-Abkommen Anwendung findet.[473] Der Gesetzgeber machte in seinem Bericht zur Umsetzung steuerlicher EU-Vorgaben sowie zur Änderung steuerlicher Vorschriften deutlich, dass durch das Urteil in der Rs. *Persche* dem Spender lediglich die Möglichkeit gegeben werden muss, entsprechende Belege von einer ausländischen gemeinnützigen Körperschaft zu erbringen. Nach dem nunmehr neu gefassten § 10b Abs. 1 S. 2 Nr. 3 EStG n.F. kann es sich bei dem Empfänger auch um eine nicht im Inland steuerpflichtige Körperschaft handeln. Im Falle einer unbeschränkten oder beschränkten Steuerpflicht ist nunmehr § 10b Abs. 1 Nr. 2 EStG n.F. einschlägig. Die Vorschriften der AO blieben unberührt von der Rs. *Persche*, da diese zunächst nicht Gegenstand des Verfahrens waren.

c) Reaktion des Bundesministeriums der Finanzen

Um die Auswirkungen der Entscheidung in der Rs. *Persche* gering zu halten, veröffentlichte das Bundesministerium der Finanzen zunächst ein allgemeines BMF-Schreiben.[474] Danach seien nur Direktspenden an ausländische Zuwendungsempfänger der EU und des EWR unter den engen Voraussetzungen der AO anzuerkennen.[475] Des Weiteren wies das Ministerium darauf hin, dass es eines weiteren Schreibens bezüglich der „Modalitäten der Nachweiserbringung" bedarf.[476] Dabei sollte die vom EuGH in der Rs. *Persche* aufgestellten Regeln als Grundlage für die nähere Ausgestaltung dienen.

Das angekündigte BMF-Schreiben wurde am 16.05.2011 veröffentlicht und enthielt eine genauere Ausgestaltung der Nachweiserbringung des Spenders bei einer Direktspende ins Ausland.[477] Ob die ausländische gemeinnützige Körperschaft die notwendigen Voraussetzungen der AO erfülle, könne „insbesondere [anhand der] Satzung, [eines] Tätigkeitsbericht[s], [durch] Aufstellung der Einnahmen und Ausgaben, [durch einen] Kassenbericht, [eine] Vermögensübersicht mit Nachweis über die Bildung und Entwicklung der Rücklagen, [durch]

---

473 Gesetz zur Umsetzung steuerlicher EU-Vorgaben sowie zur Änderung steuerlicher Vorschriften v. 08.04.2010, BStBl. I 2010, 334 (335); BGBl. I 2010, 386 (387); BT-Drs. 17/939, S. 2.

474 BMF v. 06.04.2010 – IV C 4 – S 2223/07/0005, BStBl. I 2010, 386 f.

475 BMF v. 06.04.2010 – IV C 4 – S 2223/07/0005, BStBl. I 2010, 386.

476 BMF v. 06.04.2010 – IV C 4 – S 2223/07/0005, BStBl. I 2010, 386.

477 BMF v. 16.05.2011 – IV C 4 – S 2223/07/0005, BStBl. I, 2011, 559.

Aufzeichnung über die Vereinnahmung von Zuwendungen und deren zweckgerechte Verwendung [...] [oder durch] Vorstandsprotokolle [...]" überprüft werden.[478] Diese Informationen müssten vom Spender beigebracht werden.[479]

Ähnlich wie in dem BMF-Schreiben in der Rs. *Stauffer* blieb das Ministerium zurückhaltend in der Öffnung grenzüberschreitender Sachverhalte. Bereits in dem ersten Schreiben aus dem Jahr 2005 versuchte das Ministerium, die Möglichkeiten, dass ausländische gemeinnützige Körperschaften in den Genuss der Steuerbegünstigung kommen können, zu minimieren. Auch im Rahmen der mittelbaren Steuerbegünstigung wie in der Rs. *Persche* blieb das Bundesfinanzministerium bei seiner Zurückhaltung, weshalb nur unter sehr strengen Voraussetzungen eine grenzüberschreitende Spende ermöglicht werden sollte.[480]

d) Endurteil FG Münster vom 08.03.2012

Nach der Zurückverweisung durch den BFH musste das FG Münster erneut in der Rs. *Persche* entscheiden. Das FG wendete nunmehr den im Laufe des Verfahrens geänderten § 10b Abs. 1 S. 2 Nr. 3 EStG n.F.[481] an, wonach auch eine Zuwendung als Sonderausgabe abgezogen werden kann, wenn der Empfänger in einem Mitgliedstaat der EU oder in einem Staat belegen ist, in welchem das EWR-Abkommen Anwendung findet.[482] Diese Vorschrift sei nunmehr auch mit dem Gemeinschaftsrecht vereinbar, da der EuGH lediglich die Möglichkeit zum Spendenabzug auch im Rahmen einer Direktspende als notwendig erachtet habe.[483] Zur Anerkennung der Gemeinnützigkeit prüfte das FG die notwendigen Voraussetzungen gem. § 10b Abs. 1 S. 1 EStG iVm §§ 52–54 AO. Diese waren in dem vorangegangenen Verfahren noch nicht näher erörtert worden, da ursprünglich eine Direktspende ins Ausland bereits mangels berechtigten Zuwendungsempfängers gem. §§ 48, 49 EStDV a.F. von vornherein ausschied.[484]

Nach Auffassung des Gerichts erfüllt die portugiesische Stiftung nicht die Voraussetzungen gem. § 5 Abs. 1 Nr. 9 iVm Abs. 2 Nr. 2 Halbsatz 2 KStG.[485]

---

478 BMF v. 16.05.2011 - IV C 4 – S 2223/07/0005, BStBl. I, 2011, 559.

479 BMF v. 16.05.2011 - IV C 4 – S 2223/07/0005, BStBl. I, 2011, 559.

480 Zu den Besonderheiten beim grenzüberschreitenden Spendenabzug siehe S. 123 ff.

481 Gesetz zur Umsetzung steuerlicher EU-Vorgaben sowie zur Änderung steuerlicher Vorschriften v. 08.04.2010, BStBl. I 2010, 334 ff.; BGBl. I 2010, 386 ff.

482 FG Münster Urt. v. 08.03.2012 – 2 K 2608/09 E, EFG 2012, 1539 (1539).

483 FG Münster Urt. v. 08.03.2012 – 2 K 2608/09 E, EFG 2012, 1539 (1540).

484 BFH Urt. v. 27.05.2009 – X R 46/02, BFH/NV 2009, 1633 (1634); zum nunmehr berechtigten Zuwendungsempfänger siehe S. 126 ff.

485 FG Münster Urt. v. 08.03.2012 – 2 K 2608/09 E, EFG 2012, 1539 (1540).

Zur Begründung führte das FG zunächst an, dass zwar im Verfahrensverlauf die portugiesische Stiftung als Personengesellschaft bezeichnet worden ist, jedoch nach dem Auskunftsersuchen und einem Typenvergleich diese als sonstige juristische Person des privaten Rechts einzuordnen sei. Ein Ausschluss der Steuerbegünstigung aufgrund der Rechtsform liege somit nicht vor.[486] Entscheidend für die mittelbare Steuerbegünstigung des Klägers sei folglich das Vorliegen der Voraussetzungen der AO. Nach Ansicht des Gerichts erfüllte die Stiftung zwar einen benannten Zweck iSv § 52 Abs. 2 Nr. 4 und Nr. 5 AO, jedoch fehle es an dem notwendigen Nachweis, dass die satzungsmäßige Vermögensbindung iSv § 55 Abs. 1 Nr. 4 AO eingehalten werde.[487] Dass auch bei einer ausländischen gemeinnützigen Körperschaft diese Voraussetzungen verlangt werden können, hatte der EuGH im Rahmen der Vorlagefragen geprüft und bejaht.[488] Des Weiteren fehle es an einer ordnungsgemäßen Zuwendungsbestätigung iSv § 50 EStDV a.F., welche ebenfalls auch von einer ausländischen Stiftung erbracht werden müsse, da kein gesondertes Verfahren in Auslandssachverhalten notwendig sei.[489] Schließlich fehlten auch ein Verwendungsnachweis und eine Ermittlung des Sachwertes durch die portugiesische Stiftung.[490] Aus diesen Gründen kam das FG Münster zu der Entscheidung, dass die Sachspende nicht als Sonderausgabe von der Einkommensteuer abgezogen werden könne.[491] Aufgrund der Neufassung von § 10b EStG wurde die Revision erneut zugelassen.

e) Reaktionen auf das Urteil des EuGH

In der Literatur stieß das Urteil des EuGH auf weitgehende Zustimmung.[492] So wurde es zunächst als grundsätzlich positiv angesehen, dass nunmehr dem Spender die Möglichkeit gegeben werden muss, auch bei einer Direktspende ins Ausland in den Genuss der mittelbaren Steuerbegünstigung zu kommen, wodurch das Gemeinnützigkeits- und Spendenrecht erheblich gestärkt werde.[493]

---

486 FG Münster Urt. v. 08.03.2012 – 2 K 2608/09 E, EFG 2012, 1539 (1540).

487 FG Münster Urt. v. 08.03.2012 – 2 K 2608/09 E, EFG 2012, 1539 (1541).

488 Siehe S. 60 ff.

489 FG Münster Urt. v. 08.03.2012 – 2 K 2608/09 E, EFG 2012, 1539 (1541).

490 FG Münster Urt. v. 08.03.2012 – 2 K 2608/09 E, EFG 2012, 1539 (1541).

491 FG Münster Urt. v. 08.03.2012 – 2 K 2608/09 E, EFG 2012, 1539 (1543).

492 *Proff*, IStR 2009, 371 ff.; *Helios* in Schauhoff, Handbuch der Gemeinnützigkeit, § 22 Rn. 49; *Hüttemann/Helios*, DB 2009, 701 ff.; EuGH Urt. v. 27.01.2009, Rs. C-318/07 (*Persche*), Anm. *Putz*, NJW 2009, 823 (828).

493 *Hüttemann/Helios*, DB 2009, 701 (707).

Dennoch gab es auch vereinzelt kritische Stimmen in der Literatur.[494] Der EuGH gehe mit seiner Entscheidung dahingehend zu weit, dass er unberücksichtigt lasse, dass der Begriff der Steueraufsicht verfassungsrechtlich und nicht lediglich europarechtlich zu verstehen sei.[495] Dabei ist nach Auffassung von *Fischer* die verfassungsrechtliche Auslegung ausschlaggebend, da gem. Art. 6 Abs. 1 EUV „die Grundprinzipien der mitgliedstaatlichen Verfassungen mittels dynamischer Verweisung in das Verfassungsrecht der EU" eingegliedert seien.[496] Es sei „(macht)anmaßend", den Mitgliedstaaten lediglich eine „Restzuständigkeit" zu gewähren, liege es doch gerade im Aufgabenbereich der Staaten selber, ihre Vollzugsgewalt entsprechend durchzusetzen.[497] Nach diesem Verständnis sei folglich die Versagung des Spendenabzugs bei einer Direktspende als gerechtfertigt anzusehen, da der Rechtfertigungsgrund der wirksamen Steueraufsicht sehr wohl eingreife.[498] Die Finanzverwaltung schloss sich einer ähnlichen Argumentation an. Ein grenzenlos gewährter Spendenabzug würde mangels möglicher Steueraufsicht zu erheblichen Problemen führen. Es sei kaum möglich, eine ausländische Körperschaft - ähnlich einer inländischen Körperschaft - zu überwachen und zu kontrollieren.[499]

Auch die überwiegenden positiven Meinungen sahen Schwierigkeiten für den Spender in seiner erhöhten Mitwirkungspflicht.[500] Zwar habe der EuGH in seiner Entscheidung den Rechtfertigungsgrund der wirksamen Steueraufsicht unter anderem mit der Begründung verneint, der Spender habe eine erhöhte Mitwirkungspflicht gem. § 90 Abs. 2 AO, eine Möglichkeit zur praktischen Umsetzung hat er dabei jedoch nicht gegeben. Im Ergebnis lässt sich daher feststellen, dass auch die Befürworter noch Zweifel an der Umsetzung haben.[501]

IV. Bewertung und Stellungnahme

Das Urteil in der Rs. *Persche* ist ein wichtiger und erster Schritt zur Öffnung des Spendenrechts. Zwar ist einerseits die Grundaussage, dass auch Spenden

494 *Fischer*, FR 2009, 249 ff.; *Neumann*, FR 2008, 745 ff.
495 *Fischer*, FR 2009, 249 (252).
496 *Fischer*, FR 2009, 249 (252).
497 *Fischer*, FR 2009, 249 (252).
498 So auch Vertreter der Finanzverwaltung *Neumann*, FR 2008, 745 (750 f.).
499 *Neumann*, FR 2008, 745 (751).
500 *Hüttemann/Helios*, DB 2009, 701 (706).
501 *Hüttemann/Helios*, DB 2009, 701 (706); *Proff*, IStR 2009, 371 (377); EuGH Urt. v. 27.01.2009, Rs. C-318/07 (*Persche*), Anm. *Putz*, NJW 2009, 823 (828).

in den Schutzbereich der Kapitalverkehrsfreiheit fallen können, zu begrüßen, andererseits wirft das Urteil viele weitere Detailfragen auf,[502] welche nunmehr unbeantwortet im Raum stehen und für den Spender auch in Zukunft keine Rechtssicherheit bieten.[503] So waren die weiteren Voraussetzungen nach der AO nicht Gegenstand der Vorlagefragen, sodass dem Gesetzgeber genügend Möglichkeiten gegeben werden, auch weiterhin einen grenzüberschreitenden Spendenabzug zu verwehren. Diese Möglichkeit ließ der Gesetzgeber nicht ungenutzt. So wurden die unmittelbar von den Entscheidungen des EuGH betroffenen europarechtswidrigen Vorschriften zwar angepasst, andere Vorschriften hingegen verschärft, sodass auf anderem Wege eine Direktspende ins Ausland verwehrt werden kann. Insbesondere ist der nunmehr geltende strukturelle Inlandsbezug in § 51 Abs. 2 AO n.F. ein gutes Mittel, um europarechtsfeindliches Gemeinnützigkeits- und Spendenrecht zu schaffen. Auf eine grundsätzlich mögliche nationale Ausrichtung hatte der EuGH in der Rs. *Stauffer* und bezugnehmend auf dieses Urteil auch in der Rs. *Persche* indirekt hingewiesen.[504] Nach Auffassung des EuGH sei es Aufgabe der Mitgliedstaaten, ihr Gemeinnützigkeitsrecht dahingehend auszugestalten, dass zwar eine Anerkennung für ausländische Körperschaften möglich, eine automatische Anerkennung jedoch nicht zwingend sei.[505] Die ursprüngliche Anknüpfung an den Begriff der Allgemeinheit sei jedoch gerade nicht auf nationale Körperschaften beschränkt, sodass es Aufgabe des deutschen Gesetzgebers sei, die derzeitigen Vorschriften anzupassen.[506] Dieser Vorgabe ist der deutsche Gesetzgeber insbesondere durch die Einführung des strukturellen Inlandsbezuges gem. § 51 Abs. 2 AO n.F. nachgekommen, indem er nunmehr erhöhte Anforderungen bei Auslandssachverhalten stellt, unabhängig von dem Begriff der Allgemeinheit. Von dem Urteil des EuGH ausgehend, muss festgehalten werden, dass es nicht der Vorstellung des EuGH entspricht, zwischen inländischen und ausländischen gemeinnützigen Körperschaften eine

---

502 Zu den einzelnen Vorlagefragen nach der Rs. *Persche* siehe S. 60 ff.

503 Siehe auch *Förster*, BB 2011, 663 ff.; *Geserich*, NWB Nr. 18 v. 03.05.2010, 1408 ff.; *Schienke-Ohletz*, IWB Nr. 17 v. 14.09.2011, 651 ff.

504 EuGH Urt. v. 14.09.2006, Rs. C-386/04 (*Stauffer*), ECLI:EU:C:2006:568, Slg. 2006, I-08203 Rn. 39 = IStR 2006, 675 (677) Rn. 39; EuGH Urt. v. 27.01.2009, Rs. C-318/07 (*Persche*), ECLI:EU:C:2009:33, Slg. 2009, I-00359 Rn. 48 = IStR 2009, 171 (173) Rn. 48.

505 EuGH Urt. v. 27.01.2009, Rs. C-318/07 (*Persche*), ECLI:EU:C:2009:33, Slg. 2009, I-00359 Rn. 48 = IStR 2009, 171 (173) Rn. 48.

506 EuGH Urt. v. 14.09.2006, Rs. C-386/04 (*Stauffer*), ECLI:EU:C:2006:568, Slg. 2006, I-08203 Rn. 39 = IStR 2006, 675 (677) Rn. 39.

Ungleichbehandlung gesetzlich zu manifestieren, welche zudem nicht gerechtfertigt scheint.[507]

Darüber hinaus hat es der Gesetzgeber bislang unterlassen, eine Öffnung des Gemeinnützigkeits- und Spendenrechts voranzutreiben. Vielmehr wurde seit den Grundsatzurteilen des EuGH eine weitere nationale Ausrichtung durch Einführung des neuen Feststellungsverfahrens als Annexverfahren zur Körperschaftsteuerveranlagung sowie durch erhöhte Anforderungen an die Überprüfung der tatsächlichen Geschäftsführung und an die notwendige satzungsmäßige Vermögensbindung gefördert.[508]

Meines Erachtens schafft der Gesetzgeber sich damit Möglichkeiten, um das Gemeinnützigkeits- und Spendenrecht weiterhin rein national auszurichten und eine Berücksichtigung grenzüberschreitender Sachverhalte zu minimieren.[509] Ohne weitere Vorgaben des EuGH ist auch weiterhin von einer Direktspende ins Ausland abzuraten.

---

507 Siehe S. 49 ff.

508 Siehe S. 103 ff., 107 ff., 110 ff.

509 So auch *Thömmes*, FS Meilicke 2010, S. 753 (774).

Teil C: Gemeinnützigkeits- und Spendenrecht de lege lata

I. Weitere Gesetzesänderungen nach der Rs. *Persche*

Nach den Grundsatzentscheidungen in der Rs. *Stauffer* und der Rs. *Persche* kam der deutsche Gesetzgeber seiner Verpflichtung zur Umsetzung der unionsrechtlichen Vorgaben nach, indem er durch das Gesetz zur Stärkung des bürgerschaftlichen Engagements[510], das Gesetz zur Umsetzung steuerlicher EU-Vorgaben sowie zur Änderung steuerlicher Vorschriften[511] und das JStG 2009[512] die europarechtswidrigen Vorschriften änderte. Dabei blieb der große Wurf in Richtung Europäisierung des Gemeinnützigkeitsrechts jedoch aus.[513] Nach kleineren Anpassungen griff der Gesetzgeber die Thematik im Jahr 2012 erneut auf und versuchte, durch das Gesetz zur Stärkung des Ehrenamtes (ex post Gesetz zur Entbürokratisierung des Gemeinnützigkeitsrechts) die Vorschriften an die Praxis anzupassen.[514] Im Mittelpunkt standen dabei insbesondere die flexiblere Ausgestaltung sowie die Verschlankung der Vorschriften, um nicht zuletzt einen Anreiz zu schaffen, das bürgerschaftliche Engagement zu stärken.[515] Das Ziel, die Vorschriften zu vereinfachen, ist teilweise erreicht worden, sodass die Literatur überwiegend positiv auf die Vorschriften reagierte.[516] Aus den durch die genannten Gesetze geänderten Vorschriften ergeben sich die derzeitigen Voraussetzungen für die unmittelbare wie auch mittelbare Steuerbegünstigung.

---

510 Gesetz zur weiteren Stärkung des bürgerschaftlichen Engagements v. 10.10.2007, BStBl. I 2007, 815 ff.; BGBl. I 2007, 2332 ff.

511 Gesetz zur Umsetzung steuerlicher EU-Vorgaben sowie zur Änderung steuerlicher Vorschriften v. 08.04.2010, BStBl. I 2010, 334 ff.; BGBl. I 2010, 386 ff.

512 JStG 2009 v. 19.12.2008, BStBl. I 2009, 74 ff.; BGBl. I 2008, 2794 ff.

513 *Helios/Strehlke*, npoR 2013, 209 (216); *Roth*, Steuk 2013, 136 (137).

514 Gesetz zur Stärkung des Ehrenamtes (Ehrenamtsstärkungsgesetz) v. 21.03.2013, BStBl. I 2013, 339 ff.; BGBl. I 2013, 556 ff.

515 Gesetzesentwurf der Fraktionen der CDU/CSU und FDP v. 06.11.2012, BT-Drs. 17/11316, S. 1; Beschlussempfehlung und Bericht des Finanzausschusses (7. Ausschuss) v. 17.01.2013, BT-Drs. 17/12123, S. 1.

516 *Fischer*, JurisPR-SteuerR 12/2013, Anm. 1; *Hüttemann*, DB 2013, 774 ff.; *Krebbers*, BB 2013, 2071 (2075); *Roth*, SteuK 2013, 136 (140); *Schauhoff/Kirchhain*, FR 2013, 301 (313 f.); *Volland*, ZEV 2013, 320 (323); kritisch hingegen *Rathke/Ritter*, NWB Nr. 42 v. 15.10.2012, 3373 ff. zum ursprünglichen Entwurf.

II. Die Voraussetzungen einer Steuerbegünstigung

1. Die unmittelbare Steuerbegünstigung einer Körperschaft

a) Unbeschränkte und beschränkte Körperschaftsteuerpflicht

Grundsätzlich besteht nach § 1 KStG die unbeschränkte Steuerpflicht einer Körperschaft, Personenvereinigung oder Vermögensmasse, die ihre Geschäftsleitung oder ihren Sitz im Inland hat.[517] Fehlt es an der Geschäftsleitung oder dem Sitz der Körperschaft im Inland, kann ggf. eine beschränkte Steuerpflicht gem. § 2 KStG vorliegen.[518] Für eine gemeinnützige Körperschaft sieht § 5 Abs. 1 Nr. 9 KStG eine Steuerbefreiung vor, um einen Anreiz zu geben, gemeinnützig tätig zu werden. Dabei muss die inländische gemeinnützige Körperschaft zumindest beschränkt körperschaftsteuerpflichtig sein, um in den Genuss einer unmittelbaren Steuerbegünstigung zu gelangen (§ 5 Abs. 2 Nr. 2 KStG).[519] Die Ausdehnung auf die EU-/EWR Staaten erfolgte nach dem Urteil des EuGH in der Rs. *Stauffer*, wobei der deutsche Gesetzgeber dabei nur die Mindestvorgaben umsetzte.[520] Dass die Kapitalverkehrsfreiheit auch im Verhältnis zu Drittstaaten ggf. anzuwenden ist, diese von § 5 Abs. 2 Nr. 2 KStG n.F. aber nicht mitumfasst sind, ignorierte der deutsche Gesetzgeber.[521]

b) Die unmittelbare Steuerbegünstigung bei Drittstaaten

Nach den Grundsatzentscheidungen des EuGH ist es somit zunächst wieder Aufgabe der Finanzgerichte zu entscheiden, ob trotz des derzeit geltenden Ausschlusses von Drittstatten eine Ausweitung auf diese erfolgen kann. So hatte unter anderem das FG Baden-Württemberg über die Anerkennung der Gemeinnützigkeit einer schweizerischen Stiftung zu entscheiden, welche grundsätzlich nicht unter den Befreiungstatbestand fiel.[522] Im vorliegenden Verfahren versagte

---

517 *Märtens* in Gosch, KStG-Kommentar, § 5 Rn. 181.

518 *Birk/Desens/Tappe*, Steuerrecht, § 6 Rn. 1215.

519 Im Rahmen der mittelbaren Steuerbegünstigung muss eine entsprechende Körperschaftsteuerpflicht nicht vorliegen. Zuwendungsempfänger kann gem. § 10b Abs. 1 S. 2 Nr. 3 EStG auch eine ausländische gemeinnützige Körperschaft sein; siehe S. 123 ff.

520 Kritisch hierzu siehe *Drüen/Liedtke*, FR 2008, 1 (5 ff.).

521 Zur Problematik bei Drittstaaten siehe S. 76 ff.

522 FG Baden-Württemberg Urt. v. 23.04.2015 – 3 K 1766/13, IStR 2015, 701 ff.; nunmehr entschieden vom BFH Urt. v. 15.11.2017 – I R 39/15, BeckRS 2017, 144671, ohne jedoch § 5 Abs. 2 Nr. 2 KStG auf seine Europarechtskonformität hin zu überprüfen.

das Finanzamt im Einspruchsverfahren zunächst eine Berücksichtigung mit der Begründung, dass die Steuerbefreiung aus § 5 Abs. 1 Nr. 9 KStG iVm § 5 Abs. 2 Nr. 2 KStG nicht auf Drittstaaten anwendbar sei.[523] Diese Versagung sei auch mit der Kapitalverkehrsfreiheit vereinbar, da eine solche Beschränkung durch die Wirksamkeit der Steueraufsicht gerechtfertigt werden könne. Es müsse auch in grenzüberschreitenden Fällen sichergestellt werden, dass die Behörde an die notwendigen Informationen gelange, um die Gemeinnützigkeit überprüfen zu können. Mangels Amtshilfe- oder Doppelbesteuerungsabkommens sei eine solche Überprüfung nicht möglich. Die Vorschrift wurde nicht wesentlich verändert, sodass Art. 64 AEUV (sog. Standstillklausel) einschlägig und eine unterschiedliche Behandlung zwischen EU-Mitgliedstaaten und Drittstaaten möglich sei. Im Übrigen wies das Finanzamt darauf hin, dass die schweizerische Stiftung darüber hinaus auch die Voraussetzungen der §§ 51 ff. AO nicht erfülle.[524]

Die Auffassung des Finanzamtes teilte das FG Baden-Württemberg nicht vollständig. Anders als das Finanzamt bejahte das FG die materiellen und formellen Voraussetzungen nach der AO. Das FG folgte insoweit der ständigen Rechtsprechung des BFH, dass die satzungsmäßigen Voraussetzungen auch dann bejaht werden können, wenn sich dies aus der Auslegung der Satzungsbestimmungen ergibt.[525] Der Klägerin half die liberale Auffassung des Gerichts bzgl. der Voraussetzungen nach der AO im Ergebnis nicht. Es fehlte auch nach Ansicht des FG Baden-Württemberg bereits am Befreiungstatbestand gem. § 5 Abs. 1 Nr. 9 KStG iVm § 5 Abs. 2 Nr. 2 KStG.[526] Entscheidend sei, dass Drittstaaten nicht in den Anwendungsbereich der Vorschrift fallen.[527] Der Befreiungstatbestand beschränkt zwar nach Auffassung des Gerichts die Kapitalverkehrsfreiheit, welche auch im Verhältnis zu Drittstaaten anwendbar sei, diese Beschränkung könne jedoch mit der Wirksamkeit der Steueraufsicht gerechtfertigt werden.[528] Die Steuerbegünstigung falle nicht unter die sog. Standstillklausel, da durch die Ausweitung auf EU-/EWR-Staaten keine Rechtsänderung iSv Art. 64 AEUV vorliege.[529] Darüber

---

523 FG Baden-Württemberg Urt. v. 23.04.2015 – 3 K 1766/13, IStR 2015, 701 (703).

524 FG Baden-Württemberg Urt. v. 23.04.2015 – 3 K 1766/13, IStR 2015, 701 (703).

525 FG Baden-Württemberg Urt. v. 23.04.2015 – 3 K 1766/13, IStR 2015, 701 (704) verweist auf BFH Urt. v. 26.02.1992 – I R 47/89, BFH/NV 1992, 695 ff.; BFH Beschl. v. 11.06.2001 – I B 30/01, BFH/NV 2001, 1223 ff.; BFH Urt. v. 20.12.2006 – I R 94/02, BStBl. II 2010, 331 ff.

526 FG Baden-Württemberg Urt. v. 23.04.2015 – 3 K 1766/13, IStR 2015, 701 (704 ff.).

527 FG Baden-Württemberg Urt. v. 23.04.2015 – 3 K 1766/13, IStR 2015, 701 (706).

528 FG Baden-Württemberg Urt. v. 23.04.2015 – 3 K 1766/13, IStR 2015, 701 (707).

529 FG Baden-Württemberg Urt. v. 23.04.2015 – 3 K 1766/13, IStR 2015, 701 (706).

hinaus erörterte das Gericht, dass die in Art. 64 AEUV enthaltene Einschränkung für die Kapitalverkehrsfreiheit bei Drittstaaten nicht bei gemeinnützig tätigen Körperschaften eingreife, da es sich im vorliegenden Fall nicht um Direktinvestitionen handele.[530] Das FG Baden-Württemberg kam daher zunächst zu dem Ergebnis, dass eine gemeinnützig tätige Körperschaft, welche ihren Sitz in einem Drittstaat hat, sich ebenfalls auf die Kapitalverkehrsfreiheit berufen könne. Eine Beschränkung der Kapitalverkehrsfreiheit sei jedoch insoweit gerechtfertigt, als infolge der Ansässigkeit in einem Drittstaat keine steuerliche Kontrolle mehr gewährleistet werden könne. So greife im vorliegenden Fall der Rechtfertigungsgrund der Wirksamkeit der Steueraufsicht ein. Ähnlich wie bereits das Finanzamt zuvor feststellt hatte, fehle es zwischen den Ländern an einem Amtshilfeabkommen oder einem Doppelbesteuerungsabkommen.[531]

Darüber hinaus wies das Gericht darauf hin, dass mangels inländischer juristischer Person (Art. 19 Abs. 3 GG) auch kein Verstoß gegen Art. 3 Abs. 1 GG vorliege.[532] Des Weiteren verhelfe weder das Freizügigkeitsabkommen zwischen der Schweiz und der EU[533] noch Art. 14 iVm Art. 6 EMRK der schweizerischen Stiftung zur Anerkennung ihrer Gemeinnützigkeit.[534] Das FG Baden-Württemberg versagte daher im Ergebnis – wie bereits das Finanzamt – die unmittelbare Steuerbefreiung gem. § 5 Abs. 1 Nr. 9 iVm § 5 Abs. 2 Nr. 2 KStG.

Die schweizerische Stiftung legte daraufhin Revision ein. Der BFH wies die Klage als unbegründet zurück und befasste sich mit der eigentlichen Problematik des Falles kaum.[535] Im vorliegenden Fall sei aus der Satzung nicht hinreichend der gemeinnützige Zweck zu entnehmen, sodass es bereits an der formellen Satzungsmäßigkeit fehle.[536] Ob darüber hinaus § 5 Abs. 1 Nr. 9 iVm § 5 Abs. 2 Nr. 2

---

530 FG Baden-Württemberg Urt. v. 23.04.2015 – 3 K 1766/13, IStR 2015, 701 (706 f.).

531 FG Baden-Württemberg Urt. v. 23.04.2015 – 3 K 1766/13, IStR 2015, 701 (706) mit Verweis auf das im Streitjahr gültige DBA-Deutschland-Schweiz; *Weigell* in Wassermeyer, Doppelbesteuerungsabkommen Kommentar, Art. 27 DBA-Schweiz.

532 FG Baden-Württemberg Urt. v. 23.04.2015 – 3 K 1766/13, IStR 2015, 701 (707).

533 Gesetz zu dem Abkommen zwischen der Europäischen Gemeinschaft und ihren Mitgliedstaaten einerseits und der Schweizerischen Eidgenossenschaft andererseits über die Freizügigkeit v. 02.09.2001, BGBl. II 2001, 810 ff., wonach der Anwendungsbereich des Abkommens sich auf natürliche Personen beschränkt.

534 FG Baden-Württemberg Urt. v. 23.04.2015 – 3 K 1766/13, IStR 2015, 701 (707).

535 BFH Urt. v. 15.11.2017 – I R 39/15, BeckRS 2017, 144671 Rn. 12 ff.

536 BFH Urt. v. 15.11.2017 – I R 39/15, BeckRS 2017, 144671 Rn. 25 ff.; zur Problematik im Rahmen der Satzung siehe S. 102 ff.

KStG aufgrund des Ausschlusses von Drittstaaten gegen die Kapitalverkehrsfreiheit verstoße, prüfte der BFH nicht.[537]

c) Europarechtskonformität von § 5 Abs. 2 Nr. 2 KStG

Nach dem Urteil des BFH ist somit weiterhin fraglich, ob durch den grundsätzlichen Ausschluss von Drittstaaten aus dem Anwendungsbereich des § 5 Abs. 1 Nr. 9 KStG iVm § 5 Abs. 2 Nr. 2 KStG der Gesetzgeber eine weiterhin europarechtswidrige Vorschrift geschaffen hat.

Notwendig ist dabei eine differenzierte Auseinandersetzung mit der Kapitalverkehrsfreiheit in Bezug auf Drittstaaten und den besonderen Umständen im Gemeinnützigkeitsrecht. Berücksichtigt werden muss zunächst, dass im Schrifttum lange darüber diskutiert wurde, ob ggf. bei Drittstaaten der Anwendungsbereich der Kapitalverkehrsfreiheit einschränkend auszulegen ist.[538] Diese Diskussion ergab sich daraus, dass durch den Vertrag von Maastricht mit Wirkung zum 01.01.1994 die Kapitalverkehrsfreiheit auch auf Drittstaaten Anwendung finden sollte, diese Ausweitung jedoch ohne Austausch eines Gegenseitigkeitsvorbehalts eingeführt wurde.[539] Die gegenseitige Rücksichtnahme innerhalb der Union ist jedoch wesentlicher Bestandteil und Grundlage für die Gewährung der Grundfreiheiten. Der EuGH sah dies und bejahte zunächst eine differenzierte Behandlung der Kapitalverkehrsfreiheit.[540] Dies begründete der EuGH unter anderem mit dem ursprünglichen Ziel der EU der Erreichung eines einheitlichen Marktes. Jene Rechtsprechung änderte der EuGH zwar nicht grundlegend, korrigierte jedoch die Ebene, auf welcher die Einschränkung vorzunehmen ist. So ist nach derzeitiger Auffassung der Anwendungsbereich der Kapitalverkehrsfreiheit auch im Falle von Drittstaaten nicht unterschiedlich auszulegen, jedoch können zwischen EU-Mitgliedern und Drittstaaten andere Rechtfertigungsgründe eingreifen, welche ggf. innerhalb der Union nicht

537 BFH Urt. v. 15.11.2017 – I R 39/15, BeckRS 2017, 144671 Rn. 29 ff.

538 Für eine teleologische Reduktion *Schön*, FS Wassermeyer 2005, S. 489 (520 f.); so auch die frühere Rspr. des EuGH Urt. v. 09.02.1982, Rs. C-270/80 (*Polydor*), ECLI:EU:C:1982:43, Slg. 1982, 00329 Rn. 15 ff.; nunmehr spricht sich der EuGH jedoch gegen eine unterschiedliche Auslegung aus siehe EuGH Urt. v. 18.12.2007, Rs. C-101/05 *(Skatteverket/A)*, ECLI:EU:C:2007:804, Slg. 2007, I-11531 Rn. 31 ff.

539 *Sedlaczek/Züger* in Streinz, EUV/AEUV-Kommentar, Art. 64 AEUV Rn. 2; *Schön*, FS Wassermeyer, 2005, S. 489 (492).

540 EuGH Urt. v. 09.02.1982, Rs. C-270/80 (*Polydor*), ECLI:EU:C:1982:43, Slg. 1982, 00329 Rn. 15 ff.

anerkannt sind oder ggf. nicht eingreifen.[541] Der EuGH gewährt somit den EU-Mitgliedstaaten eine Möglichkeit, um die Kapitalverkehrsfreiheit bei Drittstaaten nicht uferlos werden zu lassen.[542]

Diese Auslegung entspricht zunächst der Ansicht des FG Baden-Württemberg. Ähnlich sah es auch das FG Köln, welches sich jedoch nicht so differenziert mit der Problematik der möglichen Beschränkung im Rahmen der Kapitalverkehrsfreiheit bei Drittstaaten auseinandersetzte.[543] In diesem Fall wurde dem Spender einer in Deutschland ins Handelsregister eingetragenen GmbH der Spendenabzug mangels begünstigten Zuwendungsempfängers versagt. Das FG Köln wies dabei in seiner Urteilsbegründung darauf hin, dass darüber hinaus auch die weiteren notwendigen Voraussetzungen nach der AO nicht erfüllt seien, sodass unabhängig von der einschlägigen Rechtfertigung der Beschränkung der Kapitalverkehrsfreiheit ein Spendenabzug versagt bleiben müsse.[544]

Der Auffassung des FG Köln ist insoweit grundsätzlich zuzustimmen, die Ansicht des FG Baden-Württemberg ist jedoch überzeugender hinsichtlich der differenzierteren Auseinandersetzung mit Art. 64 AEUV. So ist zwar die Kapitalverkehrsfreiheit grundsätzlich auch auf Drittstaaten anzuwenden, Art. 64 AEUV sieht jedoch eine Einschränkung vor, welche nicht unberücksichtigt bleiben darf. Handelt es sich dabei um eine Beschränkung, welche am 31.12.1993 bestand, so ist jene weiterhin anwendbar.[545] Diese Einschränkung ist jedoch nur dann gerechtfertigt, wenn es sich dabei um Direktinvestitionen handelt.[546] Ähnlich wie bei der Definition des Kapitalverkehrs kann für die Auslegung des Begriffs der Direktinvestition auf die Nomenklatur des Anhangs I der Kapitalverkehrsrichtlinie zurückgegriffen werden.[547] Zwar sind in Art. 64 AEUV neben den Direktinvestitionen auch Immobilieninvestitionen aufgezählt, nach einhelliger Rechtsprechung sind jedoch nur solche Immobilieninvestitionen

---

541 EuGH Urt. v. 12.12.2006, Rs. C-446/04 (*Test Claimants in the FII Group Litigation)*, ECLI:EU:C:2006:774, Slg. 2006, I-11753 Rn. 169 ff.

542 EuGH Urt. v. 18.12.2007, Rs. C-101/05 *(Skatteverket/A)*, ECLI:EU:C:2007:804, Slg. 2007, I- 11531 Rn. 31 ff.; so auch der Generalanwalt *Bot* in seinen Schlussanträgen v. 11.09.2007, Rn. 74 ff.

543 FG Köln Urt. v. 15.01.2014 – 13 K 3735/10, IStR 2014, 412 (418).

544 FG Köln Urt. v. 15.01.2014 – 13 K 3735/10, IStR 2014, 412 (417 ff.).

545 *Bröhmer* in Calliess/Ruffert, EUV/AEUV-Kommentar, Art. 64 AEUV Rn. 7; *Streinz*, Europarecht, § 11 Rn. 962.

546 *Scharf*, Die Kapitalverkehrsfreiheit gegenüber Drittstaaten, Heft 76, 2008, S. 10 f.; *Schön*, FS Wassermeyer 2005, S. 489 (494).

547 *Bröhmer* in Calliess/Ruffert, EUV/AEUV-Kommentar, Art. 64 AEUV Rn. 6; *Sedlaczek/Züger* in Streinz, EUV/AEUV-Kommentar, Art. 64 AEUV Rn. 14.

gemeint, welche bereits unter Anhang I Rubrik I der Richtlinie aufgeführt sind.[548] Im Bereich des Gemeinnützigkeits- und Spendenrechts wurde bei der Frage des Schutzbereiches der Kapitalverkehrsfreiheit auf Anhang I Rubrik XI der Richtlinie zurückgegriffen, nicht jedoch auf die Rubrik I. Daher fällt unstrittig das Gemeinnützigkeitsrecht mit seinem altruistischen Charakter nicht unter den Begriff der Direktinvestitionen.[549] Damit scheidet eine mögliche Beschränkung der Kapitalverkehrsfreiheit bei Drittstaaten gem. Art. 64 AEUV im Bereich des Gemeinnützigkeits- und Spendenrechts aus, sodass zwingend ein Rechtfertigungsgrund gegeben sein müsste. Dieses Ergebnis überzeugt auch dahingehend, dass andernfalls Fälle mit Drittstaatenbezug grundlegend anders behandelt werden müssten als Sachverhalte innerhalb der EU. Die Lösung über die möglichen Rechtfertigungsgründe bietet die im Bereich des Gemeinnützigkeits- und Spendenrechts notwendige Flexibilität. Der neu eingeführte Befreiungstatbestand des § 5 Abs. 1 Nr. 9 KStG iVm § 5 Abs. 2 Nr. 2 KStG ist daher nur bei Vorliegen eines Rechtfertigungsgrundes mit der Kapitalverkehrsfreiheit vereinbar, sodass für den Spender eine unsichere Rechtslage geschaffen wurde.[550]

Stellt im Rahmen von Drittstaatssachverhalten der Befreiungstatbestand derzeit ein entscheidendes Hindernis dar, liegen die Probleme innerhalb der EU im Rahmen der AO. Denn ist der Anwendungsbereich des Befreiungstatbestandes zunächst eröffnet, so sind die Voraussetzungen nach der AO entscheidend für die Anerkennung der Gemeinnützigkeit.[551] Da es sich hier um die Tätigkeit der Körperschaft selbst handelt, kann von einer unmittelbaren oder auch direkten Steuerbegünstigung gesprochen werden.[552]

d) Das Gemeinnützigkeitsrecht

aa) Allgemeines, insbesondere steuerbegünstigte Zwecke iSv §§ 51–54 AO

Von der unmittelbaren Steuerbegünstigung sind gem. § 51 Abs. 1 S. 1 AO alle Körperschaften, Personenvereinigungen und Vermögensmassen iSd

548 EuGH Urt. v. 17.10.2013, Rs. C-181/12 (*Welte/FA Velbert*), ECLI:EU:C:2013:662; so auch das FG Baden-Württemberg Urt. v. 23.04.2015 – 3 K 1766/13, IStR 2015, 701 (707).

549 So auch FG Baden-Württemberg Urt. V. 23.04.2015 – 3 K 1766/13, IStR 2015, 701 (706 f.); *Sedlaczek/Züger* in Streinz, EUV/AEUV-Kommentar, Art. 64 AEUV Rn. 14 f.

550 Zur möglichen Lösung siehe S. 135 ff.

551 *Kruschke* in Herrmann/Heuer/Raupach, KStG-Kommentar, § 5 Rn. 154; *Kümpel* in Rödder/Herlinghaus/Neumann, KStG-Kommentar, § 5 Rn. 154.

552 *Hüttemann*, Gemeinnützigkeits- und Spendenrecht, Rn. 1.25.

Körperschaftsteuergesetzes umfasst.[553] Notwendig ist, dass diese „ausschließlich und unmittelbar gemeinnützige, mildtätige oder kirchliche Zwecke verfolgen.“[554]

(1) Rechtfertigung der steuerlichen Begünstigung

Im Schrifttum wurde lange Zeit über eine Rechtfertigung einer solchen steuerlichen Begünstigung diskutiert.[555] Dass es einer solchen Rechtfertigung grundsätzlich bedarf, ergibt sich daraus, dass eine Steuerbegünstigung für eine gemeinnützige Körperschaft nicht ohne entsprechende Ausnahmeregelung erfolgen würde und es sich somit um konstitutive Voraussetzungen handelt, welche folglich eine entsprechenden Rechtfertigung erfordern.[556]

Die wohl herrschende Meinung in der Literatur vertritt die Auffassung, dass eine solche Steuerbegünstigung aufgrund einer Steuerentlastung gerechtfertigt sei.[557] Der Staat werde im Einklang mit dem Subsidiaritätsprinzip – wonach der Staat sich eigene Aufwendungen erspart – entlastet, da entsprechende Staatsaufgaben bereits durch die gemeinnützigen Körperschaften wahrgenommen werden können.[558] Die Rechtfertigung aufgrund einer möglichen Staatsentlastung wird teilweise mit der Begründung stark kritisiert, dass von einer Entlastung nur ausgegangen werden könne, wenn andererseits eine definitive Belastung bestehe.[559] Fraglich bleibt jedoch, ob der Staat alle gemeinnützigen Zwecke aus § 52 Abs. 2 AO auch selber wahrnehmen würde, wenn diese nicht durch eine gemeinnützige

553 *Frotscher* in Frotscher/Drüen, KStG-Kommentar, § 5 KStG Rn. 189.

554 § 51 Abs. 1 S. 1 AO.

555 Statt aller: *Kirchhof*, DStJG Bd. 26, S. 3 f.

556 *Isensee/Knobbe-Keuk*, Gutachten der Unabhängigen Sachverständigenkommission zur Prüfung des Gemeinnützigkeits- und Spendenrechts, Sondervotum, S. 331 (341 f.); ausführlich zur Anwendung von Sozialzwecknormen siehe *Tipke*, Steuergerechtigkeit, S. 61 ff.

557 Grundlegend hierzu siehe Gutachten der Unabhängigen Sachverständigenkommission zur Prüfung des Gemeinnützigkeits- und Spendenrechts, S. 92 f.; *Droege* in Winheller/Geibel/Jachmann-Michel, Gesamtes Gemeinnützigkeitsrecht, 1. Grundprinzipien, S. 33, Rn. 1; *Jachmann*, DStZ 2001, 225 (226 ff.); *Seer*, DStJG Bd. 26, S. 11 (21 ff.).

558 Grundlegend *Seer*, DStJG Bd. 26, S. 11 (22); *Auer/Kalusche* in Walz/Auer/Hippel, Spendenaufkommen, Steueraufkommen und Staatsausgabe: Eine empirische Analyse, S. 13 (15); *Proff*, IStR 2007, 269 (269 f.); *Seer* in Tipke/Kruse, AO-Kommentar, Vor. § 51 Rn. 4.

559 *Möllmann*, Die steuerliche Privilegierung gemeinnütziger Körperschaften im Spannungsfeld von Verfassungsrecht und europäischen Grundfreiheiten, S. 83 ff.

Körperschaft abgedeckt werden würden.[560] Dass dies bereits mit dem Katalog von § 52 Abs. 2 AO nicht in Gänze zu vereinbaren ist, haben schon *Isensee* und *Knobbe-Keuk* in ihrem Sondervotum 1988 erörtert.[561] So ist die „Bildung und Erziehung, Kunst und Kultur sowie Religion [zwar als Gemeinwohlzweck in § 52 Abs. 2 AO aufgeführt, diese sind jedoch] von Verfassungswegen grundsätzlich entstaatlicht und den Grundrechtsträgern überantwortet."[562] Auch *Hüttemann* weist zu Recht darauf hin, dass der Staat nicht in vollem Umfang davon Kenntnis erhält, welche Organisationen, Einrichtungen oder ähnliches die Bürger benötigen.[563] So zeigt sich in der Diskussion deutlich, dass nicht nur die Entlastung des Staates, sondern daneben auch die Förderung des bürgerschaftlichen Engagements eine entscheidende Rolle zur Rechtfertigung spielen kann. Sieht man die Privilegierung als Förderung des bürgerschaftlichen Engagements, kann das Gemeinnützigkeitsrecht als Instrument verstanden werden, das für den Bürger einen Anreiz schaffen soll, seinen Beitrag zur Zivilgesellschaft zu leisten.[564] Es geht nach dieser Ansicht nicht nur darum, den Staat von seinen Aufgaben zu entlasten, sondern die vorhandenen Gestaltungsspielräume des Staates zu nutzen.[565] Dieser Spielraum ergebe sich aus dem Demokratieprinzip und sei folglich verfassungsrechtlich legitimiert.[566] Nur so können die vom Bürger gewünschten Güter in der notwendigen Vielfalt gewährt werden.[567] Das Gemeinnützigkeitsrecht ist

560 *Möllmann*, Die steuerliche Privilegierung gemeinnütziger Körperschaften im Spannungsfeld von Verfassungsrecht und europäischen Grundfreiheiten, S. S. 84 f.

561 *Isensee/Knobbe-Keuk*, Gutachten der Unabhängigen Sachverständigenkommission zur Prüfung des Gemeinnützigkeits- und Spendenrechts, Sondervotum, S. 331 (344 f.).

562 *Isensee/Knobbe-Keuk*, Gutachten der Unabhängigen Sachverständigenkommission zur Prüfung des Gemeinnützigkeits- und Spendenrechts, Sondervotum, S. 331 (351); auch die EU-Kommission sah die Privilegierung aufgrund von Wettbewerbsverzerrung kritisch, *Ipsen*, FS Kruse 2001, S. 557 (570 ff.).

563 *Hüttemann*, Gemeinnützigkeits- und Spendenrecht, Rn. 1.82.

564 Bericht der Enquete-Kommission v. 03.06.2002, BT-Drs. 14/8900, S. 283; *Droege* in Winheller/Geibel/Jachmann-Michel, Gesamtes Gemeinnützigkeitsrecht, 1 Grundprinzipien, S. 36 f., Rn. 10, 12.

565 *Droege* in Winheller/Geibel/Jachmann-Michel, Gesamtes Gemeinnützigkeitsrecht, 1. Grundprinzipien, S. 37, Rn. 12.

566 Ausführlich zu dem verfassungsrechtlichen Hintergrund *Möllmann*, Die steuerliche Privilegierung gemeinnütziger Körperschaften im Spannungsfeld von Verfassungsrecht und europäischen Grundfreiheiten, S. 89 ff.

567 So auch *Möllmann*, Die steuerliche Privilegierung gemeinnütziger Körperschaften im Spannungsfeld von Verfassungsrecht und europäischen Grundfreiheiten, S. 93.

daher im Ergebnis ein Zusammenspiel von Staat und Bürger. Sowohl die Entlastung des Staates von solchen Aufgaben als auch die Förderung des bürgerschaftlichen Engagements rechtfertigen eine steuerliche Begünstigung.[568] Neben dieser theoretischen Diskussion muss beachtet werden, dass die grundsätzliche Zulässigkeit auch in der Literatur nicht in Frage gestellt wird, sondern lediglich der Argumentationsweg.[569]

(2) Der strukturelle Inlandsbezug iSv § 51 Abs. 2 AO

Neben den allgemeinen Voraussetzungen gem. § 51 Abs. 1 S. 1 AO hat der Gesetzgeber im Wege des JStG 2009 in § 51 Abs. 2 AO für ausländische Sachverhalte den sog. strukturellen Inlandsbezug neu eingefügt, um eine weitere Öffnung des Gemeinnützigkeitsrechts zu verhindern.[570] War in der Rs. *Stauffer* der Begriff der Allgemeinheit vom EuGH noch weit verstanden worden, um zu einer europarechtskonformen Anwendung des Gemeinnützigkeitsrechts zu gelangen, versuchte der Gesetzgeber über § 51 Abs. 2 AO n.F. nunmehr einen unmittelbaren Bezug zu Deutschland herzuleiten, ohne dabei ausschließlich an den Begriff der Allgemeinheit oder unmittelbar an die Ansässigkeit anzuknüpfen.[571] Diese Reaktion des Gesetzgebers überzeugt kaum. Wird nunmehr ein steuerbegünstigter Zweck im Ausland verwirklicht, so muss die Körperschaft gem. § 51 Abs. 2 AO n.F. eine natürliche Person mit Wohnsitz oder gewöhnlichem Aufenthalt in Deutschland fördern oder ihre Tätigkeit muss selbst neben dem steuerbegünstigten Zweck auch zum Ansehen der Bundesrepublik Deutschland beitragen.[572] Eines Nachweises bzgl. einer solchen Förderung bedarf es jedoch nicht, da die Möglichkeit bereits ausreichend ist.[573] Bei einer inländischen gemeinnützigen Körperschaft wird bereits durch Verwirklichung des steuerbegünstigten Zweckes das Ansehen der Bundesrepublik gefördert. Diese Auffassung vertraten die Finanzverwaltung und die Bundesregierung im Gesetzgebungsverfahren des

---

568 *Hüttemann*, Gemeinnützigkeits- und Spendenrecht, Rn. 1.84.

569 *Musil* in Hübschmann/Hepp/Spitaler, AO-Kommentar, Vor §§ 51–68 AO Rn. 35.

570 JStG 2009 v. 19.12.2008, BStBl. I 2009, 74 (106); BGBl. I 2008, 2794 (2827); *Seer* in Tipke/Kruse, AO-Kommentar, § 51 Rn. 6; den strukturellen Inlandsbezug findet man außerdem in § 10b Abs. 1 S. 6 EStG, § 9 Nr. 5 S. 6 GewStG.

571 BT-Drs. 16/10189, 79 f.; *Fischer*, FR 2008, 752 (754).

572 *Musil* in Hübschmann/Hepp/Spitaler, AO/FGO-Kommentar, § 51 Rn. 46; *Martini* in Winheller/Geibel/Jachmann-Michel, Gesamtes Gemeinnützigkeitsrecht, § 51 AO, S. 124, Rn. 56; *Seer* in Tipke/Kruse, AO-Kommentar, § 51 Rn. 6.

573 *Seer* in Tipke/Kruse, AO-Kommentar, § 51 Rn. 6.

JStG 2009, sie ergibt sich jedoch nicht unmittelbar aus dem Gesetzeswortlaut.[574] Der Gesetzgeber hat sich damit der restriktiven Ansicht der Finanzverwaltung angeschlossen, welche bereits in der Rs. *Stauffer* und der Rs. *Persche* durch Veröffentlichen von BMF-Schreiben versucht hatte, das Gemeinnützigkeitsrecht auch weiterhin national auszurichten.[575] Nach der ursprünglichen Öffnung durch den EuGH stellt nunmehr die Neuregelung eine Verschärfung im Vergleich zu der Altvorschrift dar.[576] Die Indizwirkung bei einer rein inländischen gemeinnützigen Körperschaft im Gegensatz zu einer ausländischen gemeinnützigen Körperschaft, bei welcher das Ansehen der BRD gefördert werden muss, stellt eine Diskriminierung dar und ist im Ergebnis nicht mit der Kapitalverkehrsfreiheit vereinbar.[577] Die Literatur versucht, diese Problematik durch eine Nichtanwendung des sog. strukturellen Inlandsbezugs zu lösen, da andernfalls eine europarechtswidrige Vorschrift zur Anwendung kommen würde.[578] Eine Alternative wäre, § 51 Abs. 2 AO unionsrechtskonform dahingehend auszulegen, dass bereits die Steuerbegünstigung durch den deutschen Fiskus zum Bejahen der Förderung des Ansehens Deutschlands ausreichend ist.[579] Entscheidend würde dann nur die Verwirklichung eines begünstigten Zwecks ohne eine weitere Voraussetzung sein, sodass § 51 Abs. 2 AO ausgehöhlt würde. Unabhängig von dem jeweiligen Lösungsansatz ist die Literatur sich insoweit einig, dass der strukturelle Inlandsbezug „funktionslos" ist und somit kein großes Hindernis für grenzüberschreitende Sachverhalte darstellt.[580]

Dem ist meiner Ansicht nach nicht zuzustimmen. Der Gesetzgeber und auch die Finanzverwaltung versuchen seit Bestehen des Gemeinnützigkeitsrechts,

---

574 Bericht des Finanzausschusses BT-Drs. 16/11108 v. 27.11.2008; AEAO v. 31.01.2014, BStBl. I 2014, 289 (317), AEAO § 51 Nr. 7.

575 Zur Auslegung des Begriffs der Allgemeinheit BMF v. 20.09.2005 - IV C 4 – S 0181 – 9/05, BStBl. I 2005, 902; ausführlich zum BMF siehe S. 69 ff.

576 So auch sehr deutlich *Hüttemann*, Gemeinnützigkeits- und Spendenrecht, Rn. 3.12; *Hüttemann*, DB 2008, 1061 (1062 f.).

577 Grundlegend *Förster*, BB 2011, 663 (665); *Förster*, DStR 2013, 1516 (1517); *Hüttemann*, DB 2008, 1061 (1062 f.); vertiefend *Unger*, DStZ 2010, 154 (160 ff.); ferner *Droege*, StuW 2012, 256 (261 f.); *Koenig* in Koenig, AO-Kommentar, § 51 Rn. 22; *Seer* in Tipke/Kruse, AO-Kommentar, § 51 Rn. 8.

578 *Förster*, BB 2011, 663 (665); *Förster*, DStR 2013, 1516 (1517); *Hüttemann*, Gemeinnützigkeits- und Spendenrecht, Rn. 3.11 f.

579 *Unger*, DStZ 2010, 154 (164).

580 *Förster*, DStR 2013, 1516 (1517); *Hüttemann*, Gemeinnützigkeits- und Spendenrecht, Rn. 3.12; *Seer* in Tipke/Kruse, AO-Kommentar, § 51 Rn. 8; *Unger*, DStZ 2010, 154 (164).

dieses Gebiet national auszurichten.[581] Bislang haben die FG § 51 Abs. 2 AO n.F. noch nicht angewandt, eine Tendenz lässt sich jedoch einer Entscheidung des FG Köln entnehmen, welche § 10b Abs. 1 S. 6 EStG als verfassungs- und europarechtlich bedenklich ansieht.[582] Dass die Lösungsvorschläge der Fachliteratur für den Spender nicht weitreichend genug sind, zeigt dieses Urteil deutlich. Denn die Finanzverwaltung stützte sich in ihrer Begründung zunächst auf den Erlass der Finanzverwaltung, wonach auch eine ausländische gemeinnützige Körperschaft den sog. strukturellen Inlandsbezug erfüllen kann und auch die Indizwirkung nicht grundsätzlich ausgeschlossen ist (AEAO Nr. 7 zu § 51 AO).[583] Des Weiteren argumentiert das Finanzamt im vorliegenden Fall mit der Gesetzesbegründung und dem Hintergrund der Vorschrift. Dabei wird deutlich, dass die Finanzverwaltung sich auch in Zukunft auf den sog. strukturellen Inlandsbezug berufen wird, um so zu verhindern, dass Steuereinnahmen minimiert werden. Das FG Köln folgte dieser Auffassung nicht und stellte in seiner Urteilsbegründung klar, dass es der Neufassung von § 51 Abs. 2 AO, welcher wortgleich mit § 10b Abs. 1 S. 6 EStG ist, an Normenklarheit fehle und darüber hinaus der sog. strukturelle Inlandsbezug nicht mit Unionsrecht zu vereinbaren sei.[584] Das Gericht führt hierzu aus, aus europarechtlicher Sicht sei offenkundig, „[…] dass das vom Gesetzgeber geschaffene Tatbestandsmerkmal der potenziellen Ansehenssteigerung der Bundesrepublik Deutschland sich nur gegen ausländische Körperschaften richtet und daher gegen europarechtliche Grundsätze verstößt, soweit in der EU ansässige Körperschaften betroffen sind.“[585] Das FG legte daher die Vorschrift verfassungs- und europarechtskonform aus, sodass der Spendenabzug möglich war.[586]

Es ist daher festzustellen, dass die Einführung des strukturellen Inlandsbezugs nicht mit Unionsrecht zu vereinbaren ist. Solange der strukturelle Inlandsbezug besteht, wird eine ausländische gemeinnützige Körperschaft unterschiedlich behandelt. Die Finanzverwaltung wird die strenge Voraussetzung so lange anwenden, bis der Gesetzgeber tätig wird und diese aus dem Gesetz ersatzlos streicht. Eine dauerhafte verfassungs- und europarechtskonforme Auslegung ist dabei

581 Zur historischen Entwicklung des Gemeinnützigkeitsrechts siehe S. 5 ff.
582 FG Köln Urt. v. 20.01.2016 – 9 K 3177/14, juris = EFG 2016, 653 = npoR 2016, 173 ff.; ausführlich zu der Entscheidung siehe S. 84 ff.
583 FG Köln Urt. v. 20.01.2016 – 9 K 3177/14, juris = EFG 2016, 653 Rn. 14.
584 FG Köln Urt. v. 20.01.2016 – 9 K 3177/14, juris = EFG 2016, 653 Rn. 25 ff.
585 FG Köln Urt. v. 20.01.2016 – 9 K 3177/14, juris = EFG 2016, 653 Rn. 29.
586 FG Köln Urt. v. 20.01.2016 – 9 K 3177/14, juris = EFG 2016, 653 Rn. 30.

nicht ausreichend.[587] Vielmehr fordert das Rechtsstaatsprinzip des Art. 20 Abs. 3 GG mit den sich daraus ergebenden Verfassungsgrundsätzen der Rechts- und Normenklarheit eine europarechtskonforme Anpassung.[588]

(3) Gemeinnützige Zwecke nach § 52 AO

Hinsichtlich der Voraussetzungen für die unmittelbare Steuerbegünstigung einer Körperschaft verweist § 51 Abs. 1 AO auf die §§ 52 ff. AO. Es bedarf zunächst der Verfolgung eines gemeinnützigen Zweckes iSv § 52 AO sowie der selbstlosen Förderung der Allgemeinheit auf materiellem, geistigem oder sittlichem Gebiet.[589] Wie der Begriff der Allgemeinheit dabei definiert werden kann, ist seit langer Zeit umstritten.[590] Sowohl die Rechtsprechung als auch die Literatur nimmt zur Auslegung den Grundgedanken des Gemeinnützigkeitsrechts zu Hilfe.[591] Im Grundsatz wird durch die jeweilige Steuerbegünstigung ein Anreiz geschaffen, für den Staat notwendige Aufgaben zu übernehmen, welche im Ergebnis dem Gemeinwohl zugutekommen.[592] Es bedarf daher einer Wertung, wann ein solcher Verdienst um das Gemeinwohl vorliegt.[593] Die Rechtsprechung des BFH stellt hierbei unter anderem auf das Grundgesetz, die sozialethischen und religiösen Prinzipien, die geistige und kulturelle Ordnung, die Forschung, Wissenschaft und Technik sowie auf die wirtschaftlichen und sozialen Verhältnisse ab.[594] Um

---

587 Vgl. hierzu *Weiten/Feldner*, ZErb 2013, 88 (93); sowie grundlegend zur Problematik der Normenklarheit im Steuerrecht *Ruppe*, DStR 2008, Beiheft 17 (20).

588 Zur Notwendigkeit einer gesetzlichen Anpassung *Weiten/Feldner*, ZErb 2013, 88 (93).

589 § 52 Abs. 1 S. 1 AO; zu den einzelnen Definitionen siehe *Koenig* in Koenig, AO-Kommentar, § 52 Rn. 9 f.

590 Beispielhaft hierzu die Rs. *Stauffer*, siehe BFH Beschl. v. 14.07.2004 – I R 94/02, BStBl. II 2005, 721 (722); EuGH Urt. v. 14.09.2006, Rs. C-386/04 (*Stauffer*), ECLI:EU:C:2006:568, Slg. 2006, I-08203 Rn. 38 ff. = IStR 2006, 675 (677 f) Rn. 38 ff.

591 BFH Urt. v. 13.12.1978 – I R 39/78, BStBl. II 1979, 482 ff.; BFH Urt. v. 29.08.1984 – I R 215/81, BStBl. II 1985, 106 ff.; *Lang*, StuW 1989, 221 (231 f.).

592 *Geibel* in Winheller/Geibel/Jachmann-Michel, Gesamtes Gemeinnützigkeitsrecht, § 52 AO, S. 242, Rn. 14; *Koenig* in Koenig, AO-Kommentar, § 52 Rn. 11; *Lang*, StuW 1987, 221 (231); *Tipke*, Steuergerechtigkeit, S. 63.

593 *Koenig* in Koenig, AO-Kommentar, § 52 Rn. 11; *Lang*, StuW 1987, 221 (231).

594 Zur älteren Rspr. siehe BFH Urt. v. 13.12.1978 – I R 39/78, BStBl. II 1979, 482 (485 f.); BFH Urt. v. 29.08.1984 – I R 215/81, BStBl. II 1985, 106 (107): Nach Auffassung des Bundesfinanzhofs kann bei einem Verstoß gegen die Rechtsordnung nicht mehr von der Förderung der Allgemeinheit ausgegangen werden, siehe BFH Urt. v. 29.08.1984 – I R 203/81, BStBl. II 1984, 844 (845 f.); m.w.N. zur Rspr. siehe auch BFH Urt. v. 31.05.2005 – I R 105/04, BFH/NV 2005, 1741 (1742).

die Begrifflichkeit der Förderung der Allgemeinheit weiter zu spezifizieren, hat der Gesetzgeber in § 52 Abs. 2 AO einen Zweckkatalog eingefügt, welcher gegenwärtig abschließend geregelt ist.[595] Die Änderung von einem offenen zu einem abschließenden Katalog blieb nicht ohne Kritik.[596] Um trotz des nunmehr abschließenden Katalogs der Ausfüllungsbedürftigkeit von § 52 AO gerecht zu werden, schlug der Finanzausschluss als Lösung eine Öffnungsklausel vor.[597] Durch diese könne die Finanzverwaltung auf veränderte gesellschaftliche Verhältnisse reagieren, ohne dass es eines offenen Katalogs bedürfe.[598] Diese Flexibilität ist bei solchen unbestimmten Rechtsbegriffen notwendig und daher zu begrüßen.

Im Rahmen von grenzüberschreitenden Sachverhalten hatte die Unbestimmtheit des Begriffs der Allgemeinheit zur Folge, dass der EuGH in der Rs. *Stauffer* zu dem Ergebnis gelangte, dass die Förderung der Allgemeinheit auch im Ausland erfolgen kann.[599] Zuvor hatte die Finanzverwaltung versucht, den Begriff ausschließlich national auszurichten mit der Begründung, dass eine Steuerbegünstigung nur aufgrund der Wahrnehmung von Gemeinwohlaufgaben gerechtfertigt werden könne.[600] Diese Ansicht war durch die Grundsatzentscheidung des EuGH nicht mehr haltbar. Die Literatur war sich hingegen schon vor diesem Urteil darüber einig, dass unter die Begrifflichkeit der Förderung der Allgemeinheit auch die Verwirklichung eines gemeinnützigen Zweckes im Ausland fallen kann.[601] Die Problematik hat sich nunmehr weitestgehend erübrigt. Die Diskussion, ob auch eine ausländische gemeinnützige Körperschaft in den Genuss der unmittelbaren Steuerbegünstigung kommt, hat sich in § 51 Abs. 2 AO n.F. und den dort enthaltenen strukturellen Inlandsbezug verschoben.[602] Über diese Diskussion hinaus muss bei Auslandssachverhalten berücksichtigt werden, dass der Katalog dabei einige gemeinnützige Zwecke enthält, welche von vornherein nicht von einer ausländischen gemeinnützigen Körperschaft gefördert

595 *Kümpel* in Rödder/Herlinghaus/Neumann, KStG-Kommentar, § 5 Rn. 223; *Seer* in Tipke/Kruse, AO-Kommentar, § 52 Rn. 1.

596 *Musil* in Hübschmann/Hepp/Spitaler, AO-Kommentar, § 52 Rn. 257; *Seer* in Tipke/Kruse, AO-Kommentar, § 52 Rn. 70.

597 Bericht des Finanzausschusses BT.-Drs. 16/5985, S. 11.

598 Bericht des Finanzausschusses BT.-Drs. 16/5985, S. 11.

599 EuGH Urt. v. 14.09.2006, Rs. C-386/04 (*Stauffer*), ECLI:EU:C:2006:568, Slg. 2006, I-08203, Rn. 38 f. = IStR 2006, 675 (677) Rn. 38 f.

600 BMF v. 20.09.2005 – IV C 4 – S 0181 – 9/05, BStBl. I 2005, 902.

601 *Koenig* in Koenig, AO-Kommentar, § 52 Rn. 12; *Musil* in Hübschmann/Hepp/Spitaler, AO-Kommentar, § 52 Rn. 35; *Thömmes/Nakhai*, DB 2005, 2259 (2259).

602 Siehe S. 84 ff.

werden können. Dieses Hindernis kann jedoch durch einen ähnlich gelagerten Zweck ausgeräumt werden, sodass beispielsweise zwar nicht der Denkmalschutz gem. § 52 Abs. 2 Nr. 6 AO, jedoch die Kultur gem. § 52 Abs. 2 Nr. 5 AO von einer ausländischen gemeinnützigen Körperschaft gefördert werden kann.[603]

(4) Mildtätige Zwecke nach § 53 AO

Neben dem gemeinnützigen Zweck iSv § 52 AO kann eine Körperschaft auch mildtätige Zwecke verfolgen, um von der unmittelbaren Steuerbegünstigung zu profitieren. Die Körperschaft, welche einen mildtätigen Zweck verfolgt, entlastet den Staat von seinen Pflichtaufgaben, welche sich aus Art. 1 GG sowie Art. 20 Abs. 1 GG ergeben.[604] „Als Mildtätigkeit wird dabei die selbstlose Unterstützung bestimmter natürlicher Personen bezeichnet, die wegen ihres Zustandes oder wegen ihrer wirtschaftlichen Lage hilfsbedürftig sind.“[605]

Umstritten war lange Zeit, ob die mildtätigen Zwecke einen eigenständigen steuerbegünstigten Zweck oder nur eine besondere Form der gemeinnützigen Zwecke darstellen.[606] Die letztgenannte Ansicht ist mit dem historischen Willen des Gesetzgebers und dem derzeit geltenden Wortlaut von § 51 Abs. 1 S. 1 AO kaum vereinbar.[607] In diesem werden sowohl die gemeinnützigen als auch die mildtätigen Zwecke aufgeführt. Die frühere Diskussion bzgl. der Begrifflichkeit der Allgemeinheit war nur im Rahmen des gemeinnützigen Zweckes zu finden, nicht jedoch bei den mildtätigen Zwecken, sodass auch die Voraussetzungen unterschiedlich waren und auch aktuell noch sind.[608] Durch die Neuregelung von § 51 Abs. 2 AO muss derzeit zumindest auch bei grenzüberschreitenden Fällen im Rahmen des mildtätigen Zweckes eine Verknüpfung zur BRD bestehen.[609] Im Ergebnis ist der mildtätige Zweck daher nach seinem Wortlaut, seiner historischen

603 *Weitemeyer/Bornemann*, FR 2016, 437 (439); zur Differenzierung zwischen einem partiellen und pauschalen Inlandsbezug siehe S. 135 ff.

604 *Musil* in Hübschmann/Hepp/Spitaler, AO-Kommentar, § 53 Rn. 7; *Seer* in Tipke/Kruse, AO-Kommentar, § 53 Rn. 1.

605 *Seer* in Tipke/Kruse, AO-Kommentar, § 53 Rn. 2.

606 *Hüttemann*, Gemeinnützigkeits- und Spendenrecht, Rn. 3.158; *Musil* in Hübschmann/Hepp/Spitaler, AO-Kommentar, § 53 Rn. 7; *Seer*, DStJG Bd. 26, S. 11 (27); *Seer* in Tipke/Kruse, AO-Kommentar, § 53 Rn. 1.

607 *Musil* in Hübschmann/Hepp/Spitaler, AO-Kommentar, § 53 Rn. 7.

608 *Musil* in Hübschmann/Hepp/Spitaler, AO-Kommentar, § 53 Rn. 7; *Seer* in Tipke/Kruse, AO-Kommentar, § 53 Rn. 1.

609 *Gersch* in Klein, AO-Kommentar, § 53 Rn. 1; *Seer* in Tipke/Kruse, AO-Kommentar, § 53 Rn. 2.

Auslegung und der Gesetzessystematik als eigenständiger steuerbegünstigter Zweck anzusehen.[610]

Ein mildtätiger Zweck kann nur dann vorliegen, wenn eine persönliche Hilfsbedürftigkeit iSv § 53 S. 1 Nr. 1 AO oder eine wirtschaftliche Hilfsbedürftigkeit gem. § 53 S. 1 Nr. 2 AO vorliegt. Von einer persönlichen Hilfsbedürftigkeit kann dann ausgegangen werden, wenn aufgrund des körperlichen, geistigen oder seelischen Zustandes eine Hilfe notwendig ist.[611] Erfasst ist danach jede Art von Krankheit ohne Rücksicht auf die Dauer ihres Bestehens.[612] Anders als im Rahmen der persönlichen Hilfsbedürftigkeit kommt es bei der wirtschaftlichen Hilfsbedürftigkeit auf die finanzielle Situation der natürlichen Person an.[613] Hierbei verweist die AO auf das Regelwerk des SGB XII, um festzulegen, wann eine natürliche Person wirtschaftlich hilfsbedürftig ist. Anders als bei der Vorgängerregelung bedarf es aktuell keiner fiktiven Prüfung des sozialrechtlichen Anspruchs mehr, da der „Nachweis mit Hilfe des jeweiligen Leistungsbescheids" ausreichend ist.[614] Sowohl der Wegfall dieser fiktiven Prüfung als auch die Befreiung von der Nachweispflicht gem. § 53 Nr. 2 S. 8 AO sind eine deutliche Reduzierung des Verwaltungsaufwandes für die Körperschaft.[615]

(5) Kirchliche Zwecke nach § 54 AO

Zuletzt kann eine Körperschaft auch dann steuerbegünstigt werden, wenn diese einen kirchlichen Zweck iSv § 54 AO verfolgt. Dabei ist zu beachten, dass nicht „die als Körperschaft des öffentlichen Rechts anerkannte Kirche selbst"[616] von der Vorschrift mitumfasst wird, sondern diejenigen Körperschaften gemeint sind, welche eine solche Religionsgemeinschaft selbstlos fördern.[617] Wann ein

---

610 So auch *Musil* in Hübschmann/Hepp/Spitaler, AO-Kommentar, § 53 Rn. 7.

611 AEAO v. 31.01.2014, BStBl. I 2014, 289 (323), AEAO § 53 Nr. 4; *Hüttemann*, Gemeinnützigkeits- und Spendenrecht, Rn. 3.165; *Hüttemann*, DB 2014, 442 (443).

612 AEAO v. 31.01.2014, BStBl. I 2014, 289 (323), AEAO § 53 Nr. 4; *Seer* in Tipke/Kruse, AO-Kommentar, § 53 Rn. 3.

613 *Seer* in Tipke/Kruse, AO-Kommentar, § 53 Rn. 3 f.

614 Gesetz zur Stärkung des Ehrenamtes (Ehrenamtsstärkungsgesetz) v. 21.03.2013, BStBl. I 2013, 339 (339); BGBl. 2013 I, 556 (556); *Hüttemann*, DB 2014, 442 (443); *Krebbers*, BB 2013, 2071 (2071); *Schauhoff/Kirchhain*, FR 2013, 301 (302 f.).

615 *Krebbers*, BB 2013, 2071 (2071); *Schauhoff/Kirchhain*, FR 2013, 301 (302 f.), welche die Gesetzesformulierung in § 53 Nr. 2 S. 8 AO für missverständlich halten.

616 *Musil* in Hübschmann/Hepp/Spitaler, AO-Kommentar, § 54 Rn. 7.

617 *Hüttemann*, Gemeinnützigkeits- und Spendenrecht, Rn. 3.177; *Musil* in Hübschmann/Hepp/Spitaler, AO-Kommentar, § 54 Rn. 7; *Seer* in Tipke/Kruse, AO-Kommentar, § 54 Rn. 1.

kirchlicher Zweck iSv § 54 AO vorliegt, kann dem Beispielkatalog in § 54 Abs. 2 AO entnommen werden, wobei berücksichtigt werden muss, dass dieser – im Unterschied zum Katalog aus § 52 Abs. 2 AO – nicht abschließender Natur ist.[618]

Durch diese Steuerbegünstigung anderer Körperschaften nach § 54 AO wird – neben der grundsätzlichen Steuerbefreiung einer Kirche als Körperschaft des öffentlichen Rechts[619] – die Kirche zusätzlich unterstützt.[620] Der kirchliche Zweck muss von der Förderung religiöser Zwecke iSv § 52 Abs. 2 Nr. 2 AO abgegrenzt werden. Dabei kommt es bei dem kirchlichen Zweck entscheidend darauf an, ob es sich um eine geförderte Körperschaft des öffentlichen Rechts iSd Art. 140 GG iVm Art. 137 Abs. 5 WRV handelt.[621] Eine Körperschaft des öffentlichen Rechts iSv Art. 140 GG iVm Art. 137 Abs. 5 WRV kann bei einer „altkorporierten" oder bei einer „neukorporierten" öffentlich-rechtlichen Religionsgemeinschaft bejaht werden.[622] Bei letztgenannten ist eine Verleihung durch den Staat notwendig.[623] Dabei muss durch die Körperschaft nicht zugleich die Allgemeinheit iSv § 52 Abs. 1 S. 1 AO gefördert werden.[624] Die steuerliche Begünstigung ergibt sich hierbei bereits daraus, „dass die Kirche kraft ihres Selbstverständnisses auf gemeinnützige Ziele" ausgerichtet ist, weshalb es der Förderung eines bestimmten Zweckes hier nicht bedarf.[625] Nicht hiervon erfasst sind sog. „Religionsgemeinschaften",

618 *Hüttemann*, Gemeinnützigkeits- und Spendenrecht, Rn. 3.179; *Seer* in Tipke/Kruse, AO-Kommentar, § 54 Rn. 7.

619 Gem. § 4 Abs. 5 S. 1 KStG sind Hoheitsbetriebe aus dem Kreis der Betriebe gewerblicher Art ausgenommen. Hierunter fallen auch die Kirchen und Religionsgemeinschaften, sodass diese im Rahmen der Körperschaftsteuer steuerbefreit sind. Eine Steuerpflicht kann ggf. jedoch dann bestehen, wenn eine wirtschaftliche Betätigung vorliegt. Ausführlich siehe *Beermann*, Hoheitsbetriebe von Kirchen und Religionsgemeinschaften, S. 17, 83 ff.

620 *Hüttemann*, Gemeinnützigkeits- und Spendenrecht, Rn. 3.177; *Musil* in Hübschmann/Hepp/Spitaler, AO-Kommentar, § 54 Rn. 7; *Schön*, DStZ 1999, 701 (702 ff.).

621 *Hüttemann*, Gemeinnützigkeits- und Spendenrecht, Rn. 3.177; *Musil* in Hübschmann/Hepp/Spitaler, AO-Kommentar, § 54 Rn. 23; *Schön*, DStZ 1999, 701 (701); *Seer* in Tipke/Kruse, AO-Kommentar, § 54 Rn. 4.

622 *Musil* in Hübschmann/Hepp/Spitaler, AO-Kommentar, § 54 Rn. 22 ff.; *Seer* in Tipke/Kruse, AO-Kommentar, § 54 Rn. 4.

623 *Cube* in Winheller/Geibel/Jachmann-Michel, Gesamtes Gemeinnützigkeitsrecht, § 54 AO, S. 308, Rn. 9; *Seer* in Tipke/Kruse, AO-Kommentar, § 54 Rn. 4.

624 *Cube* in Winheller/Geibel/Jachmann-Michel, Gesamtes Gemeinnützigkeitsrecht, § 54 AO, S. 313, Rn. 30; *Koenig* in Koenig, AO-Kommentar, § 54 Rn. 1; *Musil* in Hübschmann/Hepp/Spitaler, AO-Kommentar, § 54 Rn. 8.

625 *Isensee/Knobbe-Keuk*, Gutachten der Unabhängigen Sachverständigenkommission zur Prüfung des Gemeinnützigkeits- und Spendenrechts, Sondervotum, S. 331 (360).

welche nicht als juristische Person des öffentlichen Rechts ausgestaltet sind, aber dennoch Aufgaben für diese wahrnehmen. Für diese kann § 52 Abs. 2 Nr. 2 AO eingreifen[626], sodass im Ergebnis § 54 AO enger ausgestaltet ist als die Förderung der Religion.[627]

Darüber hinaus sind auch solche gemeinnützigen Körperschaften vom Anwendungsbereich des § 54 AO ausgeschlossen, welche eine ausländische kirchliche Körperschaft fördern, da diese die Voraussetzungen einer Körperschaft des öffentlichen Rechts nicht erfüllt.[628] In der Literatur wird diese Einschränkung beim Empfänger als unionsrechtskonform angesehen.[629] Der Status der Kirche oder ähnlicher Institutionen im jeweiligen Mitgliedstaat wird von der Union gem. Art. 17 AEUV geachtet und nicht beeinträchtigt.[630] Einer ausländischen Körperschaft stehe zudem der Weg über § 52 Abs. 2 Nr. 2 AO offen.[631]

Dieser Auffassung schloss sich das FG Köln in einem Urteil aus dem Jahr 2014 an.[632] Im Streitfall ging es um eine Spende einer Körperschaft an den Vatikan und deren Berücksichtigung im Rahmen der Körperschaftsteuer. Das FG prüfte dabei unter anderem die einschlägige Fassung von § 9 KStG, die Notwendigkeit einer erneuten Vorlage an den EuGH sowie einen möglichen Verstoß gegen die Kapitalverkehrsfreiheit. Das Gericht stellte dabei zunächst fest, dass unabhängig von der möglichen Fassung von § 9 KStG ein Spendenabzug mangels berechtigten Zuwendungsempfängers zu versagen sei.[633] Auch bedürfe es keiner erneuten Vorlage an den EuGH gem. Art. 267 AEUV.[634] Das FG sei

---

626 *Hüttemann*, Gemeinnützigkeits- und Spendenrecht, Rn. 3.177; Beispiele für Religionsgemeinschaften siehe *Musil* in Hübschmann/Hepp/Spitaler, AO-Kommentar, § 54 Rn. 26 ff.

627 *Seer* in Tipke/Kruse, AO-Kommentar, § 52 Rn. 21.

628 *Cube* in Winheller/Geibel/Jachmann-Michel, Gesamtes Gemeinnützigkeitsrecht, § 54 AO, S. 313 f., Rn. 33; *Seer* in Tipke/Kruse, AO-Kommentar, § 54 Rn. 4.

629 Ausführlich siehe *Clasen*, Steuervergünstigung von Religionsgemeinschaften, S. 201 ff.; *Cube* in Winheller/Geibel/Jachmann-Michel, Gesamtes Gemeinnützigkeitsrecht, § 54 AO, S. 313 f., Rn. 33.

630 *Classen* in Grabitz/Nettesheim, Das Recht der Europäischen Union, Art. 17 AEUV Rn. 1.

631 *Clasen*, Steuervergünstigung von Religionsgemeinschaften, S. 201 ff.; *Seer* in Tipke/Kruse, AO-Kommentar, § 54 Rn. 4.

632 FG Köln Urt. v. 15.01.2014 – 13 K 3735/10, IStR 2014, 412 ff.

633 FG Köln Urt. v. 15.01.2014 – 13 K 3735/10, IStR 2014, 412 (416 f.).

634 FG Köln Urt. v. 15.01.2014 – 13 K 3735/10, IStR 2014, 412 (417).

als Instanzgericht zu einer Vorlage gem. Art. 267 Abs. 2 AEUV nicht verpflichtet.[635] Des Weiteren sei durch die Versagung des Spendenabzuges auch nicht die Kapitalverkehrsfreiheit gem. Art. 63 AEUV betroffen. Hervorzuheben ist dabei, dass das FG verdeutlicht hat, dass auch Drittstaaten grundsätzlich von der Kapitalverkehrsfreiheit mitumfasst sind.[636] Die Kapitalverkehrsfreiheit sei jedoch im vorliegenden Fall nicht verletzt. Die Beschränkung im Rahmen von § 54 AO auf inländische Religionsgemeinschaften des öffentlichen Rechts sei verfassungsrechtlich geboten und entspreche sowohl der Rechtsprechung des BVerfG als auch der Rechtsprechung des BFH.[637] Das FG wies darauf hin, dass trotz der Versagung eines kirchlichen Zweckes eine Spende an eine ausländische Religionsgemeinschaft gem. §§ 52, 53 AO möglich sei.[638] Notwendig sei hierfür jedoch eine Spendenbescheinigung iSv § 50 EStDV oder ein vergleichbares Bestätigungsschreiben, um sicher zu stellen, dass es sich beim Aussteller um einen berechtigten Empfänger handele.[639] Der Kläger machte im Einspruchsverfahren geltend, der Empfänger müsse nicht zwingend den amtlichen Vordruck gem. §§ 50, 51 EStDV verwenden.[640] Zur Beantwortung dieser Frage stellte das Gericht auf das BMF-Schreiben vom 13.12.2007 ab.[641] Das FG schloss sich jedoch dabei nicht der Ansicht des Bundesministeriums der Finanzen an, wonach zwingend das Muster auch von ausländischen gemeinnützigen Körperschaften verwendet werden muss[642], sondern ließ es vielmehr ausreichen, wenn zumindest vergleichbare Bestätigungsschreiben zur Überprüfung durch den Spender eingereicht werden.[643] Ein solches Bestätigungsschreiben fehle im vorliegenden Fall. Der Kläger trage die Verpflichtung zur Beibringung entsprechender Nachweise.[644] Die Klage

---

635 Zutreffend EuGH Urt. v. 06.10.1982, Rs. C-283/81 (*C.I.L.F.I.T.*), ECLI:EU:C:1982:335, Slg. 1982, 03415 Rn. 21, wonach es ausreichend ist, wenn dem Kläger noch weitere Rechtsmittel zur Verfügung stehen.

636 FG Köln Urt. v. 15.01.2014 - 13 K 3735/10, IStR 2014, 412 (417 f.).

637 Zur verfassungsrechtlichen Grundlage BVerfG Urt. v. 19.12.2000, 2 BvR 1500/97, BVerfGE 102, 370 ff.; BFH Urt. v. 30.06.2010 - II R 12/09, BStBl. II 2011, 48 ff.

638 FG Köln Urt. v. 15.01.2014 - 13 K 3735/10, IStR 2014, 412 (418 f.).

639 FG Köln Urt. v. 15.01.2014 - 13 K 3735/10, IStR 2014, 412 (419); zur grundlegenden Problematik der Zuwendungsbestätigung siehe S. 126 ff.

640 FG Köln Urt. v. 15.01.2014 - 13 K 3735/10, IStR 2014, 412 (413).

641 BMF-Schreiben v. 13.12.2007 - IV C 4 - S 2223/07/0018, BStBl. I 2008, 4.

642 Siehe BMF-Schreiben v. 13.12.2007 - IV C 4 - S 2223/07/0018, BStBl. I 2008, 4, wonach das Muster zu verwenden ist.

643 FG Köln Urt. v. 15.01.2014 - 13 K 3735/10, IStR 2014, 412 (419).

644 FG Köln Urt. v. 15.01.2014 - 13 K 3735/10, IStR 2014, 412 (419) verweist bzgl. der erhöhten Mitwirkungspflicht in Auslandssachverhalten auf EuGH Urt. v. 18.12.2007,

war folglich unbegründet. Hiergegen legte der Kläger vor dem BFH Revision ein. Dabei sollte insbesondere die Frage des eingeschränkten Anwendungsbereiches von § 9 KStG und § 10b EStG sowie die Frage der Voraussetzungen von §§ 59 ff. AO und der Auslegung von § 54 AO geklärt werden. Das Verfahren wurde jedoch nach Rücknahme der Revision für erledigt erklärt.[645]

Der BFH wird sich hinsichtlich der Auslegung von § 54 AO wohl der Auffassung innerhalb der Literatur anschließen und den Ausschluss einer ausländischen kirchlichen Körperschaft als europarechtskonform ansehen. Durch die Ausweichmöglichkeit auf § 52 Abs. 2 Nr. 2 AO ergeben sich hierdurch auch keine großen Hindernisse, sodass dieser Ansicht im Ergebnis zuzustimmen ist.

bb) Die materiellen Voraussetzungen

Die §§ 51–54 AO legen den gegenständlichen Bereich der steuerbegünstigten Zwecke fest.[646] Wie die jeweilige Körperschaft diesen Bereich fördern kann, ist in den darauffolgenden §§ 55–57 AO geregelt, welche die allgemeinen Anforderungen an die Körperschaft und deren Aktivität definieren.[647]

(1) Selbstlosigkeit gem. § 55 AO

Um von der unmittelbaren Steuerbegünstigung im Rahmen des Gemeinnützigkeitsrechts profitieren zu können, muss die Körperschaft selbstlos handeln. Die Selbstlosigkeit ist dabei ein „prägendes Systemelement“[648] des deutschen Gemeinnützigkeitsrechts.[649] Unter Selbstlosigkeit versteht man im allgemeinen Sprachgebrauch Uneigennützigkeit oder auch Altruismus.[650] Die Bedeutsamkeit zeigt sich darin, dass unabhängig vom jeweiligen Zweck die Selbstlosigkeit notwendige Voraussetzung für die Anerkennung ist. Eine ausschließliche

---

C-101/05 (*Skatteverket/A*), ECLI:EU:C:2007:804, Slg. 2007 I-11531 Rn. 63; BFH Urt. v. 27.05.2009 – X R 46/05, BFH/NV 2009, 1633 (1634) Rn. 4; BFH Urt. v. 13.06.2013 – III R 63/11, BFH/NV 2013, 1872 (1874) Rn. 27.

645 Mitteilung BFH v. 20.06.2014 – I R 15/14, abrufbar unter juris.

646 *Musil* in Hübschmann/Hepp/Spitaler, AO-Kommentar, § 55 Rn. 15; *Seer* in Tipke/Kruse, AO-Kommentar, § 55 Rn. 1.

647 *Musil* in Hübschmann/Hepp/Spitaler, AO-Kommentar, § 55 Rn. 15; *Seer* in Tipke/Kruse, AO-Kommentar, § 55 Rn. 1.

648 *Koenig* in Koenig, AO-Kommentar, § 55 Rn. 1.

649 *Musil* in Hübschmann/Hepp/Spitaler, AO-Kommentar, § 55 AO Rn. 15.

650 *Musil* in Hübschmann/Hepp/Spitaler, AO-Kommentar, § 55 Rn. 19; *Seer* in Tipke/Kruse, AO-Kommentar, § 55 Rn. 2.

Verfolgung von eigenwirtschaftlichen Zwecken schließt § 55 AO daher aus.[651] Um festzulegen, wann eine Körperschaft eigennützig tätig ist, wurde von der Finanzverwaltung früher die sog. Geprägetheorie angewandt, wonach eine Gesamtbetrachtung für die Beurteilung der Eigen- oder Fremdnützigkeit der Tätigkeit entscheidend war.[652] Diese Abgrenzung hat nunmehr sowohl der BFH als auch die Finanzverwaltung aufgegeben. Für die Anerkennung der Gemeinnützigkeit ist entscheidend, „[...] ob das Vermögen der gemeinnützigen Körperschaft zweckgerichtet für die ideellen Zwecke eingesetzt und die Einnahmen aus der nicht begünstigten Tätigkeit für die begünstigte Tätigkeit verwendet werden."[653] Eine weit überwiegend wirtschaftliche Tätigkeit muss daher nicht mehr zur Folge haben, dass aufgrund dieser die Gemeinnützigkeit versagt wird. Die Geprägetheorie hat dennoch nicht vollständig an Bedeutung verloren. So wandte der BFH diese weiterhin im Rahmen des Ausschließlichkeitsgebots an, wonach die Gemeinnützigkeit versagt bleibt, „[...] wenn [...] [die wirtschaftliche Tätigkeit] in der Gesamtschau zum Selbstzweck wird und in diesem Sinne neben die Verfolgung des gemeinnützigen Zwecks der Körperschaft tritt."[654] Dieser Auffassung folgte auch die Finanzverwaltung.[655] Im Ergebnis ist daher nicht mehr die Gewichtung der wirtschaftlichen Tätigkeit entscheidend, sondern vielmehr, dass durch diese der steuerbegünstigte Zweck weiter vorangetrieben wird.[656] Ob die jeweilige Körperschaft selbstlos handelt, ist eine Einzelfallentscheidung des Gerichts.[657]

Fraglich ist, wie das Verhältnis von Selbstlosigkeit und Ausschließlichkeit zu beurteilen ist. Entscheidend hierfür ist, ob die Selbstlosigkeit ein rein

651 *Hüttemann*, Gemeinnütigkeits- und Spendenrecht, Rn. 4.67; *Musil* in Hübschmann/Hepp/Spitaler, AO-Kommentar, § 55 Rn. 19; *Seer* in Tipke/Kruse, AO-Kommentar, § 55 Rn. 2.

652 BMF v. 02.01.2008 – IV A 4 S- 0062/07/001, BStBl. I 2008, 27 (50), AEAO § 55 Abs. 1 Nr. 2, 2; *Krüger* in Schwarz/Pahlke, AO-Kommentar, § 55 Rn. 3; *Seer* in Tipke/Kruse, AO-Kommentar, § 55 Rn. 6.

653 BFH Urt. v. 04.04.2007 – I R 76/05, BStBl. II 2007, 631 (634).

654 BFH Urt. v. 04.04.2007 – I R 76/05, BStBl. II 2007, 631 (634).

655 BMF Anwendungserlass v. 17.01.2012 – IV A 3 – S 0062/08/10007 – 12, BStBl. I 2012, 83 (85 f.).

656 So auch *Hüttemann*, Gemeinnützigkeits- und Spendenrecht, Rn. 4.100.

657 BFH Urt. v. 15.07.1998 – I R 156/94, BStBl. II 2002, 162 (163); BFH Urt. v. 04.04.2007 – I R 76/05, BStBl. II 2007, 631 (634); so auch *Wünschig*, Perspektiven eines europarechtskonformen Gemeinnützigkeits- und Zuwendungsrechts, S. 53 f.

subjektives oder rein objektives Element des Gemeinnützigkeitsrechts ist.[658] Um Abgrenzungsprobleme zwischen Selbstlosigkeit und Ausschließlichkeit zu vermeiden, differenziert die Literatur zwischen der Körperschaft und den Mitgliedern.[659] Bei einer Körperschaft kann die Selbstlosigkeit als subjektives Element ergänzend zum Kriterium der Ausschließlichkeit, auf der Ebene der Mitglieder als objektives Element verstanden werden.[660]

Neben der Selbstlosigkeit muss die Körperschaft gem. § 55 Abs. 1 Nr. 1–5 AO die Mittel auch gemeinnützig verwenden.[661] Eine Körperschaft handelt danach selbstlos, wenn sie ihre Mittel nur für den satzungsmäßigen Zweck verwendet und keine Gewinnausschüttung erfolgt (§ 55 Abs. 1 Nr. 1 AO). Die Mittelverwendung muss gem. § 55 Abs. 1 Nr. 5 AO zeitnah erfolgen, wobei der Gesetzgeber den Verwendungszeitraum im Rahmen des Gesetzes zur Stärkung des Ehrenamtes deutlich erweitert hat.[662] Des Weiteren legt § 55 Abs. 1 Nr. 2 und Nr. 4 AO – auf welchen § 61 AO verweist – fest, wie das Ausscheiden von Mitgliedern oder die Auflösung der Körperschaft zu behandeln ist. Insbesondere bei Auflösung, Aufhebung der Körperschaft oder auch Wegfall des steuerbegünstigten Zweckes bedarf es einer genaueren Regelung, wie das verbleibende Vermögen zu verwenden ist. Die satzungsmäßige Vermögensbindung ist dabei elementarer Bestandteil des deutschen Gemeinnützigkeitsrechts, wonach Missbräuche bei Auflösung, Aufhebung oder Wegfall verhindert werden sollen.[663] Dabei stellt insbesondere der Grundsatz der Vermögensbindung mit seiner sehr genauen Ausgestaltung Probleme für ausländische gemeinnützige Körperschaften dar. Im EU-Ausland ist zwar eine solche Vorschrift nicht grundsätzlich unbekannt[664], an einer so genauen Ausgestaltung fehlt es jedoch häufig, weshalb zumindest der BFH im Ergebnis oft die Anerkennung der Gemeinnützigkeit von ausländischen Körper-

---

658 *Hüttemann*, Gemeinnützigkeits- und Spendenrecht, Rn. 4.69; *Musil* in Hübschmann/Hepp/Spitaler, AO-Kommentar, § 55 Rn. 19; *Seer* in Tipke/Kruse, AO-Kommentar, § 55 Rn. 2.

659 *Hüttemann*, Gemeinnützigkeits- und Spendenrecht, Rn. 4.69 ff.; *Seer* in Tipke/Kruse, AO-Kommentar, § 55 Rn. 2.

660 *Hüttemann*, Gemeinnützigkeits- und Spendenrecht, Rn. 4.72; *Musil* in Hübschmann/Hepp/Spitaler, AO-Kommentar, § 55 Rn. 20; *Seer* in Tipke/Kruse, AO-Kommentar, § 55 Rn. 2.

661 *Musil* in Hübschmann/Hepp/Spitaler, AO-Kommentar, § 55 Rn. 25.

662 Gesetz zur Stärkung des Ehrenamtes (Ehrenamtsstärkungsgesetz) v. 21.03.2013, BStBl. I 2013, 339 (339); BGBl. I 2013, 556 (556); *Musil* in Hübschmann/Hepp/Spitaler, AO-Kommentar, § 55 Rn. 8.

663 *Seer* in Tipke/Kruse, AO-Kommentar, § 61 Rn. 1.

664 Rechtsvergleich der Satzungsvoraussetzungen siehe S. 103 ff.

schaften versagt und dadurch dem Spender auch eine mittelbare Steuerbegünstigung verwehrt.[665]

(2) Ausschließlichkeit gem. § 56 AO

Die Körperschaft muss die steuerbegünstigten Zwecke ausschließlich verfolgen, d.h. sie darf keine anderen Zwecke, welche nicht von §§ 51 ff. AO umfasst sind, fördern.[666] Die Ausschließlichkeit war bereits in den Anfängen des Gemeinnützigkeitsrechts Tatbestandsmerkmal, sodass die Rechtsprechung des RFH noch berücksichtigt werden kann.[667] Auf den ersten Blick erscheint die Voraussetzung der Ausschließlichkeit sehr eng gefasst. Daher hatte der BFH bereits Mitte der 1950er Jahre anerkannt, dass die Verfolgung mehrerer steuerbegünstigter Zwecke für die Anerkennung unschädlich sei.[668] Auch die Möglichkeit, dass die Körperschaft einen wirtschaftlichen Geschäftsbetrieb unterhält (§ 64 AO), solange die daraus resultierenden Mittel für den steuerbegünstigten Zweck verwendet werden, zeigt, dass das Merkmal Ausschließlichkeit nicht den restriktiven Charakter besitzt, welchen es auf den ersten Blick zu haben scheint.[669] Entscheidend ist, dass die Körperschaft nicht nur partiell, „sondern in ihrer Totalität gemeinnützig" ist (sog. Totalitätsprinzip).[670]

---

665 BFH Urt. v. 25.10.2015 – I R 54/14, BStBl. II 2017, 1216 = BFH/NV 2017, 549; FG Bremen Urt. v. 08.06.2011 – 1 K 63/10 (6), DStRE 2012, 1321 ff.; FG Berlin-Brandenburg Urt. v. 24.07.2014 – 4 K 12276/11, EFG 2014, 2168 ff. = DStRE 2015, 877 f.; ablehnend hingegen FG Düsseldorf Urt. v. 14.01.2013 – 11 K 2439/10 E, EFG 2013, 678 (679); bestätigt durch BFH Urt. v. 21.01.2015 – X R 7/13, BStBl. I 2015, 588 ff., welcher jedoch zur fehlenden Selbstlosigkeit keine Stellung mehr nimmt, da bereits anderweitige Voraussetzungen zur Anerkennung der Gemeinnützigkeit der spanischen Stiftung nicht vorlagen.

666 *Hüttemann*, Gemeinnützigkeits- und Spendenrecht, Rn. 4.6; *Krüger* in Schwarz/Pahlke, AO-Kommentar, § 56 Rn. 1; *Musil* in Hübschmann/Hepp/Spitaler, AO-Kommentar, § 56 Rn. 2; *Seer* in Tipke/Kruse, AO-Kommentar, § 56 Rn. 1.

667 *Musil* in Hübschmann/Hepp/Spitaler, AO-Kommentar, § 56 Rn. 1.

668 BFH Urt. v. 02.12.1955 – III 99/55 U, BStBl. III 1956, 22; BFH Urt. v. 20.12.1978, I R 21/76, BStBl. II 1979, 496.

669 Zu weiteren Lockerungen des Ausschießlichkeitsgrundsatzes siehe *Krüger* in Schwarz/Pahlke, AO-Kommentar, § 56 Rn. 2; *Seer* in Tipke/Kruse, AO-Kommentar, § 56 Rn. 2.

670 *Hüttemann*, DStjG Bd. 26., S. 49 (57).

(3) Unmittelbarkeit gem. § 57 AO

Der Begriff der Unmittelbarkeit iSv § 57 AO ist neben der Selbstlosigkeit und der Ausschließlichkeit die letzte materielle Voraussetzung für die unmittelbare Steuerbegünstigung. Gem. § 57 AO kommt es darauf an, dass die Körperschaft selbst oder durch Einschaltung einer Hilfsperson den gemeinnützigen Zweck verwirklicht.[671] Grundsätzlich soll allerdings vorrangig die Körperschaft selbst ihren gemeinnützigen Zweck verfolgen, jedenfalls nicht nur eine andere Körperschaft mit deren gemeinnützigem Zweck unterstützen.[672] Bei dem Unmittelbarkeitskriterium geht es folglich um die „personenspezifische Zurechnung" des Erfolges, welcher durch die Förderung des steuerbegünstigten Zweckes eingetreten ist.[673] Daraus ergibt sich, dass für die Bejahung der Unmittelbarkeit zunächst die Beurteilung des steuerbegünstigten Zweckes notwendig ist.[674]

Die Einschaltung einer Hilfsperson gem. § 57 Abs. 1 S. 2 AO führte in der Vergangenheit sowohl in der Rechtsprechung des BFH als auch in der Literatur zu Diskussionen. In einem Urteil sprach der BFH einem Unternehmen die Unmittelbarkeit ab mit der Begründung, dass es an der Förderung des Gesundheitswesens fehle, da sich die Tätigkeit im Schwerpunkt auf die Unterstützung von Krankenhäusern und deren Finanzierung beziehe und nicht unmittelbar auf die Förderung der Allgemeinheit durch Unterstützung des Gesundheitswesens.[675] Diese Entscheidung stieß auf scharfe Kritik seitens der Literatur.[676] Die Voraussetzung einer direkten Förderung sei aus dem Gesetz nicht ersichtlich.[677] Insbesondere sei vom BFH nicht ausreichend dargelegt worden, ob die Entwicklung eines Abrechnungssystems für Krankenhäuser zur Kostenregulierung eine Förderung des Gesundheitswesens darstelle.[678] Auf diese Entscheidung nahm der BFH in einem späteren Verfahren Bezug und konkretisierte, wann das Handeln als Hilfsperson dennoch für die gemeinnützigen Zwecke ausreichend sei.

671 *Krüger* in Schwarz/Pahlke, AO-Kommentar, § 57 Rn. 1; *Seer* in Tipke/Kruse, AO-Kommentar, § 57 Rn. 2 f.

672 *Musil* in Hübschmann/Hepp/Spitaler, AO-Kommentar, § 57 Rn. 4; *Seer* in Tipke/Kruse, AO-Kommentar, § 57 Rn. 2.

673 *Seer* in Tipke/Kruse, AO-Kommentar, § 57 Rn. 1.

674 *Hüttemann*, Gemeinnützigkeits- und Spendenrecht, Rn. 4.35.

675 BFH Urt. v. 07.03.2007 – I R 90/04, BStBl. II 2007, 628 ff.

676 *Hüttemann*, Gemeinnützigkeits- und Spendenrecht, Rn. 4.39 f.; *Schröder*, DStR 2008, 1069 (1070 f.).

677 *Hüttemann/Schauhoff*, FR 2007, 1133 (1139).

678 So *Hüttemann*, Gemeinnützigkeits- und Spendenrecht, Rn. 4.40; *Hüttemann/Schauhoff*, FR 2007, 1133 (1139).

So kann nach seiner Auffassung eine steuerbegünstigte Körperschaft sowohl für andere begünstigte Körperschaften Hilfstätigkeiten ausüben als auch selbst einen steuerbegünstigten Zweck verfolgen, ohne dass das Erfordernis der Unmittelbarkeit entfiele.[679] Dies stellt eine Erleichterung für die gemeinnützige Körperschaft dar. Ungeklärt blieb jedoch, ob im Rahmen von § 66 AO iVm § 53 AO eine Unmittelbarkeit im engeren Sinne gefordert ist.[680] Hier hat der BFH nun selbst Abhilfe geschaffen, indem er verdeutlicht hat, dass bei der Wohlfahrtspflege die Unmittelbarkeit nicht anders zu beurteilen ist als im Rahmen von § 57 AO.[681] Problematisch bleiben nur die Fälle, in denen eine Tätigkeit ausgegliedert wird und es dadurch an einer Unmittelbarkeit zwischen Körperschaft und steuerbegünstigtem Zweck fehlt.[682]

(4) Ausnahmetatbestand des § 58 AO

Zwar ist grundsätzlich die Unmittelbarkeit gem. § 57 AO als materielle Voraussetzung notwendig, um in den Genuss der unmittelbaren Steuerbegünstigung zu gelangen. Der Gesetzgeber hat jedoch Ausnahmetatbestände geschaffen, wonach auch eine mittelbare Förderung ausreichend sein kann (§ 58 AO).[683]

Die in § 58 AO aufgeführten Ausnahmetatbestände bzgl. der Selbstlosigkeit, Ausschließlichkeit oder Unmittelbarkeit verhelfen der gemeinnützigen Körperschaft zu mehr Flexibilität in ihrer Tätigkeit und verhindern, dass die Körperschaft durch entsprechende Betätigung die Anerkennung und damit die unmittelbare Steuerbegünstigung verliert.[684] Nicht nur für die Körperschaft selbst, sondern auch für die Seite des Spenders ergeben sich hierdurch mehr Möglichkeiten, da auch grenzüberschreitende Fälle ermöglicht werden.[685] So kann im Rahmen der Mittelbeschaffung ein Spender eine Zuwendung an eine deutsche gemeinnützige Körperschaft tätigen, welche wiederum Mittel für eine

---

679 BFH Urt. v. 07.04.2007 – I R 90/04, BStBl. II 2007, 628 (630 f.); BFH Urt. v. 17.02.2010 – I R 2/08, BStBl. II 2010, 1006 (1008) Rn. 26.

680 *Holland*, DStR 2010, 2057 (2060).

681 BFH Urt. v. 27.11.2013, I R 17/12, BFH/NV 2014, 984 (988); BStBl. II 2016, 68 (73) Rn. 39; *Seer* in Tipke/Kruse, AO-Kommentar, § 66 Rn. 5 m.w.N.

682 BFH Urt. v. 27.11.2013 – I R 17/12, BFH/NV 2014, 984 (988 f.); BStBl. II 2016, 68 (73) Rn. 39 f.

683 Ausführlich zu den Ausnahmen vom Unmittelbarkeitsgebot siehe *Hüttemann*, Gemeinnützigkeits- und Spendenrecht, Rn. 4.59 ff.

684 *Krüger* in Schwarz/Pahlke, AO-Kommentar, § 58 Rn. 2; *Seer* in Tipke/Kruse, AO-Kommentar, § 58 Rn. 1.

685 *Weitemeyer/Bornemann*, FR 2016, 437 (443 f.).

andere ausländische gemeinnützige Körperschaft oder juristische Person des öffentlichen Rechts beschafft (sog. Fundraising-Körperschaften).[686] Als Geberkörperschaft kommen dabei sowohl inländische als auch Körperschaften aus dem EU/EWR-Ausland in Frage, wobei insbesondere der strukturelle Inlandsbezug gem. § 51 Abs. 2 AO zu berücksichtigen ist.[687] Als Empfängerkörperschaft kommen sowohl in- als auch ausländische Körperschaften in Betracht, wobei beachtet werden muss, dass die Geberkörperschaft in Auslandssachverhalten eine erhöhte Mitwirkungspflicht gem. § 90 Abs. 2 AO trifft.[688] Auch wenn dabei die ausländische Körperschaft die Voraussetzungen des Gemeinnützigkeitsrechts nicht vollständig erfüllen muss, so muss dennoch das Projekt selbst den notwendigen Anforderungen entsprechen.[689] Durch die auch hier aufgestellten Hürden verdeutlicht der deutsche Gesetzgeber erneut, dass er grenzüberschreitende Wohltätigkeit nur unter engen Voraussetzungen fördern möchte.

Von der Mittelbeschaffung gem. § 58 Nr. 1 AO ist die Mittelweitergabe gem. § 58 Nr. 2 AO abzugrenzen. Im Rahmen der Mittelweitergabe geht es um Vermögen, welches in der gemeinnützigen Körperschaft zur Erfüllung ihrer satzungsmäßigen Tätigkeit nicht benötigt wird und dadurch an eine andere gemeinnützige Körperschaft oder juristische Person des öffentlichen Rechts zur Verwendung weitergeleitet werden kann. Weitere Unterschiede ergeben sich zum einen daraus, dass die Mittelweitergabe nicht namentlich in die Satzung mit aufgenommen werden muss.[690] Zum anderen muss die Empfängerkörperschaft selbst zumindest beschränkt steuerpflichtig iSv § 5 Abs. 2 Nr. 2 KStG oder eine Körperschaft des öffentlichen Rechts sein.[691] Diese Einschränkung wird zu

686 *Buchna/Leichinger/Seeger/Brox*, Gemeinnützigkeit im Steuerrecht, § 58 AO S. 196; *Hüttemann*, Gemeinnützigkeits- und Spendenrecht, Rn. 3.182; *Weitemeyer/Bornemann*, FR 2016, 437 (442).

687 *Cube* in Winheller/Geibel/Jachmann-Michel, Gesamtes Gemeinnützigkeitsrecht, § 58 AO, S. 401, Rn. 13.

688 OFD Frankfurt v. 11.12.1996 – S 0177 A – 2 – St II 12, FR 1997, 194 (194); *Buchna/Leichinger/Seeger/Brox*, Gemeinnützigkeit im Steuerrecht, § 58 AO S. 200 f.

689 *Buchna/Leichinger/Seeger/Brox*, Gemeinnützigkeit im Steuerrecht, § 58 AO S. 201; *Cube* in Winheller/Geibel/Jachmann-Michel, Gesamtes Gemeinnützigkeitsrecht, § 58 AO, S. 406 ff, Rn. 30 ff.

690 *Krüger* in Schwarz/Pahlke, AO-Kommentar, § 58 Rn. 2; *Seer* in Tipke/Kruse, AO-Kommentar, § 58 Rn. 2.

691 *Cube* in Winheller/Geibel/Jachmann-Michel, Gesamtes Gemeinnützigkeitsrecht, § 58 AO, S. 413, Rn. 60; zur Altfassung siehe auch OFD München v. 23.11.2001, S. 2223–145 St 41, DStR 2002, 806 (807) Ziff. 7.

Recht in der Literatur stark kritisiert.[692] Die unterschiedliche Behandlung von steuerpflichtigen und nicht steuerpflichtigen Empfängerkörperschaften gem. § 58 Nr. 2 AO ist nicht mit dem Unionsrecht zu vereinbaren, da nach der EuGH-Rechtsprechung den ausländischen Empfängerkörperschaften zumindest die Möglichkeit gegeben werden muss, in den Anwendungsbereich der Vorschrift zu gelangen.[693] *Kirchhain* findet hierzu deutliche Worte und sieht durchaus die Möglichkeit eines erneuten EuGH-Verfahrens – bislang hatte der BFH sich in den jeweiligen Verfahren zu keiner erneuten Vorlage verpflichtet gesehen.[694]

So schafft § 58 AO zwar eine Möglichkeit, im Rahmen der Mittelbeschaffung über eine Fundraising-Körperschaft ins Ausland zu spenden, bzgl. der Mittelweitergabe hat der Gesetzgeber es jedoch unterlassen, die Vorschrift europarechtskonform anzupassen. Meines Erachtens ist auch die Zwischenschaltung einer deutschen gemeinnützigen Körperschaft keine optimale Lösung für eine Spende ins Ausland, da der Bürger nur über einen Umweg in Länder spenden kann, in welchen Hilfsorganisationen besonders auf Hilfe von außen angewiesen sind. Dieser Umweg wird viele Bürger davon abhalten zu spenden, da wenig Sicherheit besteht, dass ihr Geld dort ankommt, wohin sie es gerne spenden möchten.

cc) Die Satzungsvoraussetzungen nach §§ 59 ff. AO

Zur Anerkennung der unmittelbaren Steuerbegünstigung muss die Satzung gem. § 59 AO den gemeinnützigen Zweck festlegen und die Körperschaft diesen selbstlos, unmittelbar und ausschließlich iSv §§ 55 ff. AO verfolgen.[695] Erforderlich ist somit die Überprüfung der sog. formellen Gemeinnützigkeit anhand der materiellen Voraussetzungen.[696] Wie die Satzung im Detail ausgestaltet werden soll, konkretisiert § 60 Abs. 1 S. 1 AO.[697] Dabei muss die Satzung so genau gefasst sein, dass ausschließlich anhand dieser eine Überprüfung der materiellen Voraussetzungen möglich ist. Diese müssen gem. § 60 Abs. 2 AO für die

---

692 *Cube* in Winheller/Geibel/Jachmann-Michel, Gesamtes Gemeinnützigkeitsrecht, § 58 AO, S. 413, Rn. 63; *Kirchhain*, DStR 2013, 2141 (2145); *Weitemeyer/Bornemann*, FR 2016, 437 (444).

693 *Cube* in Winheller/Geibel/Jachmann-Michel, Gesamtes Gemeinnützigkeitsrecht, § 58 AO, S. 413, Rn. 63; *Kirchhain*, DStR 2013, 2141 (2145); *Weitemeyer/Bornemann*, FR 2016, 437 (444).

694 *Kirchhain*, DStR 2013, 2141 (2145).

695 § 59 AO.

696 *Leisner-Egensperger* in Hübschmann/Hepp/Spitaler, AO-Kommentar § 59 Rn. 4; *Seer* in Tipke/Kruse, AO-Kommentar, § 59 Rn. 4.

697 *Krüger* in Schwarz/Pahlke, AO-Kommentar, § 60 Rn. 1.

Körperschaftsteuer und die Gewerbesteuer während des gesamten Veranlagungs- und Bemessungszeitraums vorliegen. Für die anderen Steuern ist jeweils der Zeitpunkt der Entstehung der Steuer entscheidend.[698]

(1) Die Mustersatzung

Seit dem JStG 2009 ist nunmehr gesetzlich normiert, dass die Verwendung der Mustersatzung verbindlich ist, wodurch vermehrt Rechtssicherheit geschaffen werden soll.[699] Nicht notwendig ist jedoch eine Verwendung des genauen Wortlautes, da der zwingende Inhalt auch durch Auslegung der entsprechenden Satzung bejaht werden kann.[700] Die Verwendung der Mustersatzung ist insbesondere für ausländische gemeinnützige Körperschaften problematisch. Die Finanzverwaltung scheint auch nach der Rs. *Stauffer* eine enge Auffassung zu vertreten und verlangt weiterhin grundsätzlich eine Verwendung der Mustersatzung.[701] Die Literatur ist sich diesbezüglich nicht einig, welche genauen Voraussetzungen in solchen Fällen zu fordern sind. Unter anderem wird die Ansicht vertreten, dass eine reine Übersetzung der ausländischen Satzung mangels genauer Formulierung nicht ausreichend ist.[702] Dadurch würde jedoch von einer ausländischen Körperschaft gefordert, dass diese die Mustersatzung entsprechend § 60 Abs. 1 S. 2 AO zwangsweise verwendet.[703] Eine solche enge Auslegung von § 60 Abs. 1 S. 2 AO stellt eine mittelbare Diskriminierung dar, welche mit den Grundfreiheiten – insbesondere mit der Kapitalverkehrsfreiheit – nicht vereinbar ist.[704] Sachgerechter wäre es daher, auf die Vergleichbarkeit zwischen

---

698 *Krüger* in Schwarz/Pahlke, AO-Kommentar, § 60 Rn. 5; *Seer* in Tipke/Kruse, AO-Kommentar, § 60 Rn. 7.

699 JStG 2009 v. 19.12.2008, BStBl. I 2009, 74 (106); BGBl. I 2008, 2794 (2827); zur Gesetzesbegründung siehe BT-Drs. 16/11108 (2008), S. 46.

700 Leitsatz Nr. 2 in der Rs. *Stauffer* BFH Beschl. v. 14.07.2004 – I R 94/02, BStBl. II 2005, 721; anders sah es das Bundesfinanzministerium, siehe BMF-Schreiben v. 20.09.2005 – IV C 4 – S 0181 – 9/05, BStBl. I 2005, 902 (902); ausführlich zum Verfahren in der Rs. *Stauffer* siehe S. 49 ff.; *Seer* in Tipke/Kruse, AO-Kommentar, § 60 Rn. 4; *Winheller/Klein*, DStZ 2009, 193 (196).

701 AEAO v. 31.01.2014, BStBl. I 2014, 289 (332), AEAO § 60 Nr. 2; *Gersch* in Klein, AO-Kommentar § 60 Rn. 2; *Weitemeyer/Bornemann*, FR 2016, 437 (440).

702 *Buchna/Leichinger/Seeger/Brox* Gemeinnützigkeit im Steuerrecht, S. 232; *Seer* in Tipke/Kruse, AO-Kommentar, § 60 Rn. 6; *Ullrich*, DStR 2009, 2471 (2472).

703 *Buchna/Leichinger/Seeger/Brox* Gemeinnützigkeit im Steuerrecht, S. 232; *Seer* in Tipke/Kruse, AO-Kommentar, § 60 Rn. 6; *Ullrich*, DStR 2009, 2471 (2472).

704 Grundlegend: *Jachmann/Unger* in Gosch, AO-Kommentar, § 60 Rn. 25; *Förster*, DStR 2013, 1516 (1517).

Mustersatzung und ausländischer Satzung abzustellen, um so zu einer möglichst interessengerechten Lösung zu gelangen.[705]

(2) Die satzungsmäßige Vermögensbindung

Neben der Verwendung der Mustersatzung bereitet in grenzüberschreitenden Sachverhalten die satzungsmäßige Vermögensbindung gem. § 61 AO weitere Schwierigkeiten. Notwendig ist, dass gem. § 55 Abs. 1 Nr. 4 AO die Satzung eine genaue Bestimmung enthalten muss, wie das Vermögen im Falle der Auflösung, Aufhebung der Körperschaft oder beim Wegfall des steuerbegünstigten Zweckes verwendet werden soll. Einige Vertreter der Literatur sind der Auffassung, dass diese Voraussetzung die ausländische Körperschaft aus dem Begünstigtenkreis herausdrängt, da eine solch streng formalistische Regelung im EU-Ausland unbekannt sei.[706] Dieser Auffassung ist meines Erachtens nur in Teilen zuzustimmen, denn nicht in allen EU-Mitgliedstaaten ist diese Voraussetzung unbekannt.[707] So besteht in Österreich durchaus eine mit den deutschen Vorschriften vergleichbare Norm, wonach bei Auflösung, Aufhebung oder Wegfall des bisherigen Zweckes das verbleibende Vermögen entsprechend dem bisherigen Zweck verwendet werden muss.[708] Für eine gemeinnützige Körperschaft in Österreich wäre es daher durchaus möglich, eine dem deutschen Gemeinnützigkeitsrecht entsprechende Satzung zu formulieren. Anders sieht es hingegen in Großbritannien aus.[709] Die Satzung einer gemeinnützigen Organisation in Großbritannien muss einen anerkannten gemeinnützigen Zweck erkennen lassen, für welchen

---

705 *Seer* in Tipke/Kruse, AO-Kommentar, § 60 Rn. 6; *Weitemeyer/Bornemann*, FR 2016, 437 (440).

706 FG Bremen v. 08.06.2011 – 1 K 63/10 (6), DStRE 2012, 1321 (1325); FG Berlin-Brandenburg Urt. v. 24.07.2014 – 4 K 12276/11, EFG 2014, 2168 = DStRE 2015, 877; *Bornemann*, JM 2015, 342 (345); *Helios/Strehlke*, npoR 2013, 209 (213); *Weitemeyer/Bornemann*, FR 2016, 437 (441).

707 Ausführlich siehe *Walz/Auer/Hippel*, Spenden- und Gemeinnützigkeitsrecht in Europa mit verschiedenen Darstellungen, S. 281 ff.

708 § 41 Bundesabgabengesetz Österreich; zum Gemeinnützigkeits- und Spendenrecht in Österreich siehe *Achatz* in Walz/Auer/Hippel, Gemeinnützigkeits- und Spendenrecht in Österreich, S. 395 ff.

709 Ausführlich zum britischen Recht siehe *Selbig* in Walz/Auer/Hippel, Gemeinnützigkeits- und Spendenrecht in Großbritannien, S. 321 (327 f.); eine ähnliche Problematik ist auch im italienischen Recht zu finden, siehe *Runte/Hippel* in Walz/Auer/Hippel, Gemeinnützigkeits- und Spendenrecht in Italien, S. 341 (352), wonach bei Auflösung das Vermögen noch auf eine gemeinnützige Organisation übergehen muss. Es fehlt daher auch hier an einer genauen Bestimmung.

ausschließlich die vorhandenen Mittel verwendet werden dürfen. Anders als in Deutschland fehlt es an einer genaueren gesetzlichen Ausgestaltung für die Satzung. Vielmehr setzt sich das englische Recht diesbezüglich aus dem *common law* und den sog. Charities Acts zusammen.[710]

Aufgrund der erheblichen rechtlichen Unterschiede zwischen Deutschland und Großbritannien stellt sich die Frage, wie mit grenzüberschreitenden Fällen zwischen beiden Ländern zu verfahren ist. So hatte das FG Berlin-Brandenburg im Jahr 2014 zu entscheiden, ob eine nach englischem Recht gegründete Stiftung von der Körperschaftsteuer befreit werden kann, wenn diese in Deutschland Einkünfte aus Vermietung und Verpachtung erzielt. Entscheidend war hierbei unter anderem die Frage, ob die nach nationalem Recht notwendige Vermögensbindung iSv § 61 AO iVm § 55 Abs. 1 Nr. 4 AO auch dann bejaht werden kann, wenn nach ausländischem Recht eine ausreichende Vermögensbindung besteht.[711] Das FG sah die Klage als begründet an, da im vorliegenden Fall noch § 62 AO a.F. Anwendung fand.[712] Nach diesem konnte auf eine formelle satzungsmäßige Vermögensbindung verzichtet werden, wenn es sich um eine staatlich beaufsichtigte Stiftung handelte. Hintergrund war ursprünglich, dass bei solchen Stiftungen das Vermögen durch die staatliche Aufsicht ausreichend sichergestellt werden konnte.[713] Im Ergebnis war somit die formelle satzungsmäßige Vermögensbindung für die englische Stiftung nicht zwingend, sodass die Anerkennung dieser Voraussetzung nicht versagt werden durfte. Da auch die anderweitigen Voraussetzungen für die Anerkennung der Stiftung als gemeinnützig im Grundsatz erfüllt seien, müsse die englische Stiftung auch in Deutschland als gemeinnützig anerkannt werden. Das Finanzamt legte mit Erfolg gegen das Urteil Revision vor dem BFH ein.[714] Der BFH bejahte zwar die grundsätzliche Anwendbarkeit von § 62 AO a.F., mangels eines einheitlichen Stiftungsrechts innerhalb der EU genüge jedoch nicht jede staatliche Aufsicht den deutschen

---

710 Charities Acts sind abrufbar unter www.legislation.gov.uk; vertiefend siehe *Selbig* in Walz/Auer/Hippel, Gemeinnützigkeits- und Spendenrecht in Großbritannien, S. 321 (322 f.); *Hüttemann*, DB 2015, 821 (824).

711 FG Berlin-Brandenburg Urt. v. 24.07.2014 – 4 K 12276/11, EFG 2014, 2168 = DStRE 2015, 877 (879).

712 FG Berlin-Brandenburg Urt. v. 24.07.2014 – 4 K 12276/11, EFG 2014, 2168 = DStRE 2015, 877 (879).

713 *Koenig* in Koenig, AO-Kommentar, § 62 Rn. 2; *Möllmann*, Die steuerliche Privilegierung gemeinnütziger Körperschaften im Spannungsfeld von Verfassungsrecht und europäischen Grundfreiheiten, S. 26.

714 BFH Urt. v. 25.10.2016 – I R 54/14, BStBl. II 2017, 1216 = BFH/NV 2017, 549.

Aufsichtserfordernissen.[715] Auch eine Vorlagepflicht sah der BFH nicht, vielmehr sei nach seiner Ansicht die Rechtslage eindeutig.[716]

Ähnlich wie bereits das FG Berlin-Brandenburg entschied das FG Bremen, dass eine materielle Vergleichbarkeit für § 60 Abs. 1 S. 2 AO ausreichend sei.[717] Hierbei ging es um den Spendenabzug gem. § 9 Abs. 1 Nr. 2 KStG und mittelbar dadurch um die Anerkennung der begünstigten Einrichtung als gemeinnützig. In diesem Fall half § 62 AO a.F. trotz staatlicher Aufsicht nicht, da es sich um einen Verein handelte.[718] Um dennoch den Spendenabzug gewähren zu können, legte das FG Bremen die Vorschrift gemeinschaftskonform dahingehend aus, dass eine satzungsmäßige Vermögensbindung auch dann bejaht werden könne, wenn eine materielle Vergleichbarkeit vorliege.[719] Andernfalls sei eine derartige Einschränkung mit der Kapitalverkehrsfreiheit nicht vereinbar. Es verstoße gegen den EG-rechtlichen Effektivitätsgrundsatz, wenn zwingend eine formelle satzungsmäßige Vermögensbindung von den ausländischen gemeinnützigen Organisationen verlangt werde, obwohl das betreffende ausländische Recht eine solche nicht kenne.[720] Das FG Bremen sah im Ergebnis die Voraussetzungen des § 9 Abs. 1 Nr. 2 Buchst. c KStG als gegeben an und bejahte somit einen Spendenabzug. Der BFH folgte dieser Ansicht nicht. In seiner Urteilsbegründung stellte dieser auf die vorangegangene EuGH-Rechtsprechung ab, wonach das Verlangen der Erfüllung der nationalen Voraussetzungen im Interesse der Gleichbehandlung zwischen in- und ausländischen Sachverhalten nicht gegen die Kapitalverkehrsfreiheit verstoße.[721] Eine erneute Vorlage sah der BFH als ebenfalls nicht erforderlich an.[722]

Der BFH bleibt letztlich seiner strengen Linie treu und versagt derzeit den ausländischen gemeinnützigen Körperschaften die Anerkennung. Solange nicht

---

715 BFH Urt. v. 25.10.2016 – I R 54/14, BStBl. II 2017, 1216 (1220) Rn. 20 f. = BFH/NV 2017, 549 Rn. 29 f.

716 BFH Urt. v. 25.10.2016 – I R 54/14, BStBl. II 2017, 1216 (1219) Rn. 19 = BFH/NV 2017, 549 Rn. 19.

717 FG Bremen Urt. v. 08.06.2011 – 1 K 63/10 (6), DStRE 2012, 1321 (1325); a.A. FG Düsseldorf Urt. v. 14.01.2013 – 11 K 2439/10 E, EFG 2013, 678 (680).

718 So im vorliegenden Sachverhalt der BFH Urt. v. 17.09.2013 – I R 16/12, BStBl. II 2014, 440 (442) Rn. 14 = DStR 2014, 517 (519) Rn. 14.

719 FG Bremen Urt. v. 08.06.2011 – 1 K 63/10 (6), DStRE 2012, 1321 (1326).

720 FG Bremen Urt. v. 08.06.2011 – 1 K 63/10 (6), DStRE 2012, 1321 (1326).

721 BFH Urt. v. 17.09.2013 – I R 16/12, BStBl. II 2014, 440 (442) Rn. 16 = DStR 2014, 517 (519) Rn. 16.

722 BFH Urt. v. 17.09.2013 – I R 16/12, BStBl. II 2014, 440 (443) Rn. 20 = DStR 2014, 517 (520) Rn. 20.

bereits ein FG als Instanzgericht sich zu einer erneuten Vorlage „verpflichtet" sieht, wird es für eine ausländische gemeinnützige Körperschaft nur schwer möglich sein, in den Genuss der unmittelbaren Steuerbegünstigung zu gelangen. Der BFH selbst wird sich zu einer erneuten Vorlage wohl erst einmal nicht verpflichtet fühlen. Mit Spannung abzuwarten bleibt auch, wie der BFH mit dem Verstoß gegen den Effektivitätsgrundsatz weiter verfährt, da Vorschriften, die gegen einen solchen Grundsatz verstoßen, nicht anwendbar sind.[723] Die derzeitige Rechtslage und Auffassung des BFH lässt zunächst im Ergebnis festhalten, dass es dem Spender wohl verwehrt bleibt, ins Ausland direkt zu spenden, ohne Gefahr zu laufen, eine Spende möglicherweise nicht als Sonderausgabe abziehen zu können.

dd) Die tatsächliche Geschäftsführung gem. § 63 AO

Eine wichtige Säule des Gemeinnützigkeitsrechts stellt darüber hinaus die Voraussetzung der tatsächlichen Geschäftsführung dar, welche bereits seit Mitte der 1930er Jahre dessen Bestandteil war[724] und seither nur punktuell verändert wurde.[725] Hintergrund der tatsächlichen Geschäftsführung ist, dass dafür Sorge getragen werden soll, dass die Körperschaft ihren satzungsmäßigen Zweck ausschließlich und unmittelbar verfolgt.[726] Daraus resultierte die notwendige Übereinstimmung zwischen der Satzung und der tatsächlichen Geschäftsführung (sog. materielle Satzungsmäßigkeit).[727] Die Gemeinnützigkeit muss aufgrund des Verweises auf § 60 Abs. 2 AO auch in zeitlicher Hinsicht aufrechterhalten bleiben.[728] Der Verlust der Anerkennung der Gemeinnützigkeit bei Nichteinhaltung der tatsächlichen Geschäftsführung zeigt die Brisanz dieser Voraussetzung.[729] Dabei muss bei Verstößen gegen die Rechtsordnung differenziert werden, ob es sich

723 *Classen* in Grabitz/Hilf/Nettesheim, Das Recht der Europäischen Union, Art. 197 AEUV Rn. 27.

724 *Mirren/Dreutter*, Das KStG 1934, § 4 Anm. 20; *Boettcher-Leibrecht*, Gemeinnützigkeitsverordnung, § 2 Abs. 1 GemVO 1953.

725 Zur Entwicklung siehe *Leisner-Egensperger* in Hübschmann/Hepp/Spitaler, AO-Kommentar, § 63 Rn. 1.

726 *Seer* in Tipke/Kruse, AO-Kommentar, § 63 Rn. 1; *Uterhark* in Schwarz/Pahlke, AO-Kommentar, § 63 Rn. 1.

727 *Leisner-Egensperger* in Hübschmann/Hepp/Spitaler, AO-Kommentar, § 63 Rn. 4; *Uterhark* in Schwarz/Pahlke, AO-Kommentar, § 63 Rn. 1.

728 *Hüttemann*, Gemeinnützigkeits- und Spendenrecht, Rn. 4.154; *Uterhark* in Schwarz/Pahlke, AO-Kommentar, § 63 Rn. 4.

729 *Leisner-Egensperger* in Hübschmann/Hepp/Spitaler, AO-Kommentar, § 63 Rn. 6.

um einen Verstoß gegen die Verpflichtung zur tatsächlichen Geschäftsführung oder um einen Verstoß der Körperschaft selbst im Rahmen der tatsächlichen Geschäftsführung handelt.[730] Fehlt die tatsächliche Geschäftsführung, so bleibt nur die Versagung der Gemeinnützigkeit. Liegt hingegen ein Verstoß gegen die Rechtsordnung durch die Körperschaft vor, muss es sich um einen gravierenden Verstoß handeln, um dem Verhältnismäßigkeitsprinzip zu entsprechen.[731] Eine Aberkennung des Gemeinnützigkeitsstatus ist daher nur ultimo ratio in solchen Fällen.

Auch für den Spender und seine mittelbare Steuerbegünstigung ist die tatsächliche Geschäftsführung von Bedeutung. Dabei wird dem Spender kein Schutz gewährt, wenn ihm gem. § 90 Abs. 2 AO die Pflicht auferlegt wird, entsprechende Berichte vorzulegen, um im Rahmen eines grenzüberschreitenden Sachverhaltes auch bei einer ausländischen gemeinnützigen Körperschaft die tatsächliche Geschäftsführung ausreichend überprüfen zu können, und diese Voraussetzung sich als nicht gegeben erweist.[732] So verneinte das FG Düsseldorf einen Spendenabzug unter anderem mit der Begründung, dass die vorgelegten Belege nicht ausreichend seien, um die tatsächliche Geschäftsführung kontrollieren zu können.[733] In Auslandssachverhalten sei der Spender gem. § 90 Abs. 2 AO zur erhöhten Mitwirkung verpflichtet, wohingegen das Finanzamt keine Verpflichtung treffe.[734] Das FG stützte sich dabei insbesondere auf die EuGH-Rechtsprechung in der Rs. *Persche*, wonach grundsätzlich der Spender die Pflicht zur Erbringung der entsprechenden Belege habe.[735] Dabei ging der EuGH nicht weiter auf das Vorbringen des Generalanwalts *Mengozzi* ein, welcher zumindest auch eine Verpflichtung der Finanzverwaltung dann für möglich hielt, wenn der Spender das seinerseits Erforderliche bereits erbracht habe.[736] Der BFH schloss sich in seinem Urteil der Ansicht des FG Düsseldorf an und versagte mit fast

---

730 *Leisner-Egensperger* in Hübschmann/Hepp/Spitaler, AO-Kommentar, § 63 Rn. 6; *Seer* in Tipke/Kruse, AO-Kommentar, § 63 Rn. 4.

731 M.w.N. BFH Urt. v. 27.09.2001 – V R 17/99, BStBl. II 2002, 169 (170); *Leisner-Egensperger* in Hübschmann/Hepp/Spitaler, AO-Kommentar, § 63 Rn. 6 f.; *Uterhark* in Schwarz/Pahlke, AO-Kommentar, § 63 Rn. 3.

732 Siehe *Förster*, BB 2011, 663 (667), welche i.E. keine europarechtlichen Bedenken bzgl. der Europarechtskonformität im Rahmen von § 90 Abs. 2 AO hat.

733 FG Düsseldorf Urt. v. 14.01.2013 – 11 K 2439/10 E, EFG 2013, 678 (680).

734 FG Düsseldorf Urt. v. 14.01.2013 – 11 K 2439/10 E, EFG 2013, 678 (680).

735 EuGH Urt. v. 27.01.2009, Rs. C-318/07 (*Persche*), ECLI:EU:C:2009:33, Slg. 2009, I-00359 Rn. 57 ff. = IStR 2009, 171 (174) Rn. 57 ff.

736 Schlussanträge *Mengozzi* v. 14.10.2008, Rs. C-318/07 (*Persche*), ECLI:EU:C:2008:561, Slg. 2009, I-00359 Rn. 110 ff.

wortgleicher Begründung einen möglichen Spendenabzug.[737] Insbesondere seien die nationalen Voraussetzungen des Gemeinnützigkeitsrechts mit der Kapitalverkehrsfreiheit vereinbar, da andernfalls die Wirksamkeit der Steueraufsicht gefährdet wäre.[738]

Die Literatur sah die Entscheidung des BFH kritisch. Die Formulierung, dass „insbesondere dann, wenn die bislang von den Steuerpflichtigen vorgelegten Belege eine ausreichende Überprüfung der tatsächlichen Geschäftsführung nicht ermöglichen", die vorhandenen Rechenschaftsberichte angefordert werden können, sei zu weit gefasst.[739] Dies führe im Ergebnis dazu, dass nicht auch andere Dokumente zur Überprüfung der tatsächlichen Geschäftsführung eingereicht werden könnten, wenn entsprechende Rechenschaftsberichte vorhanden seien.[740] Die Anforderungen an den Spender müssten insbesondere im Rahmen der Kapitalverkehrsfreiheit und des Rechtfertigungsgrundes der Wirksamkeit der Steueraufsicht abgewogen werden, sodass eine zu strenge Auslegung der nationalen Vorschrift nicht europarechtskonform sei.[741]

Dieser Ansicht ist im Ergebnis zuzustimmen, da andernfalls dem Spender eine zu hohe Last auferlegt wird. Es sollte zumindest Berücksichtigung finden, dass der Spender bereits Aufwendungen getätigt hat, auch wenn diese eventuell im Ergebnis nicht ausreichend sind. Die Kritik hinsichtlich der Wortwahl des BFH teile ich jedoch nicht. So ist zweifelhaft, ob der BFH durch die entsprechende Wortwahl den Anwendungsbereich derart einengen wollte wie von der Literatur geäußert. Die Begrifflichkeit „insbesondere" kann dahingehend auch anders ausgelegt werden, als dass beispielhaft diese Belege zur Überprüfung im besonderen Maße geeignet sind, die tatsächliche Geschäftsführung zu überprüfen.[742] Dem entspricht auch der vorangegangene Satz im Urteil, wonach die Finanzverwaltung vorhandene Rechenschaftsberichte anfordern könne.[743]

737 BFH Urt. v. 21.01.2015 – X R 7/13, BStBl. II 2015, 588 (592) Rn. 33 ff.

738 BFH Urt. v. 21.01.2015 – X R 7/13, BStBl. II 2015, 588 (592) Rn. 33.

739 BFH Urt. v. 21.01.2015 – X R 7/13, BStBl. II 2015, 588 (592) Rn. 28; kritisch hierzu siehe *Bornemann*, npoR 2015, 210 (215); *Weitemeyer/Bornemann*, FR 2016, 437 (446).

740 *Weitemeyer/Bornemann*, FR 2016, 437 (446), welche als Alternative zu „insbesondere" „ausschließlich" vorschlagen. So könnten vom Spender lediglich weitere Nachweise verlangt werden, wenn die bereits eingereichten nicht ausreichen.

741 *Helios/Strehlke*, npoR 2013, 209 (2013); a.A. *Weitemeyer/Bornemann*, FR 2016, 437 (446).

742 Zur Anwendung von Regelbeispielen im Strafrecht siehe auch *Schmitz* in MüKo, § 243 StGB Rn. 1.

743 BFH Urt. v. 21.01.2015 – X R 7/13, BStBl. II 2015, 588 (591) Rn. 28.

Hätte der BFH den Spender zur Vorlage dieser Berichte zwingen wollen, hätte er das Wort „müssen“ verwendet. Eine zwingende Erbringung bei vorhandenen Rechenschaftsberichten lässt sich folglich dem Urteil nicht entnehmen. Im Ergebnis bleiben jedoch die zu hohen Anforderungen an den Spender, damit die ausländische Körperschaft anerkannt und er mittelbar steuerbegünstigt wird.

Der deutsche Gesetzgeber ist sich indes wohl bewusst, dass er damit die Grenzen der nationalen Ausrichtung des Gemeinnützigkeitsrechts entsprechend ausreizt. So ist das Erfordernis der tatsächlichen Geschäftsführung wohl mit der Kapitalverkehrsfreiheit vereinbar, durch die dargelegten Probleme für eine ausländische gemeinnützige Körperschaft bzw. insbesondere für den Spender jedoch nicht erfüllbar. Dass dies auch nicht der ursprüngliche Wille des EuGH war, ist daran zu erkennen, dass es bzgl. der „stichhaltigen Belege“ vielmehr darum ging, dem Spender eine Möglichkeit einzuräumen, überhaupt in den Genuss der mittelbaren Steuerbegünstigung zu gelangen, nicht jedoch den Anwendungsbereich auf andere Weise einzuengen. Auch kann sich bei der Überprüfung der tatsächlichen Geschäftsführung die Frage nach einem möglichen Verstoß gegen den Effektivitätsgrundsatz stellen, da hier eine ähnliche Problematik wie bereits bei der satzungsmäßigen Vermögensbindung besteht.[744] Abhilfe kann hier nur der EuGH schaffen, welcher im Rahmen des Unionsrechts das Auslegungsmonopol innehat.[745]

ee) Gesondertes Feststellungsverfahren iSv § 60a AO

Durch das Ehrenamtsstärkungsgesetz von 2013 erfolgte eine erhebliche Änderung des Verfahrens zur Anerkennung der Gemeinnützigkeit. Ursprünglich erfolgten zunächst eine vorläufige Bescheinigung durch das zuständige Finanzamt der Körperschaft und darauf der Freistellungsbescheid, gegen dessen Versagung die Körperschaft vorgehen konnte.[746] Umstritten war lange Zeit, ob dabei die vorläufige Bescheinigung einen Verwaltungsakt oder lediglich eine unverbindliche

744 Zum Effektivitätsgrundsatz siehe insbesondere *Thömmes*, FS Meilicke 2010, 753 (774); zur möglichen Vorlagefrage bei der tatsächlichen Geschäftsführung siehe S. 135 ff.

745 Zur Ausgestaltung einer möglichen Vorlagefrage im Rahmen von § 63 AO siehe S. 135 ff.

746 *Krüger* in Schwarz/Pahlke, AO-Kommentar, § 60a Rn. 1; *Leisner-Egensperger* in Hübschmann/Hepp/Spitaler, AO-Kommentar, § 60a Rn. 2; *Seer* in Tipke/Kruse, AO-Kommentar, § 60a Rn. 1.

Auskunft der Finanzverwaltung darstellt.[747] Durch die Einführung eines gesonderten Verfahrens in § 60a AO n.F. ist der Streit hinfällig geworden; die neue Rechtslage bietet für die Körperschaften und den Spender eine Steigerung an Rechtssicherheit und Rechtsschutzmöglichkeit.[748] Aufgrund der Bindungswirkung der gesonderten Feststellung geht das neue Verfahren über das ursprüngliche hinaus.[749] Die Literatur sieht dies als Fortschritt an, wobei auch das neue Verfahren noch einige Schwachstellen aufweist. So wird in diesem Verfahren nur die formelle Satzungsmäßigkeit und erst im weiteren Freistellungsbescheid die materielle Gemeinnützigkeit überprüft.[750] Die nunmehr gesonderte Feststellung ist daher als Annexverfahren zur Körperschaftsteuerveranlagung anzusehen.[751] Dadurch entsteht zum einen das Problem, dass die ausländische Körperschaft laut Finanzverwaltung zumindest beschränkt körperschaftsteuerpflichtig sein muss, sodass ausländische gemeinnützige Körperschaften ohne Inlandsbezug von vornherein ausgeschlossen sind.[752] Zum anderen hat der Gesetzgeber es versäumt, dem Spender eine Möglichkeit einzuräumen, dass auch dieser bei fehlendem Antrag der ausländischen gemeinnützigen Körperschaft einen entsprechenden Antrag selbst stellen kann, um letztendlich in den Genuss der mittelbaren Steuerbegünstigung zu gelangen.[753] Zur Lösung des Problems der Antragsberechtigung müsse die ausländische Körperschaft entweder verpflichtet werden, einen Antrag zu stellen, oder es sollte von Amts wegen eine entsprechende Prüfung erfolgen. Nach Auffassung von *Weitemeyer/Bornemann* sieht der

---

747 BFH Beschl. v. 07.05.1986 – I B 58/85, BStBl. II 1986, 677 (678); BFH Beschl. v. 23.09.1998 – I B 82/98, BStBl. II 2000, 320 (323); *Hüttemann*, Gemeinnützigkeits- und Spendenrecht, Rn. 7.5; *Krüger* in Schwarz/Pahlke, AO-Kommentar, § 60a Rn. 1; *Leisner-Egensperger* in Hübschmann/Hepp/Spitaler, AO-Kommentar, § 60a Rn. 4; *Seer* in Tipke/Kruse, AO-Kommentar, § 60a Rn. 1.

748 *Leisner-Egensperger* in Hübschmann/Hepp/Spitaler, AO-Kommentar, § 60a Rn. 6; *Seer* in Tipke/Kruse, AO-Kommentar, § 60a Rn. 2.

749 *Hüttemann*, Gemeinnützigkeits- und Spendenrecht, Rn. 7.6.

750 *Hüttemann*, Gemeinnützigkeits- und Spendenrecht, Rn. 7.6; *Seer* in Tipke/Kruse, AO-Kommentar, § 60a Rn. 2.

751 AEAO v. 31.01.2014, BStBl. I 2014, 289 (333), AEAO § 60a Nr. 3; *Hüttemann*, Gemeinnützigkeits- und Spendenrecht, Rn. 7.7; *Leisner-Egensperger* in Hübschmann/Hepp/Spitaler, AO-Kommentar, § 60a Rn. 6.

752 Grundlegend *Hüttemann*, Gemeinnützigkeits- und Spendenrecht, Rn. 7.7; *Hüttemann*, DB 2014, 442 (445 f.); *Förster*, DStR 2013, 1516 (1518), welche sich auf *Hüttemann* bezieht.

753 Zur grundlegenden Problematik in grenzüberschreitenden Sachverhalten *Förster*, DStR 2013, 1516 (1520).

BFH eine solche Möglichkeit durchaus, da er in einer Entscheidung aus 2013 auf die entsprechende Literatur verweist.[754] Dem ist jedoch nicht zuzustimmen. Zwar zitiert der BFH diese, jedoch macht er vorher deutlich, dass das Verfahren nach § 60a Abs. 2 AO n.F. „nur auf Antrag – oder von Amts wegen – bei der Veranlagung zur Körperschaftsteuer durchgeführt" wird.[755] Trotz der Zitierung wird daher vielmehr deutlich, dass der BFH § 60a AO nicht auf ausländische gemeinnützige Körperschaften ausdehnen möchte. Dies entspricht auch der grundsätzlichen Haltung des BFH im Rahmen des Gemeinnützigkeits- und Spendenrechts. Nach der strikten Anwendung und dem Willen des Gesetzgebers ist das neue Feststellungsverfahren daher nicht auf eine ausländische gemeinnützige Körperschaft anwendbar.

Darüber hinaus ergeben sich weitere Fragen bzgl. der Zuständigkeit der Finanzbehörde bei Auslandssachverhalten. Grundsätzlich ist für das gesonderte Feststellungsverfahren das Finanzamt am Sitz der Körperschaft zuständig (§ 20 Abs. 1 AO).[756] Mangels spezieller Regelung im Gemeinnützigkeitsrecht für die Zuständigkeit treten erneut Probleme in grenzüberschreitenden Sachverhalten auf.[757] Es muss davon ausgegangen werden, dass im Falle einer ausländischen Körperschaft das Wohnsitzfinanzamt des Spenders zusätzlich für die Prüfung der Gemeinnützigkeit einer ausländischen Körperschaft zuständig ist (§ 24 AO). So würde jedoch jedes einzelne Wohnsitzfinanzamt getrennt die ausländische gemeinnützige Körperschaft überprüfen, wobei nicht ausgeschlossen ist, dass diese sich unterschiedlich entscheiden.[758] Die Literatur schlägt als Lösung vor, sowohl für inländische als auch für ausländische Körperschaften eine zentrale Behörde zu schaffen, welche für alle gemeinnützigen Körperschaften zuständig ist.[759] So könnte eine ausländische gemeinnützige Körperschaft einmal überprüft werden und die Spender könnten bundesweit darauf vertrauen, dass sie ihre Spende von der Einkommensteuer abziehen können. Dabei muss jedoch auch berücksichtigt werden, dass dieser Lösung ebenfalls europarechtliche Bedenken

754 *Weitemeyer/Bornemann*, FR 2016, 437 (445); so auch schon *Bornemann*, JM 2015, 342 (345).

755 BFH Urt. v. 17.09.2013 – I R 16/12, BStBl. II 2014, 440 (441) Rn. 11 = DStR 2014, 517 (518) Rn. 11.

756 *Förster*, DStR 2013, 1516 (1519).

757 *Förster*, DStR 2013, 1516 (1519).

758 *Förster*, DStR 2013, 1516 (1519); *Geserich*, NWB Nr. 26 v. 27.06.2011, 2188 (2190).

759 *Förster*, DStR 2013, 1516 (1519); *Hüttemann*, Gemeinnützigkeits- und Spendenrecht, Rn. 7.7; *Schauhoff/Kirchhain*, FR 2013, 301 (314); *Seer* in Tipke/Kruse, AO-Kommentar, § 60a Rn. 8.

entgegenstehen, da die ausländische gemeinnützige Körperschaft sodann zwei Mal ein entsprechendes Verfahren zur Anerkennung vollziehen müsste.[760] Dies könnte nur dann vermieden werden, wenn die deutsche Finanzverwaltung die Anerkennung im Ausland bereits gelten lassen würde.[761] Bei der derzeitigen nationalen Ausrichtung des Gemeinnützigkeitsrechts und der Unterstützung durch die Aussage des EuGH, dass es Sache der Mitgliedstaaten ist, wie sie ihr Gemeinnützigkeitsrecht ausgestalten, ist eine solche Anerkennung kaum vorstellbar.

Der grundsätzliche Ausschluss einer ausländischen gemeinnützigen Körperschaft ist im Ergebnis jedenfalls nicht mit der Kapitalverkehrsfreiheit zu vereinbaren. Mangels Europarechtskonformität bleibt abzuwarten, wie viel Zeit vergeht, bis der deutsche Gesetzgeber die Vorschrift entsprechend anpasst. Auch hier würde eine Vorlage an den EuGH die Anpassung wohl beschleunigen.[762]

ff) Die Grenzen der wirtschaftlichen Betätigung

Um Mittel zu akquirieren oder auch das vorhandene Kapital gewinnbringend zu nutzen, kann eine gemeinnützige Körperschaft in begrenzter Weise auch wirtschaftlich tätig werden.[763] Bei einer wirtschaftlichen Betätigung muss die Körperschaft eine selbstständige nachhaltige Tätigkeit ausüben, durch welche sie Einnahmen oder andere wirtschaftliche Vorteile – anders gesagt Entgelt – erzielt (§ 14 AO). Insgesamt lassen sich die wirtschaftlichen Tätigkeiten einer gemeinnützigen Körperschaft in vier Gruppen aufteilen (sog. Vier-Sphären-Theorie); dies sind der ideelle Bereich, die Vermögensverwaltung, ein wirtschaftlicher Geschäftsbetrieb und ein steuerbegünstigter Zweckbetrieb.[764] Abhängig von der jeweiligen Sphäre kann dabei eine partielle Steuerpflicht vorliegen.

Eine vermögensverwaltende Tätigkeit liegt dann vor, wenn beispielsweise bereits vorhandenes Kapital von der Körperschaft gewinnbringend genutzt wird.[765] Eine wirtschaftliche Betätigung kann gem. § 14 S. 1 AO dann bejaht werden, wenn es sich um eine selbständige nachhaltige Tätigkeit handelt, welche die

---

760 *Weitemeyer/Bornemann*, FR 2016, 437 (445).

761 *Weitemeyer/Bornemann*, FR 2016, 437 (445 f.), welche ebenfalls darauf hinweisen, dass das Gemeinnützigkeitsrecht in den verschiedenen Ländern in weiten Teilen miteinander vergleichbar ist.

762 Zur möglichen Vorlagefrage bzgl. § 60a AO siehe S. 135 ff.

763 *Märtens* in Gosch, KStG-Kommentar, § 5 Rn. 235.

764 *Buchna/Leichinger/Seeger/Brox*; Gemeinnützigkeit im Steuerrecht, S. 278 f.; *Hüttemann*, Gemeinnützigkeits- und Spendenrecht, Rn. 6.3; *Kümpel* in Rödder/Herlinghaus/Neumann, KStG-Kommentar, § 5 Rn. 156 f.; *Orth*, DStJG Bd. 26, S. 177 (182).

765 *Hüttemann*, Gemeinnützigkeits- und Spendenrecht, Rn. 6.4.

Einnahmen oder andere wirtschaftliche Vorteile erbringt.[766] Grundsätzlich sind diese Voraussetzungen auch im Rahmen einer vermögensverwaltenden Tätigkeit gegeben.[767] Da eine wirtschaftliche Betätigung gem. § 14 S. 1 AO jedoch über das Maß einer vermögensverwaltenden Tätigkeit hinausgehen muss, ist letztere steuerbefreit.[768] Eine partielle Steuerpflicht ergibt sich jedoch dann, wenn die gemeinnützige Körperschaft einen wirtschaftlichen Geschäftsbetrieb ausübt, welcher weder die Vermögensverwaltung betrifft noch einen steuerbegünstigten Zweckbetrieb darstellt. Die Körperschaft handelt daher wirtschaftlich, wenn sie vorhandenes Vermögen ertragbringend nutzt oder auch durch ihre Tätigkeit zusätzliche Einnahmen erzielt.[769] Dabei ergibt sich aus § 5 Abs. 1 Nr. 9 S. 2 KStG und § 64 AO eine partielle Steuerpflicht. Sowohl die Vermögensverwaltung als auch der wirtschaftliche Geschäftsbetrieb dienen dabei der Körperschaft zur Mittelbeschaffung, anders hingegen bei den steuerbegünstigten Zweckbetrieben, bei welchen der Schwerpunkt auf der Verwirklichung des entsprechenden Zweckes liegt.[770] Diese Unterteilung stellt lediglich das Grundgerüst der wirtschaftlichen Betätigung im Bereich des Gemeinnützigkeitsrechts dar. Eine der Kernfragen ist, ob eine wirtschaftliche Betätigung grundsätzlich mit den Grundprinzipien des Gemeinnützigkeitsrechts vereinbar ist.[771] Auch im Rahmen der Selbstlosigkeit iSv § 55 AO, der zeitnahen Mittelverwendung in der Gewinnthesaurierung und des Erhalts der Wettbewerbsneutralität ergeben sich hier Schwierigkeiten.[772]

gg) Haftung der Körperschaft gem. § 10b EStG

Stellt eine Körperschaft eine Zuwendungsbestätigung gem. § 50 Abs. 1 EStDV aus, ohne jedoch die Voraussetzungen gem. § 63 Abs. 5 AO zu erfüllen, haftet sie gem. § 10b Abs. 4 S. 2 EStG. Vorrangiger Haftungsschuldner ist die Körperschaft

---

766 *Koenig* in Koenig, AO-Kommentar, § 14 Rn. 5 ff.

767 *Hüttemann*, Gemeinnützigkeits- und Spendenrecht, Rn. 6.2.

768 *Hüttemann*, Gemeinnützigkeits- und Spendenrecht, Rn. 6.2.

769 *Hüttemann*, Gemeinnützigkeits- und Spendenrecht, Rn. 6.4.

770 *Hüttemann*, Gemeinnützigkeits- und Spendenrecht, Rn. 6.2 ff.

771 Ausführlich hierzu unter anderem *Hüttemann*, Wirtschaftliche Betätigung und steuerliche Gemeinnützigkeit, S. 103, 113 ff.; siehe auch *Franz*, Grundlagen der Besteuerung gemeinnütziger Körperschaften bei wirtschaftlicher Betätigung, S. 111 ff.; *Hofmeister*, DStJG Bd. 26, S. 159 ff.

772 Ausführlich zu den grundlegenden Problemen siehe *Hofmeister*, DStJG Bd. 26, S. 158 ff.; *Hüttemann*, Gemeinnützigkeits- und Spendenrecht, Rn. 6.1 ff.; *Hüttemann*, Wirtschaftliche Betätigung und steuerliche Gemeinnützigkeit, S. 113 ff.

als Empfänger der Zuwendung.[773] Probleme ergeben sich dabei insbesondere dann, wenn es sich um eine ausländische Körperschaft handelt, denn diese wird nur schwerlich eine Zuwendungsbestätigung entsprechend § 50 Abs. 1 EStDV ausstellen können.[774] Auch eine Prüfung der notwendigen Voraussetzungen wird hier nicht bereits durch das Finanzamt der Körperschaft durchgeführt, sondern erfolgt in grenzüberschreitenden Sachverhalten durch das zuständige Wohnsitzfinanzamt des Spenders.[775]

e) Weitere Steuerbefreiungen außerhalb des KStG

Auch über das Körperschaftsteuergesetz hinaus finden sich zahlreiche Befreiungstatbestände für gemeinnützige Körperschaften. So wird eine gemeinnützige Körperschaft von der Gewerbesteuer, Erbschaft- und Schenkungsteuer sowie von der Grunderwerbsteuer befreit, sofern die Voraussetzungen nach der AO erfüllt sind.

Innerhalb der Gewerbesteuer ist eine nach den §§ 51 ff. AO gemeinnützige Körperschaft gem. § 3 Nr. 6 S. 1 GewStG steuerbefreit, wenn sie nicht ausschließlich einen Gewerbebetrieb iSv § 2 GewStG unterhält.[776] Darüber hinaus kann die Körperschaft auch bei einer Schenkung o.ä. steuerbegünstigt sein gem. § 13 Abs. 1 Nr. 16b, c und Nr. 17 ErbStG. Dabei verstößt § 13 Abs. 1 Nr. 16b ErbStG gegen Unionsrecht, da auch hier der Gesetzgeber es bislang unterlassen hat, die Einschränkung hinsichtlich der Ansässigkeit aufzuheben.[777] Der EuGH hat in einem ähnlich gelagerten Fall bereits 2011 entschieden, sodass ein weiteres Verfahren bzgl. der deutschen Vorschrift zu erwarten ist.[778] Darüber hinaus lässt sich eine weitere Beschränkung auf eine inländische Gemeinde oder inländische

---

773 *Geserich* in Kirchhof/Söhn/Mellinghof, EStG-Kommentar, § 10b Rn. E43.

774 So auch *Förster*, BB 2011, 663 (668).

775 Zur grundlegenden Problematik im Rahmen des gesonderten Feststellungsverfahrens gem. § 60a AO siehe S. 110 ff. Eine Lösung bzgl. etwaiger Haftungsprobleme wäre die Schaffung einer europäischen Stiftung gewesen, siehe S. 135 ff.; hierzu *Stöber* DStR 2012, 804 (805).

776 So bereits BFH Urt. v. 15.07.1987 - I R 280/81, Anm. *Schmidt*, FR 1987, 598 (598 f.); *Twickel* in Blümich, GewStG-Kommentar, § 3 Rn. 43.

777 *Hoffmann*, Die Europarechtskonformität des deutschen Gemeinnützigkeits- und Spendenrechts unter besonderer Berücksichtigung des Vorschlages der Europäischen Kommission zur Schaffung einer „Europäischen Stiftung" vom 8. Februar 2012, S. 160; *Hüttemann*, Gemeinnützigkeits- und Spendenrecht, Rn. 9.9.

778 EuGH Urt. v. 10.02.2011, Rs. C-25/10 (*Missionswerk Werner Heukelbach e.V.*), ECLI:EU:C:2011:65, Slg. 2011, I-00497.

Stiftung in § 29 Abs. 1 Nr. 4 ErbStG finden, welcher ebenfalls eine europarechtswidrige Vorschrift darstellt.[779]

Neben diesen Befreiungen ist die gemeinnützige Körperschaft auch von der Grundsteuer gem. § 3 Abs. 1 S. 1 Nr. 3 GrStG befreit. Die Befreiung von der Grundsteuer prüft das zuständige Lagefinanzamt, welches grundsätzlich nicht an die Entscheidung des Finanzamtes gebunden ist, das bereits über die Befreiung von der Körperschaftsteuer entschieden hat.[780] Auch an dieser Stelle hat es der Gesetzgeber bislang unterlassen, den Anwendungsbereich auf EU- und EWR-Staaten auszuweiten, sodass auch diese Vorschrift derzeit europarechtswidrig ist.[781]

f) Die Umsatzsteuer

Auch im Rahmen der Umsatzsteuer kann eine gemeinnützige Körperschaft steuerbegünstigt sein. Dabei muss berücksichtigt werden, dass bei der Umsatzsteuer – anders als bei der Körperschaftsteuer oder auch Gewerbesteuer – die Steuerbefreiung nicht an die §§ 51 ff. AO geknüpft ist, sondern es sich bei der Umsatzsteuer um eine sachliche Steuerbefreiung handelt.[782] Grundsätzlich kann eine Steuerbefreiung gem. § 4 Nr. 16, 18, 20, 22, 24, 25, 27 UStG erfolgen, soweit nicht bereits aufgrund der sog. Kleinunternehmergrenze gem. § 19 UStG keine Umsatzsteuer erhoben wird.[783] Darüber hinaus profitiert die gemeinnützige Körperschaft gem. § 12 Abs. 2 Nr. 8 UStG von einem ermäßigten Steuersatz in Höhe von 7 %, wenn diese nicht bereits von der Umsatzsteuer befreit ist.[784]

---

779 *Hoffmann*, Die Europarechtskonformität des deutschen Gemeinnützigkeits- und Spendenrechts unter besonderer Berücksichtigung des Vorschlages der Europäischen Kommission zur Schaffung einer „Europäischen Stiftung" vom 8. Februar 2012, S. 160; *Hüttemann*, Gemeinnützigkeits- und Spendenrecht, Rn. 9.15.

780 *Hüttemann*, Gemeinnützigkeits- und Spendenrecht, Rn. 7.233; *Spak* in Winheller/Geibel/Jachmann-Michel, Gesamtes Gemeinnützigkeitsrecht, § 3 GrStG, S. 1326, Rn. 3.

781 *Hoffmann*, Die Europarechtskonformität des deutschen Gemeinnützigkeits- und Spendenrechts unter besonderer Berücksichtigung des Vorschlages der Europäischen Kommission zur Schaffung einer „Europäischen Stiftung" vom 8. Februar 2012, S. 161; *Hüttemann*, Gemeinnützigkeits- und Spendenrecht, Rn. 7.232.

782 *Bertels* in Winheller/Geibel/Jachmann-Michel, Gesamtes Gemeinnützigkeitsrecht, § 1 UStG, S. 1353, Rn. 21.

783 *Hüttemann*, Gemeinnützigkeits- und Spendenrecht, Rn. 7.107; *Roth*, Insolvenz Steuerrecht, Kapitel 3 Rn. 3.65.

784 *Hüttemann*, Gemeinnützigkeits- und Spendenrecht, Rn. 7.107; *Roth*, Insolvenz Steuerrecht, Kapitel 3 Rn. 3.65.

Im Bereich der grenzüberschreitenden Sachverhalte besteht zumindest ein gewisser Vorteil darin, dass – anders als bei den direkten Steuern – mit der Mehrwertsteuersystem-Richtlinie eine Harmonisierung im Bereich der Umsatzsteuer besteht.[785] Berücksichtigt werden muss jedoch zum einen, dass durch die Richtlinie der deutsche Gesetzgeber im Bereich der Umsatzsteuer nicht mehr frei in seinem Handeln ist,[786] und zum anderen, dass trotz einer Harmonisierung auch hier Schwierigkeiten entstehen, soweit sich aus der Richtlinie keine Vorgaben ergeben und der deutsche Gesetzgeber daher die ursprüngliche Vorschrift unverändert gelassen hat.[787]

2. Die mittelbare Steuerbegünstigung

Neben der unmittelbaren Steuerbegünstigung einer gemeinnützig tätigen Körperschaft ist das Spendenrecht wesentlicher Bestandteil des Dritten Sektors, ohne den das Gemeinnützigkeitsrecht nicht bestehen könnte. Dabei stellt auch das Spendenrecht auf die allgemeinen Voraussetzungen der AO ab, sodass insoweit auf die obigen Ausführungen verwiesen werden kann.

Kernvorschrift des Spendenrechts ist § 10b EStG, wonach der Bürger als natürliche Person eine Spende unter bestimmten Voraussetzungen als Sonderausgabe von seiner Einkommensteuer abziehen kann.

a) Die steuerbegünstigten Zwecke iSv § 10b EStG

aa) Die systematische Einordnung des Spendenabzugs

Die systematische Einordnung des Spendenabzugs wurde lange Zeit in der Literatur diskutiert, da durch die steuerliche Privilegierung nicht unwesentliche steuerliche Prinzipien durchbrochen werden.[788]

Die früher vorherrschende Meinung vertrat die Ansicht, dass es sich beim Spendenabzug um eine Sozialzwecknorm handelt, bei welcher die steuerliche

---

785 Richtlinie 2006/112/EG des Rates v. 28.11.2006, ABL.EU Nr. L 347, v. 11.12.2006.

786 Zum Handlungsspielraum des Gesetzgebers im Rahmen des Umsatzsteuerrechts siehe *Englisch* in Tikpe/Lang, Steuerrecht, § 17 Rn. 4 ff.; *Hüttemann*, Gemeinnützigkeits- und Spendenrecht, Rn. 7.109; *Jacobs*, Umsatzsteuer und Gemeinnützigkeit, S. 22.

787 Hier beispielhaft anhand des § 4 Nr. 26 UStG siehe ausführlich *Dodos*, Die Besteuerung ehrenamtlicher Tätigkeit im Umsatzsteuerrecht, S. 14 f.; *Ahrens* in Winheller/Geibel/Jachmann-Michel, Gesamtes Gemeinnützigkeitsrecht, § 4 Nr. 26 UStG, S. 1630, Rn. 985.

788 Ausführlich siehe *Tipke*, Steuergerechtigkeit, S. 61 ff.

Berücksichtigung sich auf der Ebene der Steuerschuld vollzieht.[789] Dabei wurde der Spendenabzug auch als Steuersubvention bezeichnet.[790]

Eine andere Auffassung sah die Regelung über den Spendenabzug als Lastenausteilungsnorm an, bei welcher bereits auf Ebene der Bemessungsgrundlage eine entsprechende Berücksichtigung stattfinden soll.[791] Der Begriff Lastenausteilungsnorm wurde von *Vogel* 1977 entwickelt, welcher Austeilungsnormen oder auch Lenkungsnormen als „bifunktional" bezeichnete.[792] Nach Ansicht von *Vogel* haben solche Normen sowohl Ertragsfunktion als auch Austeilungs- und Lenkungsfunktion, sodass der Begriff Lastenausteilungsnorm das „Ziel gerechter Lastenverteilung" zum Ausdruck bringen soll.[793]

Der Spender hat durch die Aufwendung weniger Einkommen zur freien Verfügung, weshalb die Berücksichtigung bereits im Rahmen der Bemessungsgrundlage dem Leistungsfähigkeitsprinzip entspricht.[794] Diese geringere Leistungsfähigkeit werde gerade verkannt, wenn erst auf Ebene der Steuerschuld eine entsprechende Berücksichtigung stattfinden würde.[795]

Beide Ansichten haben an der jeweils anderen berechtigte Kritik geäußert. Beim Konzept einer Sozialzwecknorm bleibt unberücksichtigt, dass hierbei derjenige, welcher ein höheres zu versteuerndes Einkommen hat, entsprechend höher subventioniert wird.[796] Anders verhält es sich, wenn – wie bei einer Lastenausteilungsnorm – bereits im Rahmen der Bemessungsgrundlage eine entsprechende Berücksichtigung stattfindet. Aber auch diese Ansicht ist nicht unumstritten. Denn auch hier kann man sich die Frage stellen, ob es mit dem Leistungsfähigkeitsprinzip überhaupt in Einklang zu bringen ist, wenn nunmehr auch freiwillig getätigte Aufwendungen berücksichtigt werden können.[797] Im Ergebnis erscheint die letztgenannte Auffassung dennoch vorzugswürdig. Nach dem Konzept der Lastenausteilungsnorm wird sowohl dem Leistungsfähigkeitsprinzip Rechnung getragen, da sich das vorhandene Einkommen in Höhe der Spende mindert, als auch durch die Berücksichtigung im Rahmen der

---

789 *Hey* in Tikpe/Lang, Steuerrecht, § 20 Rn. 15; *Kirchhof*, DStJG Bd. 26, S. 1 (5).
790 5. Bericht der Bundesregierung gemäß § 12 StWG, BT-Drs. 7/4203, S. 5.
791 Grundlegend *Vogel*, StuW 1977, 97 (108); *Seer*, DStJG Bd. 26, 11 (40).
792 *Vogel*, DStZ 1977, 5 (10).
793 *Vogel*, DStZ 1977, 5 (10).
794 Vorreiter hier insbesondere *Vogel*, StuW 1977, 97 (108).
795 *Geserich*, DStJG Bd. 26, S. 245 (247).
796 *Hüttemann*, Gemeinnützigkeits- und Spendenrecht, Rn. 1.69; *Vogel*, StuW 1977, 97 (108).
797 *Hüttemann*, Gemeinnützigkeits- und Spendenrecht, Rn. 1.68.

Bemessungsgrundlage die progressive Besteuerung verhindert, weshalb die Unterschiede beim zu versteuernden Einkommen keine Bedeutung mehr haben.[798]

Neben der Frage, ob es sich bei der Regelung über den Spendenabzug um eine Sozialzwecknorm oder einer Lastenausteilungsnorm handelt, bleibt fraglich, wie die systematische Einordnung des Spendenabzugs im Rahmen der Sonderausgaben vorzunehmen ist. Nach Ansicht von *Geserich* ist die notwendige Freiwilligkeit der Aufwendung im Spendenrecht kein Hindernis, denn das Leistungsfähigkeitsprinzip verbietet eine solche Berücksichtigung nicht generell.[799] Dies entspricht im Ergebnis dem gesetzgeberischen Willen, den Spendenabzug im Rahmen der Sonderausgaben einzuordnen, sodass die Berücksichtigung auf Ebene der Bemessungsgrundlage erfolgen muss.[800] Die Einordnung des Spendenabzugs als Sonderausgaben durch den Gesetzgeber ist auf den ersten Blick zwar nicht vollends nachvollziehbar. Zu beachten ist jedoch, dass es sich bei den Sonderausgaben um Aufwendungen handelt, die weder als Betriebsausgaben noch Werbungskosten abzugsfähig sind und die aufgrund einer eigenen Verpflichtung des Steuerpflichtigen getätigt werden.[801] Die widersprüchliche Einordnung im Rahmen des Sonderausgabenabzuges wird in der Fachliteratur bei der systematischen Einordnung der Vorschrift diskutiert. Im Ergebnis kommt es jedoch darauf nicht an, da der Spendenabzug, ähnlich wie die unmittelbare Steuerbegünstigung einer gemeinnützigen Körperschaft, gerechtfertigt ist.[802] Dies entspricht auch dem Subsidiaritätsprinzip, weil der einzelne Bürger durch Spenden zur Erfüllung öffentlicher Aufgaben und damit zur Entlastung des Staates beiträgt.[803] Dem Gesetzgeber ist der Erlass einer solchen Vorschrift nach alledem zuzugestehen, da es in seinem Ermessen liegt, was er steuerbegünstigend fördern möchte.[804]

bb) Spendenabzug bei rein inländischen Sachverhalten

Durch die mittelbare Steuerbegünstigung im Rahmen der Sonderausgaben wird folglich nicht nur der Körperschaft ein Anreiz gegeben, gemeinnützig tätig zu werden, sondern auch dem Bürger ein Anreiz verschafft, eine entsprechende

798 *Kirchhof*, DStJG Bd. 26, S. 1 (5).
799 *Geserich*, DStJG Bd. 26, S. 245 (247); *Tipke*, Steuerrechtsordnung, 2003, Bd. 2, S. 832 f.
800 *Kirchhof* in Kirchhof, EStG-Kommentar, § 10b Rn. 1.
801 *Fehrenbacher*, Steuerrecht, § 2 Rn. 259; *Hüttemann*, Gemeinnützigkeits- und Spendenrecht, Rn. 8.142.
802 Zur Rechtfertigung der Vorschrift im Rahmen des KStG siehe S. 82 ff.
803 *Seer*, DStJG Bd. 26, S. 11 (26).
804 *Heintzen*, FR 2008, 737 (749); *Kirchhof* in Kirchhof, EStG-Kommentar, § 10b Rn. 1.

Körperschaft zu unterstützen. So kann der Spender seine Zuwendung in begrenzter Höhe im Rahmen der Einkommensbesteuerung als Sonderausgaben abziehen.[805]

Beim Spendenabzug kann dabei zunächst zwischen der Vermögensstockspende und Zuwendungen anderer Art differenziert werden.[806] Eingeführt wurde diese Unterscheidung durch das Gesetz zur weiteren Stärkung des bürgerschaftlichen Engagements.[807] Der Begriff der Zuwendung ist als Oberbegriff zu verstehen, welcher sowohl alle Spenden als auch Mitgliedsbeiträge umfasst.[808] Unter Spenden sind gem. § 10b EStG alle freiwilligen unentgeltlichen Ausgaben zu verstehen, durch welche mildtätige, kirchliche, religiöse, wissenschaftliche oder als besonders förderungswürdig anerkannte steuerbegünstigte Zwecke gefördert werden.[809]

Dabei muss zwischen Spender und Zuwendungsempfänger differenziert werden. Auf Seiten des Spenders muss die Zuwendung freiwillig erfolgt sein und den Spender im Ergebnis wirtschaftlich belasten.[810] Es darf dabei keine Verpflichtung zwischen Spender und Empfänger bestehen.[811] Neben der Freiwilligkeit muss die Spende unentgeltlich erfolgen, sodass der Spender keine Gegenleistung oder einen Vorteil seitens des Empfängers erwarten darf.[812]

---

805 *Auer/Kalusche* in Walz/Auer/Hippel, Spendenaufkommen, Steueraufkommen und Staatsausgaben: Eine empirische Analyse, S. 13 (15).

806 *Meyn* in Winheller/Geibel/Jachmann-Michel, Gesamtes Gemeinnützigkeitsrecht, § 10b EStG, S. 1076 f, Rn. 2.

807 Gesetz zur weiteren Stärkung des bürgerschaftlichen Engagements v. 10.10.2007, BStBl. I 2007, 815 (815); BGBl. I 2007, 2332 (2332).

808 *Heinicke* in Schmidt, EStG-Kommentar, § 10b Rn. 2; *Hüttemann*, Gemeinnützigkeits- und Spendenrecht, Rn. 8.141; *Kirchhof* in Kirchhof, EStG-Kommentar, § 10b Rn. 5.

809 BFH Urt. v. 25.11.2987 – I R 126/85, BStBl. II 1988, 220; BFH Urt. v. 12.09.1990 – I R 65/86, BStBl. II 1991, 258; *Heinicke* in Schmidt, EStG-Kommentar, § 10b Rn. 2.

810 *Kirchhof* in Kirchhof, EStG-Kommentar, § 10b Rn. 7; *Meyn* in Winheller/Geibel/Jachmann-Michel, Gesamtes Gemeinnützigkeitsrecht, § 10b EStG, S. 1077 f., Rn. 5.

811 BFH Urt. v. 22.09.1993 – X R 107/91, BStBl. II 1993, 874 (875); BFH Urt. v. 12.10.2011 – I R 102/10, BStBl. II 2014, 484 (486) Rn. 16 m.w.N.; *Kirchhof* in Kirchhof, EStG-Kommentar, § 10b Rn. 11; *Kulosa* in Hermann/Heuer/Raupach, EStG-Kommentar, § 10b Rn. 22.

812 M.w.N. BFH Urt. v. 19.12.1990 – X R 40/86, BStBl. II 1991, 234 (235); BFH Urt. v. 09.12.2014 – X R 4/11, BFH/NV 2015, 853 (855) Rn. 40; *Heinicke* in Schmidt, EStG-Kommentar, § 10b Rn. 15; *Kirchhof* in Kirchhof, EStG-Kommentar, § 10b Rn. 8; *Kulosa* in Hermann/Heuer/Raupach, EStG-Kommentar, § 10b Rn. 21.

Zuwendungsempfänger kann gem. § 10b Abs. 1 S. 2 EStG eine juristische Person des öffentlichen Rechts, eine steuerbefreite Körperschaft iSv § 5 Abs. 1 Nr. 9 EStG oder auch eine Körperschaft, Personenvereinigung oder Vermögensmasse aus dem EU-/EWR-Ausland sein, welche gem. § 5 Abs. 1 Nr. 9 iVm § 5 Abs. 2 Nr. 2 KStG steuerbefreit wäre, wenn diese inländische Einkünfte erzielen würde.[813] Damit hat der Gesetzgeber nach der Rs. *Persche* die grundsätzliche Möglichkeit einer grenzüberschreitenden Spende geschaffen. Dennoch verlangt der deutsche Gesetzgeber auch weiterhin die Voraussetzungen der §§ 51–68 AO. Dies führt im Ergebnis dazu, dass eine grenzüberschreitende Direktspende nur schwerlich möglich ist, ohne Gefahr zu laufen, diese ggf. nicht von der Einkommensteuer abziehen zu können.[814]

In welcher Höhe der Bürger die Zuwendung geltend machen kann, bestimmt § 10b Abs. 1 S. 1 EStG. Zuletzt wurde der Betrag durch das Gesetz zur weiteren Stärkung des bürgerschaftlichen Engagements erhöht und die Vorschrift deutlich vereinfacht, sodass nunmehr keine Differenzierung zwischen den steuerbegünstigten Zwecken notwendig ist.[815] Darüber hinaus ergeben sich Besonderheiten im Rahmen des Spendenabzugs hinsichtlich einer Vermögensstockspende, einer Spende an eine politische Partei oder auch des Verfahrens bei einer Zuwendung von Wirtschaftsgütern.[816]

Um dem Spender des Weiteren die notwendige Sicherheit zu gewähren, ist nicht zuletzt der Vertrauensschutz gem. § 10b Abs. 4 EStG von besonderer Bedeutung.[817] Hiernach kann der Bürger grundsätzlich auf die Richtigkeit der Spendenbescheinigung vertrauen.[818] Dieser Vertrauensschutz schafft sowohl für den Spender Rechtssicherheit als auch eine gewisse Entlastung dahingehend, dass bei

---

813 *Birk/Desens/Tappe*, Steuerrecht, § 3 Rn. 352.

814 *Heinicke* in Schmidt, EStG-Kommentar, § 10b Rn. 24 f.; *Kirchhof* in Kirchhof, EStG-Kommentar, § 10b Rn. 4; *Meyn* in Winheller/Geibel/Jachmann-Michel, Gesamtes Gemeinnützigkeitsrecht, § 10b EStG, S. 1088 f., Rn. 43; zu der grundlegenden Problematik bzgl. der allgemeinen Voraussetzungen im Rahmen der AO siehe S. 82 ff.

815 Gesetz zur weiteren Stärkung des bürgerschaftlichen Engagements v. 10.10.2007, BStBl. I 2007, 815 (815); BGBl. I 2007, 2332 (2332); *Buchna/Leichinger/Seeger/Brox*, Gemeinnützigkeit im Steuerrecht, S. 438 f.; *Kulosa* in Herrmann/Heuer/Raupach, EStG-Kommentar, § 10b Rn. 40.

816 Zur grundlegenden Thematik der Parteispende siehe *Geserich* in Kirchhof/Söhn/Mellinghof, EStG-Kommentar, § 10b Rn. C 1 ff.; *Hettich*, Parteispende und Verfassungsrecht, S. 65 ff.

817 Zur Spendenhaftung bei fehlerhafter Zuwendungsbestätigung siehe *Rathke/Ritter*, NWB Nr. 42 v. 15.10.2012, 3373 ff.

818 BFH Urt. v. 19.07.2011 – X R 32/10, BFH/NV 2012, 179 (181) Rn. 25.

einer Zuwendungsbestätigung iSv § 50 Abs. 1 EStDV keine Überprüfung durch den Spender oder auch durch dessen zuständiges Finanzamt erfolgen muss.[819] Der Vertrauenstatbestand wird dabei von der gemeinnützig tätigen Körperschaft durch Ausstellen der Zuwendungsbestätigung geschaffen.[820] Dabei trägt das Finanzamt, welches für die Körperschaft zuständig ist, den Vertrauensschaden, obwohl der Vertrauenstatbestand vom Zuwendungsempfänger geschaffen wird.[821] Denn unabhängig von der Anerkennung der Körperschaft kann der Spender grundsätzlich seine Zuwendung geltend machen, sodass zunächst das Finanzamt die Last trifft.[822] Der Vertrauensschutz entfällt dabei erst dann, wenn der Spender die Bestätigung durch unlautere Mittel oder durch falsche Angaben erwirkt hat oder ihm die Unrichtigkeit der Bestätigung bekannt oder infolge grober Fahrlässigkeit nicht bekannt war.[823]

cc) Besonderheiten im grenzüberschreitenden Spendenabzug

Um das Spendenrecht national ausrichten zu können, hat der Gesetzgeber auch im Rahmen einer grenzüberschreitenden Spende besondere Anforderungen gesetzlich normiert. Nach der Rs. *Persche* musste der Gesetzgeber reagieren und hat in § 10b Abs. 1 S. 2 Nr. 3 EStG die notwendige Erweiterung eingeführt, sodass nunmehr auch ins EU- oder EWR Ausland gespendet werden kann.[824] Damit erfüllte der Gesetzgeber die Mindestanforderungen des EuGH. Um dennoch zu verhindern, dass vermehrt Spenden ins Ausland fließen, beschränkte der Gesetzgeber sogleich den Anwendungsbereich, sodass im Falle einer grenzüberschreitenden Spende neben den Voraussetzungen aus § 10b Abs. 1 S. 2 EStG im Verhältnis zu dem betreffenden Staat sowohl die Amtshilfe als auch die Unterstützung durch Beitreibung gesichert sein muss. Dabei definiert § 10b Abs. 1 S. 4 und S. 5 EStG, was unter Amtshilfe und was unter Beitreibung zu verstehen ist. So soll verhindert werden, dass dem Finanzamt zur Überprüfung der ausländischen

---

819 BFH Urt. v. 12.08.1999 – XI R 65/98, BStBl. II 2000, 65 (66); Gesetzesentwurf zur Verbesserung und Vereinfachung der Vereinsbesteuerung, BT-Drs. 11/4176, S. 16 f.; *Geserich* in Kirchhof/Söhn/Mellinghof, EStG-Kommentar, § 10b Rn. E2, E6.

820 *Brandl* in Blümich, EStG-Kommentar, § 10b Rn. 140b.

821 *Brandl* in Blümich, EStG-Kommentar, § 10b Rn. 140.

822 *Brandl* in Blümich, EStG-Kommentar, § 10b Rn. 140.

823 Zur Unrichtigkeit der Spendenbestätigung siehe BFH Urt. v. 12.08.1999 – XI R 65/98, BStBl. II 2000, 65 (66); bestätigt durch BFH Urt. v. 02.08.2003 – XI R 6/03, BStBl. II 2007, 8 (10) = DStR 2006, 1975 (1977).

824 Gesetz zur Umsetzung steuerlicher EU-Vorgaben sowie zur Änderung steuerlicher Vorschriften v. 08.04.2010, BStBl. I 2010, 334 (335); BGBl. I 2010, 386 (387).

gemeinnützigen Körperschaft die notwendigen Informationen fehlen und dass der BRD zustehende Ansprüche gegenüber einer ausländischen Körperschaft grenzüberschreitend nicht durchgesetzt werden können.[825] Berücksichtigt werden muss jedoch insbesondere bei der Amtshilferichtlinie, dass der EuGH in der Rs. *Persche* bereits die Frage bzgl. der Verpflichtung einer Finanzbehörde verneint hat, mittels Amtshilfe entsprechende Informationen zu erlangen, wenn die vorgelegten Belegte des Spenders gerade nicht ausreichend sind.[826]

Des Weiteren hat der Gesetzgeber, wie bereits bei der Körperschaft in § 51 Abs. 2 AO, in § 10b Abs. 1 S. 6 EStG geregelt, dass eine Auslandsspende voraussetzt, dass eine natürliche Person, die ihren Wohnsitz oder ihren gewöhnlichen Aufenthalt im Geltungsbereich dieses Gesetzes hat, gefördert wird oder die Tätigkeit dieses Zuwendungsempfängers neben dem steuerbegünstigten Zweck auch zum Ansehen der Bundesrepublik Deutschland beiträgt. Auch hier zeigt der Gesetzgeber deutlich, dass er zwar den Vorgaben des EuGH nachkommen will, dieses jedoch nur in begrenzter Weise tun möchte.[827]

Es besteht hierbei dieselbe Problematik für grenzüberschreitende Sachverhalte wie im Rahmen von § 51 Abs. 2 AO. Das FG Köln hatte nun erstmals über den sog. strukturellen Inlandsbezug zu entscheiden.[828] Zentrale Frage der Entscheidung war, ob der Abzug einer Spende an eine rumänische Körperschaft versagt werden darf mangels Förderung des Ansehens der BRD. Diese Auffassung vertrat zunächst das zuständige Finanzamt der Klägerin.[829] Das FG Köln folgte dieser Argumentation nicht. Dem Gesetzeswortlaut lasse sich nicht entnehmen, wann dem Tatbestandsmerkmal der Förderung des Ansehens der BRD ausreichend Rechnung getragen werde.[830] Die Norm entspreche nicht dem Bestimmtheitsgrundsatz. Zwar könne der Gesetzgeber auch ausfüllungsbedürftige Merkmale aufnehmen, diese müssten jedoch so ausgestaltet sein, dass es den Gerichten möglich ist, diese nach den allgemeinen Auslegungsregeln zu

---

825 *Brandl* in Blümich, EStG-Kommentar, § 10b Rn. 40; *Kirchhof* in Kirchhof, EStG-Kommentar, § 10b Rn. 19.

826 EuGH Urt. v. 27.01.2009, Rs. C-318/07 (*Persche*), ECLI:EU:C:2009:33, Slg. 2009, I-00359 Rn. 64 = IStR 2009, 171 (175) Rn. 64.

827 Zur ausführlichen Problematik bzgl. des strukturellen Inlandsbezuges siehe S. 84 ff.; a.A. *Kirchhof* in Kirchhof, EStG-Kommentar, § 10b Rn. 20, welcher eine entsprechende Begrenzung für europarechtskonform erachtet.

828 FG Köln Urt. v. 20.01.2016 – 9 K 3177/14, EFG 2016, 653 ff.

829 FG Köln Urt. v. 20.01.2016 – 9 K 3177/14, EFG 2016, 653 Rn. 15.

830 FG Köln Urt. v. 20.01.2016 – 9 K 3177/14, EFG 2016, 653 Rn. 27 f.

spezifizieren.[831] Weiter sei die Vorschrift offensichtlich europarechtswidrig, da bei rein inländischen Sachverhalten der Gesetzgeber eine Indizwirkung ausreichen lasse.[832] Um die Vorschrift entsprechend anwenden zu können, legte der Senat diese daher in europarechtskonformer Weise aus.[833] Das FG Köln kam folglich zu dem Ergebnis, dass die Spende gem. §10b EStG bei der Einkommensteuerveranlagung der Klägerin berücksichtigt werden müsse, da „nicht evident ausgeschlossen" sei, dass durch die Spende das Ansehen der BRD gefördert werde.[834]

Es lässt sich zunächst festhalten, dass der Gesetzgeber zwar grundsätzlich die Möglichkeit einer grenzüberschreitenden Direktspende ins EU- oder EWR-Ausland nunmehr gesetzlich normiert hat, die derzeit geltenden Vorschriften jedoch andere Hindernisse enthalten, sodass im Ergebnis auch weiterhin eine Direktspende ins EU-/EWR-Ausland kaum möglich erscheint. So bleiben die Hürden für ausländische gemeinnützige Körperschaften, um nach nationalem Recht anerkannt zu werden, bestehen, sodass der Bürger es unter Umständen in Kauf nehmen muss, die Spende nicht im Rahmen der Einkommensteuerveranlagung berücksichtigen zu können oder er den Umweg über eine inländische gemeinnützige Körperschaft hinnehmen muss.[835] In Drittstaaten ansässige Körperschaften sind wie bereits in § 5 Abs. 2 Nr. 2 KStG bislang nicht vom Empfängerkreis mitumfasst.[836] Im Ergebnis stellt dies eine nicht zufriedenstellende Rechtslage dar, die dem historischen Hintergrund des Gemeinwohls nicht gerecht wird und dem Wunsch nach einem „Europa der Bürger" nicht entspricht.[837]

dd) Zuwendungsbestätigung iSv § 50 EStDV

Grundlage des Spendenabzuges ist die Zuwendungsbestätigung gem. § 50 EStDV, welche als Nachweis über die Anerkennung der Empfängerkörperschaft und die tatsächliche Verwendung der Spende dient.[838] Die Zuwendungsbestätigung

---

831 FG Köln Urt. v. 20.01.2016 – 9 K 3177/14, EFG 2016, 653 Rn. 28.

832 FG Köln Urt. v. 20.01.2016 – 9 K 3177/14, EFG 2016, 653 Rn. 29.

833 FG Köln Urt. v. 20.01.2016 – 9 K 3177/14, EFG 2016, 653 Rn. 30.

834 FG Köln Urt. v. 20.01.2016 – 9 K 3177/14, EFG 2016, 653 Rn. 33.

835 So auch *Geserich*, NWB Nr. 26 v. 27.06.2011, 2188 (2189).

836 Reformvorschlag zu den Befreiungstatbeständen siehe S. 135 ff.

837 *Terner*, ZEuP 2007, 96 (96).

838 *Heinicke* in Schmidt, EStG-Kommentar, § 10b Rn. 35; *Kulosa* in Herrmann/Heuer/Raupach, EStG-Kommentar, § 10b Rn. 80; *Rathke/Ritter*, NWB Nr. 42 v. 15.10.2012, 3373 ff.

wird daher auch als „unverzichtbare materiell-rechtliche Voraussetzung" angesehen, ohne die dem Spender ein Sonderausgabenabzug verwehrt wird.[839]

Insbesondere in Auslandssachverhalten hat die fehlende Zuwendungsbestätigung iSv § 50 Abs. 1 EStDV zum Versagen des Spendenabzuges geführt. In der Rs. *Persche* hatte der EuGH bereits ausgeführt, dass auch eine nach ausländischem Recht vorhandene Bescheinigung ausreichend sein kann, wenn diese „von identischen Voraussetzungen abhängig" ist.[840] Diese liberale Auffassung wiederholte der EuGH in der Rs. *Meilicke*, wobei er noch einmal verdeutlichte, dass bei der Beurteilung von Belegen keine zu formalistischen Anforderungen zu stellen seien.[841] Der deutsche Gesetzgeber hat entsprechend reagiert und in § 50 Abs. 1 S. 2 EStDV eine Ausnahme für ausländische Körperschaften eingeführt. Danach ist die ausländische Körperschaft von der Verwendung des amtlichen Vordruckes für die Zuwendungsbestätigung befreit. Für die Fälle vor der Neuregelung haben die deutschen FG und auch der BFH mittlerweile anerkannt, dass auch durch andere Nachweise eine entsprechende Überprüfung erfolgen kann.[842] Die Neuregelung überzeugt nur in Teilen. So wird nunmehr der Vordruck von einer ausländischen gemeinnützigen Körperschaft zwar nicht mehr verlangt, zugleich entfallen dadurch jedoch auch die in § 50 Abs. 2 EStDV eingeräumten Erleichterungen.[843] Das Schrifttum sieht daher in der Neuregelung europarechtliche Schwierigkeiten.[844] Auch das BMF schränkt den Anwendungsbereich für Auslandssachverhalte dahingehend ein, dass weiterhin die Verwendung der Mustervorlage verlangt wird.[845] Die europarechtlichen Schwierigkeiten und die darüber hinaus hohen Anforderungen an den Spender in Auslandssachverhalten führen

---

839 St. Rspr., siehe BFH Urt. v. 27.11.1963 – I 303/60, HFR 1964, 382 (383); BFH Urt. v. 19.03.1976 – VI R 72/73, BStBl. II 1976, 338 (340); m.w.N. BFH Urt. v. 25.08.1987 – IX R 24/85, BStBl. II 1987, 850 (851) Ziff. 2a; BFH Urt. v. 17.02.1993 – X R 119/90, BFH/NV 1994, 154 (155) Ziff. 3a; m.w.N. BFH Urt. v. 19.02.2011 – X R 32/10, BFH/NV 2012, 179 (180 f.) Rn. 16 ff.

840 EuGH Urt. v. 27.01.2009, Rs. C-318/07 (*Persche*), ECLI:EU:C:2009:33, Slg. 2009, I-00359 Rn. 58 = IStR 2009, 171 (174) Rn. 58.

841 EuGH Urt. v. 30.06.2011, Rs. C-262/09 (*Meilicke II*), ECLI:EU:C:2011:438, Slg. 2011, I-05660 Rn. 46.

842 Zuletzt so auch FG Köln Urt. v. 15.01.2014 – 13 K 3735/10, IStR 2014, 412 (419); BFH Urt. v. 21.01.2015 – X R 7/13, BStBl. II 2015, 588 (593) Rn. 45 ff.; Anm. hierzu *Bisle*, SteuK 2015, 280.

843 *Kulosa* in Herrmann/Heuer/Raupach, EStG-Kommentar, § 10b EStG Rn. 80.

844 *Hüttemann*, Gemeinnützigkeits- und Spendenrecht, Rn. 1.137; *Kulosa* in Herrmann/Heuer/Raupach, EStG-Kommentar, § 10b EStG Rn. 80.

845 BMF v. 13.12.2007 – IV C 4 – S 2223/07/0018: 005; BStBl. I 2008, 4.

im Ergebnis dazu, dass Direktspenden in andere EU-Mitgliedstaaten die Ausnahme bleiben.[846]

Welche Bedeutung die Zuwendungsbestätigung für den Spender hat, zeigt nicht zuletzt § 10b Abs. 4 EStG, auf welchem der Vertrauensschutz basiert.[847] Um diesen zu erhalten, muss der Spender eine entsprechende Bestätigung vom Zuwendungsempfänger vorweisen. Der Vertrauensschutz beruht darauf, dass der Spender davon ausgehen kann, dass bei Erhalt der Zuwendungsbestätigung die Körperschaft bereits von der Finanzverwaltung auf ihre Gemeinnützigkeit hin überprüft wurde und diese insoweit anerkannt ist.[848] Genau dieser Mechanismus greift jedoch nicht in grenzüberschreitenden Sachverhalten, sodass der Spender seiner erhöhten Beweispflicht nachkommen muss, damit die gemeinnützige ausländische Körperschaft überprüft werden kann.[849] Im Ergebnis ist es daher sehr unwahrscheinlich, dass es dem Spender gelingt, die notwendigen Nachweise zu erbringen, sodass er in grenzüberschreitenden Fällen keinen Vertrauensschutz genießt.

b) Körperschaft- und Gewerbesteuer

Ähnlich wie bei der Einkommensteuer finden sich auch im Rahmen der Körperschaftsteuer und der Gewerbesteuer entsprechende Vorschriften, wonach eine Zuwendung steuerbegünstigt wird. Sowohl § 9 Abs. 1 Nr. 2 KStG als auch § 9 Nr. 5 GewStG sind dabei weitgehend mit § 10b EStG deckungsgleich.[850]

c) Buchwertprivileg gem. § 6 Abs. 1 Nr. 4 S. 4 EStG

Bei Sachspenden besteht eine Besonderheit aufgrund der durch die unentgeltliche Übertragung eventuell ausgelösten Aufdeckung und Besteuerung von stillen Reserven. Es erfolgt zwar eine Berücksichtigung durch § 10b EStG, durch die Begrenzung auf den jährlichen Höchstbetrag ist diese aber oftmals

846 Zur hohen Beweispflicht siehe auch FG Köln Urt. v. 15.01.2014 – 13 K 3735/10, IStR 2014, 412 (419); *Kulosa* in Herrmann/Heuer/Raupach, EStG-Kommentar, § 10b Rn. 53.

847 *Brandl* in Blümich, EStG-Kommentar, § 10b Rn. 140.

848 *Kulosa* in Herrmann/Heuer/Raupach, EStG-Kommentar, § 10b EStG Rn. 80.

849 Siehe S. 115 ff. Haftung der Körperschaft; *Kulosa* in Herrmann/Heuer/Raupach, EStG-Kommentar, § 10b EStG Rn. 80.

850 Grundlegend *Hüttemann*, Gemeinnützigkeits- und Spendenrecht, Rn. 8.180 ff.; *Brandl* in Blümich, KStG-Kommentar, § 9 Rn. 60; *Gosch* in Blümich, GewStG-Kommentar, § 9 Rn. 236.

nicht ausreichend.[851] Der Gesetzgeber privilegiert daher den Spender bei einer Sachspende, indem er im Rahmen einer unentgeltlichen Übertragung an eine gemeinnützige Körperschaft die Entnahme zum Buchwert erfolgen lässt (§ 6 Abs. 1 Nr. 4 S. 4 EStG).[852] Umstritten ist dabei, ob auch der Verkaufserlös vom Begriff der Verwendung mitumfasst ist und somit ebenfalls steuerlich privilegiert wird.[853] Entscheidend hierfür ist die Auslegung des Begriffs der Verwendung gem. § 6 Abs. 1 Nr. 4 S. 4 EStG. Als Synonym des Begriffs Verwendung kann der Gebrauch, die Nutzung oder die Verwertung herangezogen werden.[854] So sind eine Weiterveräußerung und die Verwendung des daraus resultierenden Surrogats dann mitumfasst, wenn die Begrifflichkeit weit ausgelegt wird, sodass hierunter auch eine „vollumfängliche Nutzung" der Sachspende und somit auch der Erlös aus einem möglichen Verkauf fällt.[855] Legt man die Begrifflichkeit jedoch restriktiv aus, so ist eine solche „vollumfängliche Nutzung" ggf. nicht mitumfasst.

Aus dem Wortlaut von § 6 Abs. 1 Nr. 4 S. 4 EStG lässt sich hinsichtlich der Reichweite nichts entnehmen, sodass es einer anderweitigen Auslegungsmethode bedarf. Nach der Historie der Vorschrift muss beachtet werden, dass der Gesetzgeber erst durch das Standortsicherungsgesetz den Begriff der Verwendung eingefügt hat, dies jedoch nicht mit dem Ziel, die Norm einzuschränken, sondern vielmehr eine Erweiterung des Buchwertprivilegs zu schaffen.[856] Diese Auslegung wird auch durch den systematischen Zusammenhang zwischen dem Buchwertprivileg und dem Spendenabzug bekräftigt. Im Rahmen von § 10b Abs. 1 EStG stellt der BFH auf eine tatsächliche Verwendung ab.[857] Eine tatsächliche Verwendung liegt jedoch auch dann vor, wenn der Empfänger den Gegenstand einer Zuwendung weiterveräußert und den Erlös für den gemeinnützigen Zweck nutzt. So lässt der BFH bei § 10b Abs. 1 EStG auch eine mittelbare Nutzung

---

851 *Hüttemann*, Gemeinnützigkeits- und Spendenrecht, Rn. 8.188; *Hüttemann*, DB 2008, 1590 (1590); *Seer*, GmbHR 2008, 785 (786).

852 *Kulosa* in Schmidt, EStG-Kommentar, § 6 Rn. 541; *Seer*, GmbHR 2008, 785 (785).

853 *Seer*, GmbHR 2008, 785 (786).

854 Duden, Synonyme zu „Verwendung".

855 *Hüttemann*, DB 2008 (1590 (1592); *Seer*, GmbHR 2008, 785 (786).

856 Standortsicherungsgesetz v. 13.09.1993, BGBl. I 1993, 1569 (1570); ausführlich zur historischen Entwicklung und Auslegung *Seer*, GmbHR 2008, 785 (787).

857 BFH Urt. v. 18.11.1967 – VI R 167/66, BStBl. III 1967, 365 (365 f.); BFH Urt. v. 19.03.1976 – VI R 72/73, BStBl. II 1976, 338 (340).

ausreichen (sog. finaler Verwendungsbegriff).[858] Ein engeres Verständnis beim Buchwertprivileg, welches eng mit § 10b Abs. 1 EStG verknüpft ist, wäre inkonsequent und im Ergebnis nicht mit dem ursprünglichen Ziel des Gesetzgebers vereinbar.[859]

Fraglich ist, ob eine entsprechende Privilegierung auch in grenzüberschreitenden Fällen greift. Zwar verweist § 6 Abs. 1 Nr. 4 S. 4 EStG auf § 5 Abs. 1 Nr. 9 KStG bzgl. der begünstigten Körperschaft, jedoch hat es der Gesetzgeber auf Seiten des Spenders unterlassen, statt nur auf § 10b Abs. 1 S. 1 EStG auch auf S. 2 zu verweisen.[860] Es kann daher nicht auf die in § 10b Abs. 1 S. 2 EStG aufgeführten Nummern bzgl. des Zuwendungsempfängers zurückgegriffen werden. Damit ist es dem Spender verwehrt, das Buchwertprivileg in Anspruch zu nehmen, wenn dieser an eine ausländische gemeinnützige Körperschaft spendet.[861] Notwendig bleibt folglich, dass die Körperschaft selbst steuerpflichtig ist. Dies stellt einen klaren Verstoß gegen die Kapitalverkehrsfreiheit dar, welcher im Ergebnis auch nicht durch die Wirksamkeit der Steueraufsicht gerechtfertigt werden kann.

d) Freibeträge für Einnahmen aus nebenberuflicher Tätigkeit

Wird der Spender für eine gemeinnützige Körperschaft nebenberuflich tätig, so kann er diese Einnahmen iHv 2.400 € gem. § 3 Nr. 26 EStG grundsätzlich im Rahmen der Einkommensbesteuerung abziehen. Durch das Gesetz zur weiteren Stärkung des bürgerschaftlichen Engagements wurde § 3 Nr. 26a EStG eingefügt,[862] wobei § 3 Nr. 26a EStG die Grundnorm zu § 3 Nr. 26 EStG darstellt und somit als lex specialis zu § 3 Nr. 26a EStG zu verstehen ist.[863] Dies ergibt

---

858 BFH Urt. v. 19.03.1976 – VI R 72/73, BStBl. II 1976, 338 (340); bezugsnehmend auf dieses Urt. siehe BFH Urt. v. 23.05.1989 – X R 17/85, BStBl. II 1989, 879 (880); BFH Urt. v. 05.02.1992 - I R 63/91, BStBl. II 1992, 748 (749); a.A. FG Düsseldorf v. 05.02.1997 – 13 K 2126/93 E, EFG 1997, 473 (473).

859 So auch im Ergebnis *Hüttemann*, Gemeinnützigkeits- und Spendenrecht, Rn. 8.199; *Hüttemann*, DB 2008, 1590 (1592); *Kulosa* in Schmidt, EStG-Kommentar, § 6 Rn. 541; *Schindler* in Kirchhof, EStG-Kommentar, § 6 Rn. 175; *Seer*, GmbHR 2008, 785 (791).

860 *Hüttemann*, Gemeinnützigkeits- und Spendenrecht, Rn. 1.137.

861 *Hüttemann*, Gemeinnützigkeits- und Spendenrecht, Rn. 1.137; *Meyn* in Winheller/Geibel/Jachmann-Michel, Gesamtes Gemeinnützigkeitsrecht, § 6 EStG, S. 1074, Rn. 19.

862 Gesetz zur weiteren Stärkung des bürgerschaftlichen Engagements v. 10.10.2007, BStBl. I 2007, 815 (815); BGBl. I 2007, 2332 (2332).

863 *Bergkemper* in Herrmann/Heuer/Raupach, EStG-Kommentar, § 3 Nr. 26a Rn. 1.

sich nicht zuletzt daraus, dass § 3 Nr. 26 EStG in Bezug auf die begünstigten Tätigkeiten – anders als § 3 Nr. 26a EStG – begrenzt ist.[864] Notwendig für die Steuerbegünstigung iSv § 3 Nr. 26 EStG ist, dass es sich beim Empfänger um eine juristische Person des öffentlichen Rechts handelt, wenn diese im EU-/EWR-Ausland ihren Belegenheitsort hat, oder es sich um eine Körperschaft iSv § 5 Abs. 1 Nr. 9 KStG handelt.[865] Die Vorschrift wurde im Wege des JStG 2009[866] europarechtskonform angepasst, nachdem der EuGH in der Rs. *Jundt*[867] einen Verstoß gegen die Dienstleistungsfreiheit festgestellt hatte.[868] Der Gesetzgeber hat dabei jedoch außer Acht gelassen, dass eine privatrechtliche gemeinnützige Organisation, welche gerade nicht unbeschränkt oder beschränkt körperschaftsteuerpflichtig ist, nicht von dem Empfängerkreis nach § 5 Abs. 1 Nr. 9 iVm § 5 Abs. 2 Nr. 2 KStG umfasst ist.[869] Zu vermuten ist, dass der Gesetzgeber bewusst diesen Fall nicht aufgenommen hat. So war dieser zum einen nicht Gegenstand des EuGH-Verfahrens, sodass der Gesetzgeber nicht gezwungen war, diesen Fall zu regeln, zum anderen konnte er so seiner Linie treu bleiben und auf anderem Wege seine nationale Ausrichtung weiter fortführen.

Nicht verwunderlich war daher, dass keine zehn Jahre nach der Rs. *Jundt* erneut auch § 3 Nr. 26 EStG im Fokus eines Verfahrens stand.[870] Der Kläger war unbeschränkt einkommensteuerpflichtig und wollte iSv § 3 Nr. 26 EStG seine nebenberufliche Tätigkeit an einer Schweizer Hochschule von der Einkommensteuer abziehen. Das FG Baden-Württemberg legte die Frage, ob das Freizügigkeitsabkommen[871] einer Vorschrift wie der des § 3 Nr. 26 EStG entgegensteht, dem EuGH zur Vorabentscheidung vor. Da es sich bei der Schweiz nicht um einen EU- bzw. EWR-Staat handelt, reichte die bisherige Änderung von § 3 Nr. 26 EStG nicht aus. Der EuGH entschied, dass das Freizügigkeitsabkommen einer solchen Vorschrift insoweit entgegenstehe, als eine entsprechende

864 *Levedag* in Schmidt, EStG-Kommentar, § 3 Nr. 26a Rn. 96.

865 *Hüttemann*, Gemeinnützigkeits- und Spendenrecht, Rn. 9.28.

866 JStG 2009 v. 19.12.2008, BStBl. I 2009, 74 (75); BGBl. I 2008, 2794 (2795).

867 EuGH Urt. v. 18.12.2007, Rs. C-281/06 (*Jundt*), ECLI:EU:C:2007:816, Slg. 2007, I-12231 = DStRE 2008, 666 ff.

868 Zusammenfassend *Lissner*, Das Gemeinnützigkeits- und Spendenrecht unter dem Einfluss der europäischen Grundfreiheiten, S. 225 ff.

869 Zutreffend *Hüttemann*, Gemeinnützigkeits- und Spendenrecht, Rn. 9.29.

870 FG Baden-Württemberg Beschl. v. 15.07.2015 – 14 K 1229/13, EFG 2016, 1957 ff.

871 Beschl. des Rates und – bezüglich des Abkommens über die wissenschaftliche und technische Zusammenarbeit – der Kommission v. 04.04.2002 über den Abschluss von sieben Abkommen mit der Schweizerischen Eidgenossenschaft (Freizügigkeitsabkommen), ABl. EG Nr. L 114/1, v. 30.04.2002.

Berücksichtigung abhängig davon sei, ob die nebenberufliche Tätigkeit in der Schweiz oder in einem EU-/EWR-Staat erbracht worden ist.[872] Folglich muss auch in diesem Fall dem Kläger die Möglichkeit gegeben werden, das Steuerprivileg aus § 3 Nr. 26 EStG für sich in Anspruch zu nehmen. Das Urteil des EuGH überrascht kaum, da es sich in die Rechtsprechungshistorie einreiht.

III. Analyse und Auswertung der Rechtsprechung

1. EU-/EWR-Staaten

Das Gemeinnützigkeits- und Spendenrecht hat in den letzten zehn Jahren erhebliche Veränderungen durchlaufen. So musste der deutsche Gesetzgeber zunächst nach der Rs. *Stauffer* und der Rs. *Persche* die Befreiungstatbestände unionsrechtlich anpassen und sowohl der Körperschaft als auch dem Spender zumindest im Ansatz die Möglichkeit einräumen, in den Genuss der unmittelbaren oder mittelbaren Steuerbegünstigung zu gelangen.[873] Die nationale Ausrichtung des Gemeinnützigkeits- und Spendenrechts ist dennoch geblieben.[874] So hat der Gesetzgeber zwar punktuell nachgebessert, eine grundlegende Reform ist derweil jedoch ausgeblieben. Zudem hat es der Gesetzgeber sich nicht nehmen lassen, den EuGH beim Wort zu nehmen und das Gemeinnützigkeitsrecht nur in dem Maße umzugestalten, wie dies vom EuGH unmittelbar und explizit vorgegeben worden ist.[875]

Durch die Einführung des strukturellen Inlandsbezuges hat der Gesetzgeber verdeutlicht, dass er an einer unionsrechtlichen Öffnung des Gemeinnützigkeitsrechts nur wenig Interesse hat.[876] Dass die Neuregelung offensichtlich nicht mit der Kapitalverkehrsfreiheit zu vereinbaren ist, hat der Gesetzgeber dabei in Kauf genommen. Das FG Köln hatte bereits verfassungs- und europarechtliche Bedenken bzgl. der Voraussetzungen des strukturellen Inlandsbezuges geäußert und einen Spendenabzug zugelassen.[877] Das Urteil ist zunächst nicht verwunderlich, da die FG derzeit eine liberale Haltung im Bereich des Gemeinnützigkeitsrechts

872 EuGH Urt. v. 21.09.2016, Rs. C-478/15 (*Radgen/FA Ettlingen*), ECLI:EU:C:2016:507.

873 Ausführlich zu den einzelnen Verfahren in der Rs. *Stauffer* und Rs. *Persche* siehe S. 49 ff.

874 So auch *Geserich*, NWB Nr. 26 v. 27.06.2011, 2188 (2190); *Schauhoff*, npoR 2013, 128 (129); *Schienke-Ohletz*, IWB Nr. 17 v. 14.09.2011, 651 (657).

875 Siehe S. 74 ff.

876 Zum strukturellen Inlandsbezug siehe S. 84 ff.

877 FG Köln Urt. v. 20.01.2016 – 9 K 3177/14, EFG 2016, 653 ff.

eingenommen haben.[878] Ob der BFH dieses Urteil aufrechterhalten wird, bleibt fraglich. So hat er bislang alle erstinstanzlichen Urteile wieder aufgehoben, wenn diese eine Anerkennung der Gemeinnützigkeit einer ausländischen gemeinnützigen Körperschaft angenommen haben.[879] Zu erwarten ist auch, dass weitere Verfahren folgen werden, da der strukturelle Inlandsbezug auch in den Vorschriften des § 51 Abs. 2 AO und des § 9 Nr. 5 S. 6 GewStG enthalten ist, zu denen die Rechtsprechung bislang aber noch nicht Stellung bezogen hat. Jedenfalls solange der strukturelle Inlandsbezug im Gesetz verankert ist, wird die Finanzverwaltung von diesem Gebrauch machen.

Neben diesem offensichtlichen Unionsrechtsverstoß in § 51 Abs. 2 AO[880] ergeben sich weitere Schwierigkeiten bzgl. der Anforderungen an die Satzung einer ausländischen gemeinnützigen Körperschaft.[881] So scheitern derzeit häufig die ausländischen gemeinnützigen Körperschaften an der Voraussetzung der satzungsmäßigen Vermögensbindung und der geforderten Detailliertheit.[882] In Altfällen kann die Ausnahme aus § 62 AO a.F. für staatlich beaufsichtigte Stiftungen noch Abhilfe schaffen, ist aber aufgrund des Anwendungsbereichs bzgl. der gemeinnützigen Körperschaften begrenzt, sodass § 62 AO a.F. dann auch nicht in allen Altfällen zur Anerkennung verhilft.[883] Das FG Berlin-Brandenburg wandte diesen bei einer britischen Stiftung als Ausnahme bzgl. der satzungsmäßigen Vermögensbindung an.[884] Der BFH sah sich – anders als das FG Berlin-Brandenburg – nicht an § 62 AO a.F. gebunden. So verneinte er die Anwendung von § 62 AO a.F. wegen der mangelnden Vergleichbarkeit der englischen Aufsicht mit den deutschen Aufsichtserfordernissen.[885] Es müsse zumindest eine

878 Bspw. FG Bremen Urt. v. 08.06.2011 – 1 K 63/10 (6), DStRE 2012, 1321 ff.; FG Berlin-Brandenburg Urt. v. 24.07.2014 – 4 K 12276/76, EFG 2014, 2168 ff. = DStRE 2015, 877 ff.

879 BFH Urt. v. 17.09.2013 – I R 16/12, BStBl. II 2014, 440 = DStR 2014, 517; BFH Urt. v. 21.01.2015 – X R 7/13, BStBl. II 2015, 588 ff.; so auch im Ergebnis *Hey* in Tikpe/Lang, Steuerrecht, § 2 Rn. 17.

880 Ausführlich zu der Problematik des strukturellen Inlandsbezuges in den verschiedenen Vorschriften siehe S. 84 ff., 123 ff.

881 Siehe S. 102 ff.

882 Siehe S. 103 ff.

883 BFH Urt. v. 25.10.2016 - I R 54/14, BStBl. II 2017, 1216 (1220) Rn. 29 = BFH/NV 2017, 549 Rn. 29; siehe auch *Bornemann*, JM 2015, 342 (345).

884 FG Berlin-Brandenburg Urt. v. 24.07.2014 – 4 K 12276/11, EFG 2014, 2168 = DStRE 2015, 877 (879).

885 BFH Urt. v. 25.10.2016 – I R 54/14, BStBl. II 2017, 1216 (1220) Rn. 30 = BFH/NV 2017, 549 Rn. 30.

materielle Vergleichbarkeit zwischen den Aufsichtserfordernissen bestehen. Liege diese nicht vor, so könne auch in Altfällen § 62 AO a.F. nicht über das Fehlen der satzungsmäßigen Vermögensbindung hinweghelfen.

Der BFH hat somit bislang dem Willen des Gesetzgebers entsprochen und die unionsrechtlichen Schwierigkeiten weitgehend unberücksichtigt gelassen hat. Zwar ist der BFH an das Gesetz insoweit gebunden, er hat jedoch im Rahmen der verschiedenen Verfahren die Möglichkeit einer erneuten Vorlage bewusst ignoriert, sodass ein entsprechender Anstoß von Seiten des EuGH in Richtung des deutschen Gesetzgebers bislang ausblieb.[886] So hat der BFH das Gemeinnützigkeitsrecht stets als nationales Recht verstanden und im Rahmen seiner Möglichkeiten entsprechend ausgelegt. Insbesondere bei der Ausnahme aus § 62 AO a.F. befürchtete der Gesetzgeber Schwierigkeiten hinsichtlich der innerstaatlichen Kontrolle, sodass er sich infolge der Ausweitung der Befreiungstatbestände gezwungen sah, diesen ersatzlos zu streichen.[887] Der BFH folgt dem Wunsch des Gesetzgebers und wendet in Altfällen § 62 AO a.F. sparsam an.

Außerhalb der Altfälle lässt sich zunächst festhalten, dass § 61 AO iVm § 55 Abs. 1 Nr. 4 AO selbst zunächst nicht gegen die Kapitalverkehrsfreiheit verstößt, jedoch erhebliche europarechtliche Bedenken bei der konkreten Ausgestaltung bestehen.[888] So ist die satzungsmäßige Vermögensbindung außerhalb der BRD selten zu finden,[889] sodass es einer ausländischen gemeinnützigen Körperschaft erheblich erschwert wird, auch in Deutschland nach geltendem nationalem Recht anerkannt zu werden. In der Literatur wird dabei zu Recht auf den Verstoß gegen den Effektivitätsgrundsatz hingewiesen, sodass zu strenge Anforderungen an die satzungsmäßige Vermögensbindung bei einer ausländischen Satzung nicht zu stellen sind.[890] Entscheidend für einen Verstoß gegen den Effektivitätsgrundsatz ist die Frage, wann eine nationale Steuervorschrift das Gemeinschaftsrecht derart beeinträchtigt, dass die durch das Gemeinschaftsrecht „[...] verliehenen Rechte nicht praktisch unmöglich oder übermäßig erschwert werden."[891] Das FG Bremen stützte sich in seiner Entscheidung darauf, dass, wenn eine vergleichbare Vorschrift im Ausland unbekannt ist, die ausländische

886 Zur Frage einer erneuten Vorlagepflicht siehe S. 135 ff.

887 Bericht des Finanzausschusses v. 27.11.2008, BT-Drs. 16/11108, S. 46.

888 Siehe S. 103 ff.

889 *Weitemeyer/Bornemann*, FR 2016, 437 (440 f.); ausführlich S. 103 ff.

890 *Thömmes*, FS Meilicke 2010, S. 753 (765).

891 EuGH Urt. v. 07.01.2004, Rs. C-201/02 (*Wells*), ECLI:EU:C:2004:12, Slg. 2004, I-00723 Rn. 67; EuGH Urt. v. 19.09.2006, Rs. C-392/04 und 422/04 (*i-21 Germany GmbH*), ECLI:EU:C:2006:586, Slg. 2006, I-08559 Rn. 57; bezugnehmend hierauf

gemeinnützige Körperschaft „[…] von vornherein aus dem Anwendungsbereich des deutschen Gemeinnützigkeitsrechts […]" ausgeschlossen ist.[892] Dadurch liege ein Verstoß gegen den Effektivitätsgrundsatz vor. Abhilfe könnte ein Vergleich mit der ausländischen Mustersatzung schaffen, sodass die Voraussetzung der satzungsmäßigen Vermögenbindung auch von einer ausländischen gemeinnützigen Körperschaft erfüllt werden könnte.[893]

Der BFH verneint einen Verstoß gegen den Effektivitätsgrundsatz und stützt sich in seinem Urteil auf die vorangegangene EuGH-Entscheidung in der Rs. *Persche*, der zufolge es dem deutschen Gesetzgeber überlassen bleibt, wie er sein Gemeinnützigkeitsrecht im Detail ausgestaltet.[894] Der EuGH verdeutlichte, dass es für eine ausländische gemeinnützige Körperschaft zumindest möglich sein soll, als gemeinnützig anerkannt zu werden, weshalb eine Anknüpfung ausschließlich an die Ansässigkeit nicht europarechtskonform sei.[895] Der Auffassung des EuGH ist dabei zunächst grundsätzlich zuzustimmen. Das Gemeinnützigkeitsrecht als Teil des Rechts der direkten Steuern fällt zwar in den Zuständigkeitsbereich der Mitgliedstaaten, der BFH verkennt jedoch, dass es in den bisherigen Verfahren nicht um einen möglichen Verstoß gegen den Effektivitätsgrundsatz ging. Ein solcher Verstoß ist dahingehend von besonderer Bedeutung, da die Notwendigkeit einer satzungsmäßigen Vermögensbindung in solchen Fällen nicht zur Anwendung kommen dürfte in denen durch die Voraussetzung die Möglichkeit zur Anerkennung praktisch unmöglich gemacht wird.[896] Im Ergebnis teile ich die Auffassung des FG Bremen insoweit, als von einer ausländischen gemeinnützigen Körperschaft eine satzungsmäßige Vermögensbindung nicht verlangt werden darf, wenn diese Voraussetzung in ihrem

---

BFH Urt. v. 17.09.2013 – I R 16/12, BStBl. II 2014, 440 (443) Rn. 19 = DStR 2014, 517 (520) Rn. 19.

892 FG Bremen Urt. v. 08.06.2011 – 1 K 63/10 (6), DStRE 2012, 1321 (1326); zum Effektivitätsgrundsatz siehe *Kadelbach*, allgemeines Verwaltungsrecht unter europäischem Einfluss, S. 115 ff.

893 Bejahend FG Bremen Urt. v. 08.06.2011 – 1 K 63/10 (6), DStRE 2012, 1321; verneinend BFH Urt. v. 17.09.2013 – I R 16/12, BStBl. II 2014, 440 = DStR 2014, 517; bezugnehmend auf das Urt. des FG Bremen siehe auch FG Düsseldorf Urt. v. 14.01.2013 – 11 K 2439/10 E, EFG 2013, 678 (680).

894 BFH Urt. v. 17.09.2013 – I R 16/12, BStBl. II 2014, 440 (443) Rn. 19 = DStR 2014, 517 (520) Rn. 19.

895 EuGH Urt. v. 27.01.2009, Rs. C-318/07 (*Persche*), ECLI:EU:C:2009:33, Slg. 2009, I-00359 Rn. 48 f. = IStR 2009, 171 (173) Rn. 48 f.

896 *Classen* in Grabitz/Hilf/Nettesheim, Das Recht der Europäischen Union, Art. 197 AEUV Rn. 27.

Sitzstaat unbekannt ist und anderweitige Vorkehrungen getroffen worden sind, sodass das Vermögen auch hier ausreichend abgesichert ist.[897] Es lässt sich daher festhalten, dass für Altfälle zwar § 62 AO a.F. eine Ausnahme zulässt, außerhalb des Geltungsbereichs dieser Vorschrift jedoch der Gesetzgeber aufgefordert ist, den Verstoß gegen den Effektivitätsgrundsatz dauerhaft zu beseitigen. Zu dieser Anpassung wird der Gesetzgeber sich jedoch nur dann gezwungen sehen, wenn dem EuGH ein entsprechender Fall vorgelegt wird und dieser eine Aussage zu der satzungsmäßigen Vermögensbindung und dem vorliegenden Verstoß gegen den Effektivitätsgrundsatz trifft.[898]

Auch im Rahmen der tatsächlichen Geschäftsführung gem. § 63 AO ergeben sich ähnliche Probleme.[899] So musste sich die Rechtsprechung wiederholt mit der Frage auseinandersetzen, welche Belege oder Berichte vom Spender vorgelegt werden müssen, damit eine Überprüfung der tatsächlichen Geschäftsführung durch das Finanzamt erfolgen kann. Die Entscheidungen des FG Düsseldorf und das darauffolgende bestätigende BFH-Urteil überzeugen nicht. Zwar folgte der EuGH in der Rs. *Persche* seiner bisherigen Rechtsprechung, dass grundsätzlich alle Belege verlangt werden können, um eine Überprüfung vornehmen zu können, der BFH und auch das FG haben dabei jedoch verkannt, dass auch der EuGH dahingehend eine Einschränkung vornimmt, dass kein zu hohes Maß an Detailliertheit verlangt werden darf.[900] Die Finanzverwaltung verlangt nach der EuGH-Grundsatzentscheidung, dass der Spender „geeignete Belege" erbringt, um die ausländische Körperschaft zu überprüfen.[901] Dabei nutzt auch das Bundesministerium der Finanzen das Wort „insbesondere" bei der näheren Aufzählung, was „geeignete Belege" in diesem Sinne sein können. Dies bestätigt die Auffassung, dass auch der BFH in seinem Urteil in Bezug auf die Vorlage von Rechenschaftsberichten diese lediglich als Möglichkeit anerkennt, wie die tatsächliche Geschäftsführung überprüft werden kann.[902] Dies schafft jedoch für den Spender keine Abhilfe, wenn weiterhin derart viele Belege in deutscher Sprache verlangt werden, dass dies einem Ausschluss der Anerkennung als gemeinnützig

---

897 So im Ergebnis auch *Helios/Stehlke*, npoR 2013, 209 (213).

898 Zur möglichen Vorlagefrage siehe S. 135 ff.

899 Ausführlich zur tatsächlichen Geschäftsführung siehe S. 107 ff.

900 EuGH Urt. v. 27.01.2009, Rs. C-318/07 (*Persche*), ECLI:EU:C:2009:33, Slg. 2009, I-00359 Rn. 60 = IStR 2009, 171 (174) Rn. 60; EuGH Urt. v. 30.06.2011, Rs. C-262/09 (*Meilicke II*), ECLI:EU:C:2011:438, Slg. 2011, I-05669 Rn. 46.

901 BMF v. 16.05.2011 - IV C 4 - S 2223/07/0005:008; BStBl. I 2011, 559.

902 Zum BFH Urt. v. 21.01.2015 - X R 7/13, BStBl. II 2015, 588 und verschiedenen Auffassungen in der Fachliteratur siehe S. 107 ff.

gleichkommt.[903] Im Ergebnis führt dies auch bei der Überprüfung der tatsächlichen Geschäftsführung dazu, dass es praktisch unmöglich ist, zumindest aber übermäßig erschwert wird, auch eine ausländische gemeinnützige Körperschaft anzuerkennen. Um entsprechende Fälle ausreichend einzubeziehen, sollte auch hier der EuGH Stellung beziehen, sodass der Gesetzgeber sich gezwungen sieht, die Vorschrift erneut zu reformieren.[904] Nur so würde die Wohltätigkeit nicht aufgrund von Bürokratieaufwand auf der Strecke bleiben.[905]

Darüber hinaus bestehen für den Spender noch weitere Schwierigkeiten hinsichtlich der notwendigen Vorlage einer Spendenbescheinigung iSv § 50 EStDV. Zwar hat der Gesetzgeber insoweit eine Erleichterung geschaffen, dass das Muster von einer ausländischen gemeinnützigen Körperschaft nicht verwendet werden muss; den Spender trifft gleichwohl eine erhöhte Mitwirkungspflicht zur Überprüfung. Insbesondere reicht die Vorlage der Spendenbescheinigung nicht zur Überprüfung der tatsächlichen Geschäftsführung aus.[906] Auch hier stellen sich daher dieselben Probleme wie im Rahmen der Überprüfung der tatsächlichen Geschäftsführung. Eine europarechtswidrige Lage hat der Gesetzgeber in jedem Fall bereits dadurch geschaffen, dass zwar die Mustersatzung nunmehr nicht in Auslandssachverhalten verlangt werden darf, darüber hinaus sind jedoch auch mögliche Erleichterung aus § 50 Abs. 2 EStDV entfallen. Hierin liegt eine offensichtliche Ungleichbehandlung, welche im Ergebnis auch nicht gerechtfertigt werden kann.[907]

Dass eine ausländische gemeinnützige Körperschaft auch nicht bei dem neu eingeführten gesonderten Feststellungsverfahren gem. § 60a AO berücksichtigt wurde, verdeutlicht den Standpunkt des deutschen Gesetzgebers. Stellt man wieder auf die EuGH-Entscheidung in der Rs. *Persche* ab, so muss man zu dem Ergebnis gelangen, dass mangels Möglichkeit für den Spender, einen solchen Antrag auch für eine ausländische gemeinnützige Körperschaft zu stellen, hierin ein neuer Unionsrechtsverstoß zu sehen ist, welcher auch nicht mit der Wirksamkeit der Steueraufsicht gerechtfertigt werden kann.[908] Auch hier besteht

---

903 So auch *Geserich*, NWB Nr. 18 v. 03.05.2010, 1408 (1410 f); *Geserich*, NWB Nr. 26 v. 27.06.2011, 2188 (2189); *Schienke-Ohletz*, IWB Nr. 17 v. 14.09.2011, 651 (656 f.); a.A. *Förster*, BB 2011, 663 (667).

904 Zur Ausgestaltung der möglichen Vorlagefragen siehe S. 135 ff.; zur Gesetzesänderung siehe S. 135 ff.

905 So auch BFH Urt. v. 21.01.2015 – X R 7/13, Anm. *Kippenberg*, IStR 2015, 399 (405).

906 *Schienke-Ohletz*, IWB Nr. 17 v. 14.09.2011, 651 (656).

907 Siehe S. 126 ff.

908 Zum neuen Feststellungsverfahren siehe S. 110 ff.

daher Nachbesserungsbedarf. Bislang ist § 60a AO nicht Verfahrensbestandteil gewesen, es wird aber zu erwarten sein, dass auch eine ausländische gemeinnützige Körperschaft das gesonderte Feststellungsverfahren in Anspruch nehmen kann.[909]

Neben diesen wesentlichen Vorschriften aus dem Gemeinnützigkeits- und Spendenrecht sind noch weitere europarechtswidrige Vorschriften zu finden. So findet sich in § 3 Nr. 26, § 6 Abs. 1 Nr. 4 S. 4, § 44a Abs. 4 und Abs. 7 EStG, § 58 Nr. 2–5 AO, in § 13 Abs. 1 Nr. 16b und § 29 Abs. 1 Nr. 4 ErbStG sowie in § 3 Abs. 1 Nr. 3 GrStG jeweils eine Einschränkung bzgl. der Ansässigkeit, welche der Gesetzgeber bislang nicht angepasst hat.[910] Diese Vorschriften verstoßen damit gegen die Europäischen Grundfreiheiten – insbesondere die Kapitalverkehrsfreiheit – und sind nicht mit der Wirksamkeit der Steueraufsicht gerechtfertigt. Zu erwarten sind auch hier entsprechende Verfahren, solange diese europarechtswidrige Rechtslage besteht.

2. Drittstaaten

Neben der europarechtlichen Problematik ergeben sich ebenfalls Schwierigkeiten bei Sachverhalten außerhalb von EU-Mitgliedstaaten.[911] Den aktuellen Entscheidungen der FG lässt sich die grundlegende Problematik entnehmen, dass die Kapitalverkehrsfreiheit in begrenztem Umfang auch auf Drittstaaten Anwendung findet.[912] Eine Ausweitung auch auf Drittstaaten muss der Gesetzgeber wahrscheinlich dennoch nicht befürchten. Zwar ist die Kapitalverkehrsfreiheit zunächst auf Drittstaaten anwendbar, der EuGH hat in solchen Fällen jedoch die Rechtfertigungsgründe ausgeweitet, sodass im Ergebnis eine Vorschrift zwar die Kapitalverkehrsfreiheit beschränkt, die Beschränkung jedoch bspw. durch das Ziel der Verhinderung von Steuermindereinnahmen gerechtfertigt werden kann.[913] Die mögliche Beschränkung der Kapitalverkehrsfreiheit gem. Art. 64 AEUV ist in jedem Falle mangels Direktinvestition in diesem Bereich nicht einschlägig.[914] Notwendig bleibt daher das Eingreifen eines Rechtfertigungsgrundes. Dies führt im Ergebnis jedoch dazu, dass eine Reihe von Fällen zunächst vor

---

909 Zu einer möglichen Vorlagefrage siehe S. 135 ff., zum möglichen Reformvorschlag von § 60a AO siehe S. 135 ff.

910 *Helios/Stehlke*, npoR 2013, 209 (216).

911 Siehe S. 76 ff.

912 Siehe S. 79 ff.

913 *Jacobs*, Internationale Unternehmensbesteuerung, S. 205 m.w.N.; *Jasper/Stark*, npoR 2014, 301 (305).

914 Siehe S. 79 ff.

den FG, dem BFH und sodann wohl auch dem EuGH zur Entscheidung zu bringen sind, um eine gesicherte Rechtsprechung in diesem Bereich zu schaffen.[915] Dies hat zur Folge, dass für den Spender ein hohes Maß an Rechtsunsicherheit bleibt, wenn er in einen Drittstaat spendet. Die Entscheidung des EuGH zu § 3 Nr. 26 EStG fügt sich ebenfalls in den festgestellten Befund ein.[916]

3. Zusammenfassende Stellungnahme

Nach der Darstellung und Überprüfung der derzeit geltenden Vorschriften lässt sich zunächst feststellen, dass eine Direktspende ins Ausland nur unter strengen formellen und materiellen Voraussetzungen möglich ist. Zwar muss die Steuerhoheit im Rahmen der direkten Steuern berücksichtigt werden, nach der Grundsatzentscheidung des EuGH in der Rs. *Persche* ist jedoch ebenfalls deutlich geworden, dass zumindest der ausländischen gemeinnützigen Körperschaft und dem Spender die Möglichkeit gegeben werden muss, auch eine Direktspende unter Inanspruchnahme der für rein inländische Sachverhalte gewährten steuerlichen Vergünstigungen zu vollziehen. Andernfalls wäre die Kapitalverkehrsfreiheit stark eingeschränkt, was im Ergebnis nicht zu rechtfertigen ist. Bislang beruft der BFH sich auf die Grundsatzentscheidung des EuGH und sieht daher keine weitere Verpflichtung zur erneuten Vorlage. Dem ist nicht zuzustimmen. Denn der EuGH hat zum einen in seiner Entscheidung *Persche* keine Aussage dazu getroffen, was vom Spender im Detail verlangt werden kann, da zunächst bereits die Befreiungstatbestände gegen die Kapitalverkehrsfreiheit verstießen, sodass eine weitere Prüfung seitens des EuGH nicht notwendig war. Es folgten daher zahlreiche finanzgerichtliche Entscheidungen, welche die wesentlichen Voraussetzungen der Anerkennung der Gemeinnützigkeit zum Gegenstand hatten.[917] Um dennoch endgültig für den Spender eine gesicherte Rechtslage zu schaffen, wäre ein erneutes Verfahren vor dem EuGH wünschenswert. Dabei sollten insbesondere die praktischen Anwendungsfragen endgültig geklärt werden.[918]

---

915 *Geserich*, NWB Nr. 26 v. 27.06.2011, 2188 (2190).

916 EuGH Urt. v. 21.09.2016, Rs. C-478/15 (*Radgen/FA Ettlingen*), ECLI:EU:C:2016:705.

917 Insbesondere § 51 Abs. 2, § 60a, § 61 iVm § 55 Abs. 1 Nr. 4, § 63 AO.

918 So auch *Weitemeyer/Bornemann*, FR 2016, 437 (448); *Winheller/Klein*, DStZ 2009, 193 (196); zur gegenteiligen Auffassung siehe Urt. v. 21.01.2015, X R 7/13, BStBl. II 2015, 588, Anm. *Fischer*, FR 2015, 713 (716 ff.).

Teil D: Pflicht zur erneuten Vorlage an den EuGH

I. Vorbemerkung zur Vorlagepflicht

Neben der Untersuchung der in den vorherigen Teilen der Arbeit behandelten, partiell offenkundig europarechtswidrigen Vorschriften stellt sich nunmehr die Frage nach einer weiteren Vorlage an den EuGH, um so im Ergebnis den Gesetzgeber zu einer erneuten Reformierung des Gemeinnützigkeits- und Spendenrechts zu bewegen.[919] Dabei sollen zunächst die Voraussetzungen von Art. 267 AEUV erörtert werden, um sodann mögliche Vorlagefragen aus dem Gemeinnützigkeits- und Spendenrecht zu entwickeln. Es besteht für nationale Gerichte grundsätzlich die Möglichkeit, entscheidungserhebliche Fragen gem. Art. 267 AEUV dem EuGH unabhängig von einer Verpflichtung freiwillig zum Vorabentscheid vorzulegen.[920] Da bislang weder die FG noch der BFH sich zu einer erneuten Vorlage haben bewegen lassen, hilft dem Bürger diese grundsätzliche Möglichkeit nicht. Fraglich ist daher, ob eine Verpflichtung iSv Art. 267 Abs. 3 AEUV und ggf. eine Nichtvorlage trotz entsprechender Verpflichtung vorliegt. Sind diese Fragen zu bejahen, so bedarf es einer Rechtsschutzmöglichkeit für den Spender, um gegen eine Nichtvorlage vorzugehen.

Nach dem Vertrag vom Lissabon sind die Mitgliedstaaten gem. Art. 19 Abs. 1 UAbs. 2 EUV dazu verpflichtet, einen effektiven Rechtsschutz für das Unionsrecht zu ermöglichen.[921] Im Rahmen einer Verletzung von Unionsrecht bietet das Vorlageverfahren diesen Rechtsschutz und sichert die einheitliche Ausgestaltung des Unionsrechts innerhalb der Mitgliedstaaten.[922]

---

919 So auch *Hüttemann*, Gemeinnützigkeits- und Spendenrecht, Rn. 1.138.

920 EuGH Urt. v. 06.10.1982, Rs. C-283/81 (*C.I.L.F.I.T.*), ECLI:EU:C:1982:335, Slg. 1982, 03415 Rn. 15.

921 *Gaitanides* in Groeben/Schwarz/Hatje, Europäisches Unionsrecht, Art. 19 EUV Rn. 5; *Wegener* in Calliess/Ruffert, EUV/AEUV-Kommentar, Art. 19 EUV Rn. 43.

922 *Betz*, Die verfassungsrechtliche Absicherung der Vorlagepflicht, S. 5, 9 ff.; *Schröder*, EuR 2011, 808 (811).

II. Die Vorlagepflicht

1. Voraussetzungen nach Art. 267 AEUV

Das Vorabentscheidungsverfahren gem. Art. 267 AEUV soll die „einheitliche und korrekte Anwendung des Unionsrechts durch die nationalen Gerichte sicherstellen."[923] Dieses Verfahren resultiert aus dem Auslegungsmonopol des Unionsrechts, welches der EuGH innehat.[924] Nur durch dieses Instrument kann sichergestellt werden, dass sich in den einzelnen EU-Mitgliedstaaten keine Rechtsprechung manifestiert, welche mit den Normen des Unionsrechts nicht zu vereinbaren ist.[925]

Bei dem Vorabentscheidungsverfahren gem. Art. 267 AEUV muss zwischen nichtletztinstanzlichen und letztinstanzlichen Gerichten differenziert werden. Dabei besteht für nichtletztinstanzliche Gerichte, wozu auch die FG zählen, grundsätzlich keine Vorlagepflicht gem. Art. 267 Abs. 2 AEUV.[926] Dass dennoch auch nichtletztinstanzliche Gerichte die Möglichkeit haben, ergibt sich aus dem Wortlaut von Art. 267 AEUV, denn die nationalen Gerichte sind „[...] nicht befugt, Handlungen der Gemeinschaftsorgane für ungültig zu erklären."[927] Eine Verpflichtung für nichtletztinstanzliche Gerichte kann jedoch dann ausnahmsweise vorliegen, wenn das Instanzgericht eine Vorschrift des Unionsrechts oder eine sonstige Handlung eines Unionsrechtsorgans für ungültig erachtet und dadurch diese außer Acht lässt.[928] Nach dem Vertrag von Lissabon wurde darüber diskutiert, ob eine solche Verpflichtung grundsätzlich mit der Gesetzeslage in Einklang zu bringen ist oder ob es einer solchen an Akzeptanz fehle.[929] Allein die fehlende Aufnahme ins Gesetz lässt diese Ausnahme jedoch nicht grundsätzlich entfallen. Denn eine Änderung der Rechtslage ist im Ergebnis nicht notwendig,

---

923 *Broberg/Fenger*, EuR 2010, 835 (835); EuGH Urt. v. 18.10.1990, Rs. C-297/88 (*Dzodzi*), ECLI:EU:C:1990:360, Slg. 1990, I-03763 Rn. 33; ferne *Karpenstein* in Grabitz/Hilf/Nettesheim, Das Recht der Europäischen Union, Art. 267 AEUV Rn. 1.

924 *Broberg/Fenger*, EuR 2010, 835 (838).

925 *Haratsch/Koenig/Pechstein*, Europarecht, Rn. 565.

926 *Pohl*, FS Meilicke 2010, S. 537 (539).

927 EuGH Urt. v. 22.10.1987, Rs. C-314/85 (*Foto-Frost*), ECLI:EU:C:1987:452, Slg. 1987, 04199 Rn. 15.

928 *Wegener* in Calliess/Ruffert, EUV/AEUV-Kommentar, Art. 267 AEUV Rn. 29.

929 Schlussanträge *Dámaso Ruiz-Jarabo Colomer* v. 30.06.2005, Rs. C-461/03 (*Gaston Schul Douane-expediteur BV*), ECLI:EU:C:2005:415, Slg. 2005, I-10513 Rn. 81; *Betz*, Die verfassungsrechtliche Absicherung der Vorlagepflicht, S. 28.

da spätestens beim letztinstanzlichen Gericht eine solche Verpflichtung zwangsläufig vorliegt.[930]

Anders sieht es bei letztinstanzlichen Gerichten aus – bspw. dem BFH –, bei welchen eine Vorlagepflicht gem. Art. 267 Abs. 3 AEUV besteht.[931] Beachtet werden muss bereits an dieser Stelle, dass der Vertrag von Lissabon selbst keine Eingrenzung vornimmt, weshalb grundsätzlich jedes letztinstanzliche Gericht zur Vorlage verpflichtet ist, wenn es um Fragen der Auslegung der Verträge oder der Gültigkeit und der Auslegung der Handlungen der Organe, Einrichtungen oder sonstigen Stellen der Union geht.[932] Um eine derart weitreichende Verpflichtung zu verhindern, nahm der EuGH selbst eine Einschränkung in den 1960er Jahren vor. Nach damaliger Auffassung sah der EuGH von einer Vorlagepflicht ab, wenn bereits „in einem gleichgelagerten Fall" eine Entscheidung ergangen war (sog. acte éclairé).[933] Ein solcher Fall sei jedoch nur dann anzunehmen, wenn es sich um dieselbe oder wortidentische Unionsvorschrift handele, die Auslegungsfrage und der Sachverhalt identisch seien oder zumindest eine hohe Vergleichbarkeit aufweise.[934] Von einer solchen Ausnahme von der Vorlagepflicht kann daher nur selten ausgegangen werden, sodass im Grundsatz die Verpflichtung von letztinstanzlichen Gerichten gem. Art. 267 Abs. 3 AEUV bestehen bleibt.

Auf dieser Grundsatzentscheidung aufbauend nahm der EuGH in der Rs. C.I.L.F.I.T. eine weitergehende Einschränkung vor.[935] Neben der erstgenannten Ausnahme sollte auch dann eine Verpflichtung des letztinstanzlichen Gerichts entfallen, wenn (1) eine gesicherte Rechtsprechung des EuGH vorliegt oder (2) wenn „die richtige Anwendung des Gemeinschaftsrechts derart offenkundig [ist], daß keinerlei Raum für einen vernünftigen Zweifel an der Entscheidung der gestellten Frage bleibt."[936] Der EuGH wendete in dem oben genannten Urteil

---

930 So auch *Betz*, Die verfassungsrechtliche Absicherung der Vorlagepflicht, S. 28.

931 *Schröder*, EuR 2011, 808 (808); *Wegener* in Calliess/Ruffert, EUV/AEUV-Kommentar, Art. 267 AEUV Rn. 27.

932 *Hakenberg* in Hakenberg, Europarecht, Rn. 304; *Schroeder*, Grundkurs Europarecht, § 9 Rn. 85.

933 EuGH Urt. v. 27.03.1963, Rs. C-30/62 (*Da Costa*), ECLI:EU:C:1963:6, Slg. 1963, 00061 S. 80 f.

934 *Karpenstein* in Grabitz/Hilf/Nettesheim, Das Recht der Europäischen Union, Art. 267 AEUV Rn. 56.

935 EuGH Urt. v. 06.10.1982, Rs. C-283/81 (*C.I.L.F.I.T.*), ECLI:EU:C:1982:335, Slg. 1982, 03415 Rn. 12 ff.; *Kaufmann* in Dauses/Ludwigs, Handbuch des EU-Wirtschaftsrechts, Kapitel P. II. Rn. 133 ff.

936 EuGH Urt. v. 06.10.1982, Rs. C-283/81 (*C.I.L.F.I.T.*), ECLI:EU:C:1982:335, Slg. 1982, 03415 Rn. 14 ff.

folglich die Theorie des „acte clair“ an, verzichtete jedoch in seiner Urteilsbegründung darauf, diese wortwörtlich zu erwähnen, wohl wissend, dass diese nicht mit dem Wortlaut von Art. 267 Abs. 3 AEUV vereinbar ist.[937] Insbesondere durch die Theorie des acte clair gibt der EuGH den nationalen Gerichten einen gewissen Ermessensspielraum. So bleibt es Sache der nationalen Gerichte, wann von vernünftigen Zweifeln ausgegangen werden kann und wann somit eine Vorlagepflicht besteht.[938]

In einer aktuellen Entscheidung der zweiten Kammer des EuGH hat dieser zu der Vorlagepflicht letztinstanzlicher Gerichte erneut Stellung bezogen und betont, dass zwar durch eine abweichende erstinstanzliche Entscheidung das letztinstanzliche Gericht nicht zwingend zur Vorlage verpflichtet ist; sollten jedoch mehrere Vorinstanzen unterschiedlich entscheiden und in anderen Mitgliedstaaten sich ebenfalls Auslegungsschwierigkeiten zeigen, so ist das letztinstanzliche Gericht zur Vorlage gem. Art. 267 Abs. 3 AEUV verpflichtet.[939] Damit entschied der EuGH erstmals über eine Verletzung der Vorlagepflicht und machte deutlich, dass es zwar Sache der nationalen Gerichte ist, zu entscheiden, ob ein acte clair vorliegt, also vernünftige Zweifel an der Anwendung des Unionsrechts bestehen, dieser Befreiung jedoch dort Grenzen gesetzt sind, wo daraus eine fehlerhafte Auslegung des Unionsrechts resultiert.[940]

2. Zwingende Vorlagefragen

Ausgehend von der grundsätzlichen Vorlagepflicht des BFH als letztinstanzliches Gericht stellt sich daher nunmehr die Frage, ob sich im Rahmen des Gemeinnützigkeits- und Spendenrechts weitere Vorlagefragen ergeben. Es ist dabei grundsätzlich nicht zulässig, dem EuGH eine Frage zur Vereinbarkeit der nationalen Vorschriften mit dem Unionsrecht vorzulegen. Er kann jedoch bei entsprechender Vorlagefrage ggf. dazu Stellung beziehen.[941] Indirekt erlangt so der

---

937 *Kaufmann* in Dauses/Ludwigs, Handbuch des EU-Wirtschaftsrechts, Kapitel P. II. Rn. 130 ff.; *Schroeder*, Grundkurs Europarecht, § 9 Rn. 85.

938 Zum Ermessensspielraum siehe insbesondere *Broberg/Fenger*, EuR 2010, 835 (839).

939 EuGH Urt. v. 09.09.2015, Rs. C-160/14 (*Ferreira da Silva e Brito ua/Estado português*), ECLI:EU:C:2015:565.

940 EuGH Urt. v. 09.09.2015, Rs. C-160/14 (*Ferreira da Silva e Brito ua/Estado português*), ECLI:EU:C:2015:565 Rn. 40, 44.

941 EuGH Urt. v. 15.07.1964, Rs. C-6/64 (*Costa/E.N.E.L.)*, ECLI:EU:C:1964:66, Slg. 1964, 01141, S. 1251 (1268); EuGH Urt. v. 12.07.1979, Rs. C-223/78 (*Grosoli*), ECLI:EU:C:1979:196, Slg. 1979, 2621 Rn. 3; EuGH Urt. v. 15.12.1993, Rs. C-292/92 (*Hünermund*), ECLI:EU:C:1993:932, Slg. 1993, I-6787 Rn. 8; EuGH Urt. v. 16.01.1997,

EuGH auch die Möglichkeit, nationale Vorschriften auf ihre Gültigkeit mit dem Unionsrecht zu überprüfen.[942] Dies geschieht insbesondere dort, wo die Vorlagefragen nicht entsprechend formuliert sind und der EuGH die Fragen so auslegt und umformuliert, dass es sich im Wesentlichen um die Auslegung des Unionsrechts handelt.[943] Auch im Rahmen der Direktspende ins Ausland geht es zunächst um die Frage, ob die Kapitalverkehrsfreiheit einer nationalen Vorschrift entgegensteht, welche für die Anerkennung der Gemeinnützigkeit notwendige Voraussetzungen aufstellt. Im Rahmen des Spendenrechts muss berücksichtigt werden, dass der EuGH bereits in der Rs. *Persche* – beschränkt auf die jeweiligen Vorlagefragen – einige notwendige Fragen beantwortet hat. Dabei standen einerseits die Fragen der Sachspende, des Schutzbereichs der Kapitalverkehrsfreiheit und der Möglichkeit der Anknüpfung an die Ansässigkeit unter Berücksichtigung des Verhältnismäßigkeitsprinzips sowie andererseits die Frage der Verpflichtung des Finanzamtes, von der Amtshilferichtlinie Gebrauch zu machen, im Mittelpunkt.[944] Die schon erfolgte Beantwortung dieser Vorlagefragen durch den EuGH schließt jedoch nicht zwangsläufig weitergehende Fragen im Bereich des Gemeinnützigkeits- und Spendenrechts aus.

Bei den im Nachgang dargestellten Vorlagefragen wird es vornehmlich um EU-ausländische Körperschaften gehen, da bei Drittstaaten die Kapitalverkehrsfreiheit zwar Anwendung findet, die Beschränkungen jedoch häufig gerechtfertigt sind.[945] Vorliegend beziehen sich die nachfolgenden Vorlagefragen im Besonderen auf EU-ausländische Körperschaften.

a) Vorlagefrage zum strukturellen Inlandsbezug

Die erste mögliche Vorlagefrage ergibt sich bereits aus § 51 Abs. 2 AO, welcher nunmehr einen strukturellen Inlandsbezug fordert.[946] Dabei steht nicht nur die Norm als solche, sondern auch die interne Verwaltungsanweisung in der Kritik. Letztere kann jedoch mangels Rechtsnormqualität nicht vom EuGH unmittelbar überprüft werden, sodass die Vorlagefrage sich auf die Norm

Rs. C-134/95 (*USSL/INAIL*), ECLI:EU:C:1997:16, Slg. 1997, I-00195 Rn. 17 f.; EuGH Urt. v. 30.04.1998, Rs. C-37/96 (*Sodiprem*), ECLI:EU:C:1998:179, Slg. 1998, I-2039 Rn. 22; *Ehricke* in Streinz, EUV/AEUV-Kommentar, Art. 267 AEUV Rn. 14.

942 *Ehricke* in Streinz, EUV/AEUV-Kommentar, Art. 267 AEUV Rn. 14.

943 EuGH Urt. v. 16.01.1997, Rs- C-134/95 (*USSL/INAIL*), ECLI:EU:C:1997:16, Slg. 1997, I-00195 Rn. 18.

944 Zum Instanzenzug in der Rs. *Persche* siehe S. 59 ff.

945 Für § 5 Abs. 2 Nr. 2 KStG siehe S. 79 ff.

946 Siehe S. 84 ff.

beschränken sollte.[947] Diese ist dennoch ausreichend für die Überprüfung der Europarechtskonformität, da sich die unterschiedliche Behandlung von in- und ausländischen gemeinnützigen Körperschaften auch aus § 51 Abs. 2 AO ergibt.

Eine mögliche Vorlagefrage könnte wie folgt ausformuliert sein:

Steht die Kapitalverkehrsfreiheit (Art. 63 AEUV) einer Regelung entgegen, nach der bei Verwirklichung des steuerbegünstigten Zwecks im Ausland erhöhte Anforderungen in der Weise gestellt werden, dass neben dem steuerbegünstigten Zweck zusätzlich eine natürliche Person, welche ihren Wohnsitz oder ihren gewöhnlichen Auftenthalt in Deutschland hat, gefördert werden muss oder die Tätigkeit der Körperschaft neben der Verwirklichung des steuerbegünstigten Zwecks auch zum Ansehen der Bundesrepublik Deutschland beiträgt und somit bei Verwirklichung des steuerbegünstigten Zwecks im Ausland die Anerkennung der Gemeinnützigkeit an unbestimmte Rechtsbegriffe anknüpft und im Ergebnis eine Anerkennung hierdurch erheblich erschwert wird?[948]

Derzeit hat sich mit der entsprechenden Anwendung des sog. strukturellen Inlandbezuges unter anderem das FG Köln auseinandergesetzt und die Vorschrift europarechtskonform ausgelegt.[949] Wünschenswert wäre gewesen, wenn bereits das FG Köln dem EuGH eine solche Frage vorgelegt hätte. Denn auch wenn dass FG die Vorschrift europarechtskonform ausgelegt hat, wird die Finanzverwaltung diese weiterhin nach ihren Maßstäben anwenden. Darüber hinaus ist nicht auszuschließen, dass die FG in dieser Frage unterschiedlich entscheiden. Dabei ist es zwar Aufgabe des BFH, eine einheitliche Rechtsprechung sicherzustellen, jedoch muss auch dieser als letztinstanzliches Gericht die grundsätzliche Vorlagepflicht bei unionsrechtlichen Fragen beachten. Das Auseinanderfallen gerichtlicher Entscheidungen soll nicht zuletzt durch die Vorlagepflicht verhindert werden, um so eine einheitliche Anwendung von Unionsrecht gewährleisten zu können. Derzeit noch abzuwarten bleibt, ob der BFH sich in diesem Falle zu einer erneuten Vorlage gezwungen sieht.[950] Es ist davon auszugehen, dass auch der EuGH die Versagung einer Indizwirkung im Rahmen von § 51 Abs. 2 AO für europarechtswidrig erklären wird und diese somit im Ergebnis nicht haltbar ist. Zugegeben verbleibt den Mitgliedstaaten ein Ermessensspielraum im Rahmen der direkten Steuern, jedoch hat dieser dort seine Grenzen erreicht, wo

947 *Gersch* in Klein, AO-Kommentar, § 4 Rn. 9; *Latzel/Streinz*, NJOZ 2013, 97 (102 ff.).

948 AEAO v. 31.01.2014, BStBl. I 2014, 290 (317), § 51 Abs. 2 Nr. 7.

949 FG Köln Urt. v. 20.01.2016 – 9 K 3177/14, EFG 2016, 653 Rn. 30.

950 Anhängiges Verfahren BFH seit 20.07.2016, X R 5/16.

Unionsvorschriften verletzt werden.[951] Dass ein Verzicht auf eine entsprechende Änderung durch eine europarechtsfreundliche Auslegung nicht ausreichend ist, kann aus dem Rechtsstaatsprinzip gem. Art. 20 Abs. 3 GG abgeleitet werden, wonach es die Rechts- und Normklarheit verlangt, eine solche Vorschrift förmlich zu ändern.[952]

b) Vorlagefrage zum neuen Feststellungsverfahren

Als weitere mögliche Vorlagefrage käme sodann das neue Feststellungsverfahren gem. § 60a AO in Betracht, welches eine Körperschaft, die weder unbeschränkt noch beschränkt körperschaftsteuerpflichtig ist, außer Acht lässt und daneben dem Spender nicht die Möglichkeit einräumt, einen entsprechenden Antrag zu stellen.[953] Die Vorlagefrage könnte wie folgt formuliert sein:

Steht die Kapitalverkehrsfreiheit (Art. 63 AEUV) einer Regelung entgegen, nach der einer ausländischen gemeinnützigen Körperschaft kein Zugang zum Feststellungsverfahren zur Anerkennung der Gemeinnützigkeit mangels unbeschränkter oder beschränkter Körperschaftsteuerpflicht gegeben wird, das einer inländischen gemeinnützigen Körperschaft jedoch wegen einer unbeschränkten oder beschränkten Körperschaftsteuerpflicht offen steht, wenn der ausländischen gemeinnützigen Körperschaft hierdurch der Genuss einer Steuerbegünstigung und mittelbar somit auch dem Spender eine Steuerbegünstigung versagt bleibt?

Die Problematik bzgl. des neuen Feststellungsverfahrens erkannte bereits der BFH in seinem Urteil vom 17.09.2013, ging jedoch nicht näher auf das Verfahren selber ein, da zum einen der Kläger selbst vorgetragen hatte, dass die entsprechenden Voraussetzungen nicht vorlagen, und zum anderen das Verfahren im vorliegenden Fall noch nicht angewandt werden musste.[954] Die offensichtliche Verletzung der Kapitalverkehrsfreiheit durch den vollständigen Ausschluss ausländischer gemeinnütziger Körperschaften ist auch nicht mit der Wirksamkeit der Steueraufsicht zu rechtfertigen. Fraglich bleibt jedoch, ob der BFH selber die Vorschrift ggf. europarechtskonform auslegt oder er sich zu einer erneuten

951 *Weiten/Feldner*, ZErb 2013, 88 (93).

952 *Ruppe*, DStR 2008, Beiheft 17, S. 20; *Weiten/Feldner*, ZErb 2013, 88 (93); siehe zum Reformvorschlag von § 51 Abs. 2 AO S. 135 ff.

953 Zum neuen Feststellungsverfahren als Annexverfahren zur Körperschaftsteuerveranlagung siehe S. 110 ff.

954 BFH Urt. v. 17.09.2013 – I R 16/12, BStBl. II 2014, 440 (441 f.) Rn. 11 = DStR 2014, 517 (518) Rn. 11.

Vorlage verpflichtet sieht. Auf Dauer ist eine bloße europarechtskonforme Auslegung jedenfalls nicht haltbar.[955]

c) Vorlagefrage zur Überprüfung der tatsächlichen Geschäftsführung

Darüber hinaus hat auch das Urteil des EuGH in der Rs. *Persche* weitere praktische Anwendungsfragen aufgeworfen, welche derzeit noch nicht abschließend geklärt sind. Insbesondere das Abstellen auf die sog. „stichhaltigen Belege“ zur Überprüfung der tatsächlichen Geschäftsführung sorgt für erhebliche praktische Schwierigkeiten. So nutzt derzeit die Finanzverwaltung die ursprüngliche Aussage des EuGH dahingehend aus, dass sie vom Spender die Vorlage bspw. der Satzung, von Tätigkeitsberichten, der Aufstellung der Einnahmen und Ausgaben, von Kassenberichten, einer Vermögensübersicht und vieles mehr verlangt.[956] Damit ist eine Hürde für den Spendenabzug geschaffen worden, welche kaum mit den vorangegangenen Entscheidungen des EuGH zu vereinbaren ist.[957] Ein Vergleich lässt sich zu den Entscheidungen in der Rs. *Meilicke I* und *Meilicke II* ziehen.[958] Das FG Köln legte dem EuGH unter anderem die Frage vor, ob es der Kapitalverkehrsfreiheit entgegensteht, wenn von einer ausländischen Körperschaft die Vorlage einer Körperschaftsteuerbescheinigung iSv § 44 KStG a.F. verlangt wird, um die tatsächlich entrichtete anzurechnende ausländische Körperschaftsteuer zu ermitteln, diese jedoch faktisch unmöglich zu erbringen ist.[959] Der EuGH stellte in der Rs. *Meilicke II* auf seine vorangegangene Rechtsprechung[960] ab, wonach grundsätzlich alle Belege verlangt werden können, welche zur Überprüfung notwendig sind, verdeutlichte jedoch, dass bei der Vorlage von Belegen „nicht das Maß an Detailliertheit“ verlangt werden darf, welche im Besteuerungsstaat des Anteilseigners gefordert wird.[961]

Überträgt man diese Entscheidung auf die derzeitige Praxis bei grenzüberschreitenden Spenden, wäre eine erneute Vorlagefrage möglich und auch

---

955 *Weiten/Feldner*, ZErb 2013, 88 (93).

956 BMF v. 16.05.2011 – IV C 4 – S 2223/07/0005 :008, BStBl. I 2011, 559.

957 Zum ursprünglichen Gedanken des EuGH siehe S. 49 ff.

958 *Thömmes*, FS Meilicke 2010, S. 753 (758 ff.).

959 FG Köln Beschl. v. 14.05.2009 – 2 K 2241/02, EFG 2009, 1491 ff.

960 EuGH Urt. v. 27.01.2009, Rs. C-318/07 (*Persche*), ECLI:EU:C:2009:33, Slg. 2009, I-00359 Rn. 54 = IStR 2009, 171 (174) Rn. 54; EuGH Urt. v. 10.02.2011, Rs. C-436/08 und 437/08 (*Haribo Lakritzen Hans Riegel*), ECLI:EU:C:2011:61, Slg. 2011, I-00306 Rn. 95.

961 EuGH Urt. v. 30.06.2011, Rs. C-262/09 (*Meilicke II*), ECLI:EU:C:2011:438, Slg. 2011, I-05669 Rn. 46.

wünschenswert. Die grundlegende Problematik für den Spender sah auch der Generalanwalt *Mengozzi*, welcher in seinen Schlussanträgen ebenfalls darauf hinwies, dass die jeweiligen Umstände mitberücksichtigt werden müssten. Zumindest derzeit fordert die Finanzverwaltung leider diese Detailliertheit und stellt den Spender vor kaum zu überwindende Hürden. Es ist daher fraglich,

ob die Kapitalverkehrsfreiheit (Art. 63 AEUV) einer Regelung entgegensteht, nach der vom Spender zur Überprüfung der tatsächlichen Geschäftsführung einer ausländischen gemeinnützigen Körperschaft die Vorlage der Satzung, von Tätigkeitsberichten, der Aufstellung der Einnahmen und Ausgaben, des Kassenberichts, einer Vermögensübersicht mit Nachweisen über die Bildung und Entwicklung von Rücklagen, der Aufzeichnung über die Vereinnahmung von Zuwendungen und über deren zweckgerichtete Verwendung sowie von Vorstandsprotokollen verlangt wird, die Erlangung solcher Belege jedoch faktisch nicht möglich oder mit unverhältnismäßigen Schwierigkeiten verbunden ist, sodass im Ergebnis ein Sonderausgabenabzug zwangsläufig ausscheidet?

Sieht man die Rechtsprechung des EuGH im Hinblick auf die Auslegung, was unter „stichhaltigen Belegen" zu verstehen ist, als gefestigt an,[962] sodass ein Fall des sog. acte éclairé vorliegt, kann es darüber hinaus auch dem Effektivitätsgrundsatz entgegenstehen, wenn vom Spender etwas verlangt wird, was er faktisch nicht erbringen kann, und ihm mangels Vorlage entsprechender Belege eine mittelbare Steuerbegünstigung versagt wird. Der Effektivitätsgrundsatz ist dabei als Schranke zu verstehen, wonach grundsätzlich die Verfahrensautonomie bei den Mitgliedstaaten verbleibt, diese jedoch dann ihre Grenze erreicht, wenn das nationale Recht so ausgestaltet ist, dass die Verwirklichung der Unionsregel praktisch unmöglich ist oder übermäßig erschwert wird.[963]

962 EuGH Urt. v. 26.06.2003, Rs. C-422/01 (*Skandia und Ramstedt*), ECLI:EU:C:2003:380, Slg. 2003, I-06817 Rn. 43 f.; EuGH Urt. v. 28.10.2010, Rs. C-72/09 (*Établissements Rimbaud SA*), ECLI:EU:C:2010:645, Slg. 2010, I-10659 Rn. 35; EuGH Urt. v. 30.06.2011, Rs. C-262/09 (*Meilicke II*), ECLI:EU:C:2011:438, Slg. 2011, I-05669 Rn. 46.

963 EuGH Urt. v. 16.05.2000, Rs. C-78/98 (*Shirley Preston*), ECLI:EU:C:2000:247, Slg. 2000, I-03201 Rn. 31; EuGH Urt. v. 07.01.2004, Rs. C-201/02 (*Wells*), ECLI:EU:C:2004:12, Slg. 2004, I-00723 Rn. 67; EuGH Urt. v. 19.09.2006, Rs. C-392/04 (*i-21 Germany GmbH*), ECLI:EU:C:2006:586, Slg. 2006, I-08559 Rn. 57; *Haratsch/Koenig/Pechstein*, Europarecht, Rn. 602; *Streinz*, Europarecht, § 7 Rn. 604.

Die Vorlagefrage könnte daher auch wie folgt formuliert sein:

Steht der Effektivitätsgrundsatz einer Regelung entgegen, die von einem Spender für die steuerliche Abzugsfähigkeit der Spende die Vorlage der Satzung, Tätigkeitsberichte, Aufstellung von Einnahmen und Ausgaben, Kassenberichte, Vermögensübersicht mit Nachweisen über die Bildung von Rücklagen, Aufzeichnungen über die Vereinnahmung von Zuwendungen und über deren zweckgerichtete Verwendung sowie Vorstandsprotokolle zur Überprüfung der Anerkennung der Gemeinnützigkeit der ausländischen Körperschaft verlangt, der Spender jedoch faktisch keine Möglichkeit hat, die notwendigen Belege zu erlangen?

Bislang findet in Entscheidungen nur im Rahmen der formellen Satzungsmäßigkeit eine Prüfung des Effektivitätsgrundsatzes statt, nicht jedoch bzgl. der tatsächlichen Geschäftsführung. Die Literatur ist sich in diesem Bereich nicht einig, ob die hohen Anforderungen gerechtfertigt sind oder nicht.[964] Die Vorlagefrage wäre in jedem Falle berechtigt und würde Rechtssicherheit für den Spender schaffen. Eine Verletzung von Art. 267 Abs. 3 AEUV durch das Urteil vom 21.01.2015 könnte dahingehend bejaht werden, dass zwar sowohl eine gesicherte Rechtsprechung des EuGH bzgl. der Frage, was unter „stichhaltigen Belegen" zu verstehen ist, als auch bzgl. der Frage, was unter den Effektivitätsgrundsatz zu fassen ist, vorliegt, jedoch keine ausreichende Rechtsprechung im Rahmen des Gemeinnützigkeitsrechts durch den EuGH vorhanden ist. Die Ausnahme im Falle des acte éclairé soll nur in vereinzelten Fällen greifen, und auch ein acte clair ist nicht gegeben, denn die in der Literatur geführte Diskussion zeigt deutlich, dass in diesem Bereich noch Zweifel vorhanden sind, welche nur der EuGH, der allein berechtigt ist, das Unionsrecht entsprechend zu überprüfen, ausräumen kann. Insbesondere muss auch beachtet werden, dass der EuGH zwar durch die in der C.I.L.F.I.T.-Entscheidung entwickelten Fallgruppen die Vorlagepflicht eingrenzen wollte, die Eingrenzung jedoch nicht missbraucht werden sollte, wenn tatsächlich entsprechende Fragen vorhanden sind. Liegen solche Fragen vor, so wird auch der EuGH eine Vorlagepflicht bejahen.[965]

---

964 FG Düsseldorf Urt. v. 14.01.2013 – 11 K 2439/10 E, EFG 2013, 678 (680); *Fischer*, FR 2015, 713 (717 ff.), welcher eine solche Voraussetzung als gerechtfertigt ansieht; a.A. *Thömmes*, FS Meilicke 2010, S. 753 (765).

965 Zur liberalen Haltung des EuGH im Rahmen des acte clair siehe *Broberg/Fenger*, EuR 2010, 835 (838 ff.).

d) *Vorlagefrage zur satzungsmäßigen Vermögensbindung*

Die wichtigste Vorlagefrage birgt die derzeit notwendige satzungsmäßige Vermögensbindung gem. § 61 AO iVm § 55 Nr. 4 AO. Das FG Bremen zeigt in seiner Entscheidung eine Möglichkeit zur Ausgestaltung einer solchen Vorlagefrage auf.[966] Das Gericht prüfte dabei die Vereinbarkeit der satzungsmäßigen Vermögensbindung mit dem europäischen Effektivitätsgrundsatz und bejahte im Ergebnis einen Verstoß. Denn mit dem Erfordernis der satzungsmäßigen Vermögensbindung wäre es für die ausländische gemeinnützige Körperschaft nicht möglich, die Voraussetzungen für die unmittelbare steuerliche Begünstigung zu erfüllen. Zwar sollte bei einem derartigen Verstoß gegen den Effektivitätsgrundsatz eine unionsrechtskonforme Auslegung erfolgen. Um dennoch die Vorschrift entsprechend auszugestalten und zu normieren, könnte eine Vorlagefrage an den EuGH auch insoweit den entscheidenden Anstoß in Richtung eines europarechtsfreundlichen Gemeinnützigkeits- und Spendenrechts geben. Nur so kann langfristig sichergestellt werden, dass auch eine ausländische gemeinnützige Körperschaft nicht von vornherein aus dem Anwendungsbereich des Gemeinnützigkeitsrechts herausfällt.[967] Fraglich ist daher,

ob die Kapitalverkehrsfreiheit (Art. 63 AEUV) und darüber hinaus der Effektivitätsgrundsatz einer Regelung entgegenstehen, nach der eine satzungsmäßige Vermögensbindung, wie sie in § 61 AO iVm § 55 Nr. 4 AO vorgesehen ist, auch von einer ausländischen gemeinnützigen Körperschaft verlangt wird, obwohl eine solche Vermögensbindung im Ansässigkeitsstaat der Körperschaft unbekannt ist und dadurch faktisch nicht erfüllt werden kann, stattdessen dort jedoch anderweitige, im Wesentlichen gleichwertige Schutzmechanismen vorhanden sind?

Im Bereich der satzungsmäßigen Vermögensbindung ist damit die Verletzung von Art. 267 Abs. 3 AEUV durch den BFH noch offensichtlicher. Denn auch nach Auffassung des EuGH in seiner aktuellen Rechtsprechung sollte ein letztinstanzliches Gericht vorlegen, wenn mehrere Vorinstanzen unterschiedlich urteilen und sich Auslegungsschwierigkeiten ergeben.[968] Bzgl. der satzungsmäßigen Vermögensbindung haben das FG Bremen und das FG Düsseldorf unterschiedliche

966 FG Bremen Urt. v. 08.06.2011 – 1 K 63/10 (6), DStRE 2012, 1321 (1326); bezugnehmend darauf FG Berlin-Brandenburg Urt. v. 24.07.2014 – 4 K 12276/11, EFG 2014, 2168 = DStRE 2015, 877 (879).

967 Hierzu sehr klar *Thömmes*, FS Meilicke 2010, S. 753 (764 f.).

968 EuGH Urt. v. 09.09.2015, Rs. C-160/14 (*Ferreira da Silva e Brito ua/Estado* português), ECLI:EU:C:2015:565 Rn. 43.

Auffassungen vertreten. Auch in Zukunft ist davon auszugehen, dass die Vorinstanzen hier eigene Wege beschreiten, sodass es auch innerhalb der BRD zu einer unterschiedlichen Rechtslage kommt. Dies zwingt ein letztinstanzliches Gericht nicht zu einer erneuten Vorlage, legt aber eine solche nahe. Insbesondere soll durch das Vorlageverfahren auch Individualschutz gewährleistet werden, sodass auch im Rahmen der satzungsmäßigen Vermögensbindung eine erneute Vorlage an den EuGH wünschenswert wäre.

e) *Vorlagefrage zum grundsätzlichen Ausschluss von Drittstaaten*

Zuletzt ergibt sich eine weitere Vorlagefrage im Rahmen von § 5 Abs. 1 Nr. 9 iVm § 5 Abs. 2 Nr. 2 KStG durch den grundsätzlichen Ausschluss von in Drittstaaten ansässigen Körperschaften von der unmittelbaren Steuerbegünstigung. Dieser stellt zunächst eine Beschränkung der Kapitalverkehrsfreiheit dar, welche zwar kraft Rechtfertigungsgrundes zulässig sein kann, im Hinblick auf die Rechtfertigung jedoch zahlreiche Einzelfallentscheidungen notwendig macht, sodass im Ergebnis ein hohes Maß an Rechtsunsicherheit verursacht wird. Sowohl aus dem Urteil des FG Baden-Württemberg als auch unmittelbar aus dem Urteil des FG Köln ergibt sich, dass diese eine Vorlage an den EuGH zunächst abgelehnt haben, da es sich nicht um letztinstanzliche Gerichte iSv Art. 267 Abs. 3 AEUV handelte.[969] Wünschenswert wäre daher gewesen, dass der BFH die schwierige Rechtslage erkennt und aufgrund seiner grundsätzlichen Verpflichtung aus Art. 267 Abs. 3 AEUV eine Vorlage an den EuGH beschließt.[970] Die mögliche Vorlagefrage könnte wie folgt gefasst sein:

Steht die Kapitalverkehrsfreiheit (Art. 63 AEUV) einer Regelung wie der des § 5 Abs. 1 Nr. 9 KStG iVm § 5 Abs. 2 Nr. 2 KStG entgegen, die eine gemeinnützige Körperschaft, die in einem Drittstaat ansässig ist, generell von der unmittelbaren Steuerbegünstigung, die im Inland ansässigen gemeinnützigen Körperschaften gewährt wird, ausschließt, obwohl diese die formellen und materiellen Voraussetzungen gem. §§ 51 ff. AO erfüllt und zwischen dem Drittstaat und Deutschland eine gleichwertige Möglichkeit zur Überwachung besteht, sodass eine Kontrolle der ausländischen Körperschaft erfolgen und ein Missbrauch verhindert werden kann?

---

969 FG Köln Urt. v. 15.01.2014 – 13 K 3735/10, EFG 2014, 667 = IStR 2014, 412 (417); FG Baden-Württemberg Urt. v. 23.04.2015 – 3 K 1766/13, IStR 2015, 701.

970 BFH Urt. v. 15.11.2017 – I R 39/15, BeckRS 2017, 144671 (Vorinstanz: FG-Baden-Württemberg Urt. v. 23.04.2015 – 3 K 1766/13, IStR 2015, 701 ff.).

Diese Vorlagefrage würde endgültig den Gesetzgeber zwingen, die Vorschrift insoweit anzupassen, als in Drittstaaten ansässige gemeinnützige Körperschaften nicht generell, sondern nur dann von der unmittelbaren Steuerbegünstigung ausgeschlossen sind, wenn es keinerlei Möglichkeiten der staatlichen Kontrolle gibt.

3. Zwischenfazit zur Verletzung der Vorlagepflicht

Die grundsätzliche Verpflichtung zur Vorlage von letztinstanzlichen Gerichten folgt aus dem Wortlaut von Art. 267 Abs. 3 AEUV. Auch im Rahmen des Gemeinnützigkeits- und Spendenrechts ergeben sich praktische Anwendungsfragen iSv Art. 267 AEUV. Die Aufweichung der grundsätzlichen Verpflichtung durch den EuGH überzeugt bereits dahingehend nicht, dass diese mit dem Wortlaut nicht vereinbar ist und darüber hinaus den nationalen Gerichten ein zu großer Ermessensspielraum in einem Bereich eingeräumt wird, in welchem nicht die notwendigen Kompetenzen vorhanden sind, um solche Fragen zu beantworten. Der Spender ist damit der Auslegung durch das nationale Gericht ausgeliefert.[971] Zumindest die aktuelle Entscheidung des EuGH zur Verletzung der Vorlagepflicht kann überzeugen. Diese stellt zwar keine Abweichung von der alten Rechtsprechung dar, zeigt aber den nationalen Gerichten eine weitere Grenze auf, ab der sie zu einer Vorlage verpflichtet sind.

Die Zurückhaltung der nationalen Gerichte, eine ggf. notwendige Frage an den EuGH vorzulegen, lässt sich zum Teil auf Unkenntnis der Richter im Bereich des Europarechts zurückführen, aber auch auf „nationalen Kompetenzegoismus."[972] Der Eindruck, dass die nationalen Gerichte gerne eine Vorlagepflicht umgehen, wird auch durch die Statistik deutlich.[973] So scheint zwar die Bundesrepublik auf den ersten Blick einer der vorlagefreudigeren Mitgliedstaaten zu sein; setzt man jedoch die absoluten Zahlen ins Verhältnis zu den Einwohnerzahlen, so ist die Bundesrepublik Deutschland nicht mehr Spitzenreiter.[974]

Diese Zurückhaltung scheint angesichts der Entscheidungen des BFH bzgl. grenzüberschreitender Spenden insbesondere im Bereich des Steuerrechts noch größer zu sein als in anderen Rechtsgebieten.[975] Im Bereich der direkten Steuern

---

971 *Haratsch/Koenig/Pechstein*, Europarecht, Rn. 565; *Streinz*, Europarecht, § 8 Rn. 694.

972 *Wegener* in Calliess/Ruffert, EUV/AEUV-Kommentar, Art. 267 AEUV Rn. 34 m.w.N.

973 *Rösler*, EuR 2012, 392 (404).

974 Ausführlich zur statistischen Analyse zur Nutzung des Vorabentscheidungsverfahrens siehe *Rösler*, EuR 2012, 392 ff.; zum selben Ergebnis gelangt auch *Betz*, Die verfassungsrechtliche Absicherung der Vorlagepflicht, S. 17 ff.

975 Sehr deutlich siehe *Thömmes*, FS Meilicke 2010, S. 753 (777).

sind wohl zu befürchtende geringere Steuereinnahmen die Ursache für diese Zurückhaltung bzgl. der Anerkennung ausländischer gemeinnütziger Körperschaften.[976] Im Rahmen von Direktspenden ins Ausland beruft sich der BFH auf die Entscheidung in der Rs. C.I.L.F.I.T. und sieht aufgrund der bereits vorangegangenen Entscheidung in der Rs. *Persche* von einer erneuten Vorlage an den EuGH ab.[977] Die FG hingegen sehen sich wegen Art. 267 Abs. 2 AEUV derzeit nicht verpflichtet, da sie keine letztinstanzlichen Gerichte sind.[978]

Diese Zurückhaltung im Rahmen von Art. 267 AEUV überzeugt nicht. Im Ergebnis lässt sich eine Verletzung der Vorlagepflicht gem. Art. 267 Abs. 3 AEUV damit bejahen, dass trotz der Entscheidung in der Rs. *Persche* nicht alle notwendigen Fragen beantwortet wurden und auch dadurch keine gesicherte Rechtsprechung vorliegt. Dass sich in einem Rechtsgebiet mehrere Vorlagefragen ergeben können und somit auch mehr als eine Vorabentscheidung des EuGH von Nöten sein kann, zeigt die Rs. *Meilicke I* und *Meilicke II.*[979] Dabei hatte der EuGH zwar bereits zur Frage der Anrechnung der Körperschaftsteuer durch das Anrechnungsverfahren bei Auslandsdividenden entschieden, jedoch stellten sich für das FG Köln weitere Folgeprobleme in Bezug auf die praktische Umsetzung der vorangegangenen Entscheidung, sodass es einer erneuten Vorlage bedurfte.[980] Es ist daher nichts Neues, wenn es trotz einer bereits ergangenen Entscheidung des EuGH einer erneuten Vorlage bedarf und insbesondere letztinstanzliche Gerichte zur einer solchen verpflichtet sind.

Der BFH verkennt in seinen aktuellen Entscheidungen zum einen, dass der EuGH in der Rs. *Persche* das Gemeinnützigkeits- und Spendenrecht sowie dessen Ausgestaltung den jeweiligen Mitgliedstaaten überlassen, daneben jedoch auch klargestellt hat, dass das diesbezügliche Ermessen unter Wahrung des Unionsrechts ausgeübt werden muss.[981] Zum anderen fehlt in dieser Grundsatzentscheidung

---

976 Zur Erhöhe der Steuermindereinnahmen aufgrund Steuerbegünstigung im Gemeinnützigkeits- und Spendenrecht in den Jahren 2013–2016 siehe 25. Subventionsbericht v. 02.09.2015, BT-Drs. 18/5940, S. 87.

977 BFH Urt. v. 17.09.2013 – I R 16/12, BStBl. II. 2014, 440 (443) Rn. 20 = DStR 2014, 517 (520) Rn. 20; BFH Urt. v. 21.01.2015 – X R 7/13, BStBl. II 2015, 588 (593) Rn. 52.

978 FG Köln Urt. v. 15.01.2014 – 13 K 3735/10, IStR 2014, 412 (417).

979 EuGH Urt. v. 06.03.2007, Rs. C-292/04 (*Meilicke I*), ECLI:EU:C:2007:132, Slg. 2007, I-01835; EuGH Urt. v. 20.06.2011, Rs. C-262/09 (*Meilicke II*), ECLI:EU:C:2011:438, Slg. 2011, I-05669.

980 *Linn/Müller*, IWB Nr. 23 v. 09.12.2009, 1138 (1138 ff.).

981 EuGH Urt. v. 27.01.2009, Rs-C-318/07 (*Persche*), ECLI:EU:C:2009:33, Slg. 2009, I-00350 Rn. 48 = IStR 2009, 171 (173) Rn. 48.

die unionsrechtliche Bewertung der weiteren Voraussetzungen nach der AO zur Anerkennung der Gemeinnützigkeit von ausländischen Körperschaften. Es kann folglich weder von einer gefestigten Rechtsprechung des EuGH ausgegangen werden noch davon, dass keinerlei Zweifel hinsichtlich der Auslegung des Unionsrechts bestehen. Insbesondere die zahlreichen erstinstanzlichen Urteile und die zum Teil unterschiedlichen Urteilsbegründungen zeigen, dass derzeit noch Zweifelsfragen offen sind. Darüber hinaus muss auch die Zurückhaltung des EuGH bei den Ausnahmen zur Vorlagepflicht beachtet werden. Das alleinige Abstellen auf die Grundsatzentscheidung sollte nicht dazu führen, dass sich das letztinstanzliche Gericht nicht ausreichend mit den unionsrechtlichen Fragen auseinandersetzt.

III. Rechtsschutzmöglichkeiten bei Verstoß gegen die Vorlagepflicht

1. Zur verfassungsrechtlichen Absicherung von Art. 267 AEUV

Fraglich bleibt, welche Möglichkeiten dem Spender – also der natürlichen Person – verbleiben, um gegen eine solche Verletzung von Art. 267 Abs. 3 AEUV vorzugehen. Die Verfassungsbeschwerde ist kein Rechtsbehelf iSv Art. 267 Abs. 3 AEUV, andernfalls würden die Vorlagepflicht und die Verfassungsbeschwerde sich gegenseitig aushebeln.[982] Es muss zunächst berücksichtigt werden, dass es keine sog. „Nichtvorlagebeschwerde" als Rechtsschutzmöglichkeit gibt.[983] Die Möglichkeit, über die Anhörungsrüge gegen eine Nichtvorlage vorzugehen, wird in der Literatur unterschiedlich beurteilt, ist jedoch im Ergebnis wohl ungeeignet, da es zum einen bei der Nichtvorlage um eine Zuständigkeitsfrage geht und nicht um das fehlende Auseinandersetzen mit Parteivorbringen und zum anderen die Anhörungsrüge das BVerfG entlasten soll und daher auch nicht dafür konzipiert wurde, einen Mehraufwand zu verursachen.[984] Einzig die Verfassungsbeschwerde bzgl. des Rechts auf einen gesetzlichen Richter gem. Art. 101 Abs. 1 S. 2 GG sowie bzgl. eines möglichen Rechtsschutzes gegen öffentliche Gewalt gem. Art. 19 Abs. 4 GG käme als Möglichkeit in Betracht. Dabei müssen

982 *Ehricke* in Streinz, EUV/AEUV-Kommentar, Art. 267 AEUV Rn. 42; *Karpenstein* in Grabitz/Hilf/Nettesheim, Das Recht der Europäischen Union, Art. 267 AEUV Rn. 53; *Wegener* in Calliess/Ruffert, EUV/AEUV-Kommentar, Art. 267 AEUV Rn. 27.

983 *Schröder*, EuR 2011, 808 (811).

984 *Schröder*, EuR 2011, 808 (813) m.w.N.

jedoch die Rechtsprechung des BVerfG und die übermäßige Zurückhaltung des Gerichts bzgl. dieser Thematik berücksichtigt werden.[985]

2. Verfassungsbeschwerde gem. Art. 101 Abs. 1 S. 2 GG

Dass gegen eine Verletzung der Vorlagepflicht mit der Verfassungsbeschwerde unter Berufung auf Art. 101 Abs. 1 S. 2 GG vorgegangen werden kann, hatte das BVerfG erstmals in seinem Solange-II-Beschluss aus dem Jahr 1986 bejaht.[986] Damit hat das Gericht zunächst die Möglichkeit geschaffen, innerstaatlich gegen eine solche Verletzung vorzugehen. Liegt somit eine Nichtbeachtung der Vorlagepflicht gem. Art. 267 Abs. 3 AEUV durch den BFH vor, ist daher grundsätzlich eine Verfassungsbeschwerde unter Berufung auf Art. 101 Abs. 1 S. 2 GG denkbar.[987]

a) Subsidiarität

Die Verfassungsbeschwerde ist subsidiär gegenüber anderen Möglichkeiten, sodass der Rechtsweg bereits vollständig beschritten worden sein muss. Notwendig ist daher auch im Rahmen der Vorlagepflicht gem. Art. 267 Abs. 3 AEUV, dass der Spender das Erfordernis einer Vorlagepflicht im Gerichtsverfahren vor dem BFH ausreichend dargelegt hat.[988] Dass daraus keine Verpflichtung des letztinstanzlichen Gerichts resultiert, zeigt Art. 267 AEUV, welcher dem Einzelnen kein Recht einräumt, selbst an den EuGH heranzutreten. In dem Urteil des BFH vom 21.01.2015 findet sich beispielsweise ein entsprechendes Vorbringen der Klägerin gegen das Urteil der Vorinstanz mit der Begründung, dass ein „ausschließliches Abstellen auf den Inhalt der Satzung einer ausländischen Einrichtung [...] gegen den unionsrechtlichen Effektivitätsgrundsatz [verstoße]."[989] Damit dürfte die Klägerin als spätere Beschwerdeführerin das Erfordernis einer erneuten Vorlage deutlich zum Ausdruck gebracht haben.

b) Sachlicher Schutzbereich

Lange Zeit war unklar, ob der EuGH als gesetzlicher Richter iSv Art. 101 Abs. 1 S. 2 GG angesehen werden kann. Nach dem Solange II-Beschluss des BVerfG ist

---

985 *Schröder*, EuR 2011, 808 (811).

986 BVerfG Beschl. v. 22.10.1986 – 2 BvR 197/83, BVerfGE 73, 339 (366 ff.).

987 *Fastenrath*, FS Ress 2005, S. 461 (461); *Michael/Morlok*, Grundrechte, Rn. 893; *Münch/Mager*, Staatsrecht I, Rn. 531; *Schröder*, EuR 2011, 808 (813 f.).

988 *Betz*, Die verfassungsrechtliche Absicherung der Vorlagepflicht, S. 149.

989 BFH Urt. v. 21.01.2015 – X R 7/13, BStBl. II 2015, 588 (589) Rn. 8.

diese Frage nunmehr geklärt und der EuGH als gesetzlicher Richter iSv Art. 101 Abs. 1 S. 2 GG anerkannt.[990]

c) Persönlicher Schutzbereich

Auf Art. 101 Abs. 1 S. 2 GG kann sich jedermann berufen, sodass sich hinsichtlich des persönlichen Schutzbereichs keine Einschränkung ergibt.[991]

d) Willkürmaßstab als Einschränkung

aa) Ursprung der Willkürformel und deren Herleitung

Durch diesen weiten Schutzbereich von Art. 101 Abs. 1 S. 2 GG sah das BVerfG die Gefahr, zu einer Superrevisionsinstanz zu werden. Um eine Ausuferung zu verhindern, nahm das Gericht selbst eine Einschränkung dahingehend vor, dass „eine willkürliche Anmaßung von Kompetenzen seitens einer Rechtsinstanz vorliegen müsse."[992] Ursprünglich findet sich diese Willkürformel in der Rechtsprechung des BVerfG zu Art. 3 Abs. 1 GG[993], wonach Willkür dann vorliegt, wenn Maßnahmen „bei verständiger Würdigung der das Grundgesetz beherrschenden Gedanken nicht mehr verständlich sind und sich daher der Schluß aufdrängt, daß sie auf sachfremden Erwägungen beruhen."[994] In nachfolgenden Entscheidungen konkretisiert das Gericht die Willkürformel dahingehend, dass hierunter solche gerichtlichen Entscheidungen fallen, welche „nicht mehr verständlich" erscheinen oder „offensichtlich unhaltbar" sind.[995] Das BVerfG behalf

---

990 BVerfG Beschl. v. 22.10.1986 – 2 BvR 197/83, BVerfGE 73, 339 (366 ff.).

991 BVerfG Beschl. v. 26.02.1954 – 1 BvR 537/53, BVerfGE 3, 359 (363); BVerfG Beschl. v. 08.11.1960 – 2 BvR 177/60, BVerfGE 12, 6 (8); BVerfG Beschl. v. 07.04.1965 – 2 BvR 227/64, BVerfGE 18, 441 (447); BVerfG Beschl. v. 12.04.1983 – 2 BvR 678/81, BVerfGE 64, 1 (11); BVerfG Beschl. v. 10.07.1990 – 1 BvR 984/87, BVerfGE 82, 286 (295); *Wolff* in Hömig/Wolff, GG-Kommentar, Art. 101 Rn. 3; *Pieroth* in Jarass/Pieroth, GG-Kommentar, Art. 101 Rn. 7.

992 BVerfG Beschl. v. 26.02.1954 – 1 BvR 537/53, BVerfGE 3, 359 (364 f.), welches auf die Abhandlung von *Eduard Kern* aus dem Jahr 1927 Bezug nahm, *Kern*, Der gesetzliche Richter, S. 191; kritisch hierzu *Fastenrath*, FS Ress 2005, S. 461 (472 f.).

993 BVerfG Beschl. v. 01.07.1954 – 1 BvR 361/52, BVerfGE 4, 1 (7).

994 BVerfG Beschl. v. 01.07.1954 – 1 BvR 361/52, BVerfGE 4, 1 (7); erstmals in BVerfG Beschl. v. 12.10.1951 – 1 BvR 201/51, BVerfGE 1, 14 (52) aufgeführt, jedoch noch nicht genau differenziert, was unter Willkür zu fassen ist.

995 BVerfG Urt. v. 16.01.1957 – 1 BvR 134/56, BVerfGE 6, 45 (53); BVerfG Beschl. v. 30.06.1970 – 2 BvR 48/70, BVerfGE 29, 45 (49); BVerfG Beschl. v. 31.05.1990 – 2 BvL 12/88, BVerfGE 82, 159 (194); BVerfG Urt. v. 28.01.2014 – 2 BvR 1561/12, BVerfGE

sich in den ersten Beschlüssen mit der öffentlich-rechtlichen Abhandlung von *Eduard Kern*, wodurch sich das Gericht zunächst eigene Ausführungen zur Willkürformel ersparte. *Kern* differenzierte dabei in seiner Abhandlung „zwischen externen Eingriffen in die gesetzliche Zuständigkeitsordnung durch Legislative und Exekutive sowie internen Maßnahmen durch die Justiz selbst."[996] Diese Herleitung und Differenzierung ist jedoch mit dem Wortlaut unvereinbar und hat einen rein historischen Charakter.[997] Die Literatur ist sich derweil dahingehend einig, dass es der Willkürformel nur insoweit bedarf, als es sich um ein Instrument zur Unterscheidung zwischen der Fachgerichtsbarkeit und der Verfassungsgerichtsbarkeit handelt.[998]

bb) Die konkretisierte Willkürformel bei der Vorlagepflicht

Die Willkürformel wandte das BVerfG später auch im Rahmen einer Verfassungsbeschwerde unter Berufung auf Art. 267 Abs. 3 AEUV an, um auch hier ein erhöhtes Aufkommen von Verfassungsbeschwerden zu verhindern.[999] Anknüpfungspunkt der Willkürformel war zunächst die Frage, ob das Gericht seinen Beurteilungsspielraum hinsichtlich der Auslegung des materiellen Unionsrechts in unvertretbarer Weise überschritten hat.[1000] Dabei nahm der Senat eine weitere Einschränkung in dem Beschluss vom 31.05.1990 vor, indem er drei Fallgruppen formulierte, wann eine Verfassungsbeschwerde aufgrund von Willkür ausscheide.[1001] Nach Ansicht des Senats ist die Vorlagepflicht verletzt, wenn (1) das Gericht grundsätzlich die Vorlagepflicht verkennt, (2) das Gericht bewusst von der vorangegangenen EuGH-Rechtsprechung abweicht[1002] oder (3) die Rechtsprechung des EuGH noch unvollständig ist.[1003] Im Rahmen des Gemeinnützigkeits- und Spendenrechts können die ersten beiden genannten Fallgruppen ausgeschlossen werden. Der BFH hat in beiden aktuellen Urteilen

135, 155 (231) Rn. 179; ausführlich zur historischen Entwicklung der Willkürformel *Epping*, Grundrechte, Rn. 795 ff.

996 *Fastenrath*, FS Ress 2005, S. 461 (472 f.); *Kern*, Der gesetzliche Richter, S. 191 ff.

997 Ausführlich siehe *Betz*, Die verfassungsrechtliche Absicherung der Vorlagepflicht, S. 87.

998 *Betz*, Die verfassungsrechtliche Absicherung der Vorlagepflicht, S. 89; *Fastenrath*, FS Ress 2005, 461 (473).

999 BVerfG Beschl. v. 26.02.1954 – 1 BvR 537/53, BVerfGE 3, 359 (365).

1000 BVerfG Beschl. v. 31.05.1990 – 2 BvR 12/88, BVerfGE 82, 159 (195 f.).

1001 BVerfG Beschl. v. 31.05.1990 – 2 BvR 12, 13/88, BVerfGE 82, 159 (195 ff.).

1002 BVerfG Beschl. v. 08.04.1987 – 2 BvR 678/85, BVerfGE 75, 223 (231 ff.).

1003 BVerfG Beschl. v. 31.05.1990 – 2 BvR 12, 13/88, BVerfGE 82, 159 (195 ff.).

die Vorlagepflicht nicht grundsätzlich verkannt, da er das Gemeinschaftsrecht berücksichtigt und zumindest in begrenztem Maße geprüft hat. Auch ist er nicht von der Rs. *Persche* bewusst abgewichen, vielmehr gehen die derzeitigen Fragen über diese Entscheidung des EuGH hinaus, weshalb auch die zweite Fallgruppe nicht eingreift.

Problematischer erscheinen daher die letztgenannte Fallgruppe und der Anknüpfungspunkt an das materielle Unionsrecht.[1004] Das BVerfG nahm in seinem Beschluss Bezug auf die C.I.L.F.I.T.-Kriterien[1005], welche wiederum für sich genommen bereits Schwierigkeiten bei der Abgrenzung aufweisen. Bis ins Jahr 2010 bejaht das BVerfG eine Verletzung von Art. 101 Abs. 1 S. 2 GG nur in solchen Fällen, in welchen „das letztinstanzliche Hauptsachegericht den ihm in solchen Fällen notwendig zukommenden Beurteilungsspielraum in unvertretbarer Weise überschritten hat."[1006] Die Literatur kritisierte bereits nach dem Solange II-Beschluss die Anknüpfung an die Prüfung des materiellen Unionsrechts, da hierdurch erhebliche Hürden entstünden, sodass eine Verletzung der Vorlagepflicht oftmals sanktionslos bleibe und sich „empfindliche Rechtsschutzlücken" auftäten.[1007] Entscheidend sei bei der Vorlagepflicht die prozessuale Sichtweise – also ob das letztinstanzliche Gericht innerhalb seiner Zuständigkeit prüfe. Diese Kritik blieb über 20 Jahre bestehen, sodass auch weit in die 2000er Jahre hinein fortlaufend über die Einschränkungen des BVerfG diskutiert wurde.

Roth kritisiert in einem Aufsatz aus dem Jahr 2009, das Gericht verkenne, dass eine Verfassungsbeschwerde gem. Art. 101 Abs. 1 S. 2 GG nicht bereits deshalb verwehrt bleiben darf, weil das Gericht materiell-rechtlich die Vorschrift in vertretbarer Art und Weise ausgelegt hat. Vielmehr stelle die Vorlagepflicht gem. Art. 267 Abs. 3 AEUV auf prozessuale Merkmale ab. Des Weiteren müsse auch das BVerfG im Rahmen der Vorlagepflicht die acte clair-Doktrin berücksichtigen, welche jedoch einen anderen Maßstab hat als die Willkürformel des BVerfG. Wendet man diese auch bei der Verfassungsbeschwerde aufgrund von Art. 101 Abs. 1 S. 2 GG an, so kann diese nur dann ausscheiden, wenn das Gericht die unionsrechtlichen Fragen sowohl für den EuGH als auch für alle Gerichte der weiteren Mitgliedstaaten offenkundig und zweifelsfrei beantworten kann.[1008] Nach Ansicht von *Roth* scheidet daher eine Verfassungsbeschwerde erst

---

1004 *Schröder*, EuR 2011, 808 (815).

1005 *Schröder*, EuR 2011, 808 (814).

1006 BVerfG Beschl. v. 31.05.1990 – 2 BvR 12, 13/88, BVerfGE 82, 159 (195 f.).

1007 Grundlegend hierzu *Roth*, NVwZ 2009, 345 (350); *Clausnitzer*, NJW 1989, 641 (643); *Schröder*, EuR 2011, 808 (815).

1008 *Roth*, NVwZ 2009, 345 (350).

dann aus, wenn die acte clair-Doktrin entsprechend angewandt worden ist und die Antwort offenkundig und zweifelsfrei ist. Die Ansicht *Roths* ist inzwischen herrschende Meinung in der Literatur. Folgt man der herrschenden Meinung im Rahmen der Verfassungsbeschwerde bzgl. Art. 267 Abs. 3 AEUV, geht es daher um eine rein prozessuale Frage und nicht darum, ob das letztinstanzliche Gericht in materiell-rechtlicher Hinsicht die Unionsvorschriften vertretbar ausgelegt und angewendet hat.[1009]

cc) Die Zurückhaltung des BVerfG im Rahmen der Vorlagepflicht

Auch das BVerfG erkannte die Problematik der Fallgruppe und deren Anknüpfung an das materielle Unionsrecht und befasste sich im Jahr 2010 ausführlich damit. Dabei verdeutlichte der Erste Senat zunächst, dass es sich bei den bisherigen Fallgruppen um eine nicht abschließende Aufzählung handele.[1010] Unerheblich sei, ob das Gericht das materielle Unionsrecht vertretbar ausgelegt habe; vielmehr komme es darauf an, ob die Voraussetzungen der Vorlagepflicht richtig angewandt worden sind,[1011] sodass die EuGH-Rechtsprechung auch im Rahmen der Verfassungsbeschwerde zu berücksichtigen sei. Es dürfe folglich nur dann von einer Vorlage gem. Art. 267 Abs. 3 AEUV abgesehen werden, wenn „die betreffende Bestimmung des Gemeinschaftsrechts bereits Gegenstand einer Auslegung des EuGH war oder die richtige Anwendung des Gemeinschaftsrechts derart offenkundig ist, dass für einen vernünftigen Zweifel keinerlei Raum bleibt."[1012] Damit näherte der Erste Senat sich dem Maßstab des EuGH an.

Anders argumentierte der Zweite Senat des BVerfG in der Rs. *Honeywell*.[1013] Der Zweite Senat legte den Willkürmaßstab auch bei der Frage einer möglichen Vorlagepflicht gem. Art. 267 Abs. 3 AEUV an, weshalb die materielle Unionsrechtslage entscheidend sei und nicht allein die prozessuale Anknüpfung. Insbesondere sei das Gericht „unionsrechtlich nicht verpflichtet, die Verletzung

1009 *Betz*, Die verfassungsrechtliche Absicherung der Vorlagepflicht, S. 128 f.; *Britz*, NJW 2012, 1313 (1314 f.); *Kokott/Henze/Sobotta*, JZ 2006, 633 (636); *Roth*, NVwZ 2009, 345 (350); *Thüsing/Pötter/Traut*, NZA 2010, 930 (931).

1010 BVerfG Beschl. v. 25.02.2010 – 1 BvR 230/09, BVerfGK 17, 108 (113) = NJW 2010, 1268 (1269) Rn. 20.

1011 BVerfG Beschl. v. 25.02.2010 – 1 BvR 230/09, BVerfGK 17, 108 (113) = NJW 2010, 1268 (1269) Rn. 20.

1012 BVerfG Beschl. v. 25.02.2010 – 1 BvR 230/09, BVerfGK 17, 108 (113) = NJW 2010, 1268 (1269) Rn. 20.

1013 BVerfG Beschl. v. 06.07.2010 – 2 BvR 2661/06, BVerfGE 126, 286 (315) = EuZW 2010, 828 (834) Rn. 87 ff.

der unionsrechtlichen Vorlagepflicht voll zu kontrollieren und an der Rechtsprechung des EuGH zu Art. 267 Abs. 3 AEUV auszurichten."[1014] Dass damit der Zweite Senat des BVerfG eine andere Auffassung vertrat als der Erste Senat, belegt die Zitierweise des Zweiten Senats, der den Beschluss des Ersten Senats vom 25.02.2010 als andere Ansicht mitaufführte.[1015] Die beiden Beschlüsse zeigen, dass auch innerhalb des Gerichts Unstimmigkeiten vorhanden sind, wie mit einer entsprechenden Verfassungsbeschwerde zu verfahren ist.[1016] Der Erste Senat versuchte dennoch, diese Divergenz zu ignorieren, indem er in den Folgebeschlüssen auch die Entscheidungen des Zweiten Senats mitaufführte und so eine einheitliche Auslegung suggerierte.[1017] Zumindest seit 2010 wiederholt der erste Senat immer wieder die Auffassung, dass nunmehr auch bei der Frage einer möglichen Verfassungsbeschwerde gem. Art. 101 Abs. 1 S. 2 GG aufgrund mangelnder Vorlage gem. Art. 267 Abs. 3 AEUV die Rechtsprechung des EuGH zu berücksichtigen sei.[1018]

dd) Beschluss des Zweiten Senats des BVerfG v. 29.04.2014

Nunmehr hat auch der Zweite Senat zu der Diskussion innerhalb der Fachliteratur insoweit Stellung bezogen, als er die unterschiedliche Terminologie zwischen den Senaten bejaht, jedoch verdeutlicht, dass beide im Ergebnis übereinkommen und die unterschiedliche Formulierung keine Auswirkung habe.[1019] So liege im Ergebnis lediglich dann eine Verletzung von Art. 101 Abs. 1 S. 2 GG vor, wenn das Fachgericht seinen Beurteilungsspielraum in unvertretbarer Weise überschritten habe. Dies sei der Fall, wenn die Voraussetzungen eines „acte clair" oder ein „acte éclairé" nach den Grundsätzen des EuGH gegeben sind.[1020] „Unvertretbar gehandhabt wird Art. 267 Abs. 3 AEUV im Falle der Unvollständigkeit der Rechtsprechung insbesondere dann, wenn das Fachgericht eine von vornherein eindeutige oder zweifelsfrei geklärte Rechtslage ohne sachlich

---

1014 BVerfG Beschl. v. 06.07.2010 – 2 BvR 2661/06, BVerfGE 126, 286 (316) = EuZW 2010, 828 (834) Rn. 89.

1015 BVerfG Beschl. v. 06.07.2010 – 2 BvR 2661/06, BVerfGE 126, 286 (316) = EuZW 2010, 828 (834) Rn. 89; *Calliess*, NJW 2013, 1905 (1909); *Schröder*. EuR 2011, 808 (824).

1016 *Bäcker*, NJW 2011, 270 (271); *Calliess*, NJW 2013, 1905 (1908 f.); *Schröder*, EuR 2011, 808 (824 ff.).

1017 *Schröder*, EuR 2011, 808 (824).

1018 BVerfG-Kammerbeschl. v. 08.10.2015 – 1 BvR 1320/14, juris.

1019 BVerfG Beschl. v. 29.04.2014 – 2 BvR 1572/10, NJW 2014, 2489 (2491) Rn. 24.

1020 BVerfG Beschl. v. 29.04.2014 – 2 BvR 1572/10, NJW 2014, 2489 (2490) Rn. 21.

einleuchtende Begründung bejaht."[1021] Im Nachgang verdeutlichte der Zweite Senat erneut, dass es keinerlei Verpflichtung zur Kontrolle von Art. 267 Abs. 3 AEUV gebe und eine umfassende Rechtsschutzmöglichkeit auch nicht gewährleistet werden müsse.[1022] Die Zitierung der Dissertation von *Betz* aus dem Jahr 2014 verwundert, spricht sich dieser doch für eine liberale Haltung in dieser Fallkonstellation aus und zeigt die Notwendigkeit einer weiteren Rechtsschutzmöglichkeit auf.[1023] Ob die Ansicht des Zweiten Senats des BVerfG überzeugt, kann zunächst dahinstehen, denn zumindest durch die Anwendung der Willkürformel in Kombination mit den Einschränkungen des EuGH zur Vorlagepflicht hat eine Verfassungsbeschwerde gem. Art. 101 Abs. 1 S. 2 GG unter Berufung auf Art. 267 Abs. 3 AEUV kaum Aussicht auf Erfolg.[1024]

ee) Zwischenergebnis

Im Ergebnis lässt sich zunächst festhalten, dass eine Verfassungsbeschwerde bei Unvollständigkeit der Rechtsprechung des EuGH unter Berufung auf Art. 101 Abs. 1 S. 2 GG dann begründet ist, „wenn das letztinstanzliche Hauptsachegericht den ihm in solchen Fällen notwendig zukommenden Beurteilungsspielraum in unvertretbarer Weise überschreitet hat."[1025] Der Zweite Senat sieht dies zumindest dann als gegeben an, „wenn [...] das Vorliegen eines „acte clair" oder „acte éclairé" willkürlich bejaht [wird]."[1026]

Es stellt sich im Rahmen des Gemeinnützigkeits- und Spendenrechts die Frage, ob (1) eine Unvollständigkeit der Rechtsprechung des EuGH trotz der Entscheidung in der Rs. *Persche* vorliegt und (2) ob das letztinstanzliche Hauptsachegericht (BFH) insoweit seinen Beurteilungsspielraum in unvertretbarer Weise überschritten hat, indem es eine erneute Vorlage an den EuGH ablehnte. Die restriktive Handhabung der Verfassungsbeschwerde unter Berufung auf eine Verletzung von Art. 267 Abs. 3 AEUV lässt vermuten, dass das BVerfG aufgrund der Entscheidung in der Rs. *Persche* bereits die Unvollständigkeit der Rechtsprechung ablehnt. Diese Annahme ist zwar nicht zwingend, jedoch hat der BFH sich in den aktuellen Entscheidungen zumindest im begrenzten Umfang auch

1021 BVerfG Beschl. v. 29.04.2014 – 2 BvR 1572/10, NJW 2014, 2489 (2491) Rn. 23.
1022 BVerfG Beschl. v. 29.04.2014 – 2 BvR 1572/10, NJW 2014, 2489 (2491) Rn. 26.
1023 *Betz*, Die verfassungsrechtliche Absicherung der Vorlagepflicht, S. 324 ff.
1024 BVerfG Beschl. v. 15.01.2015 – 1 BvR 499/12, WM 2015 Heft 11, 525; BVerfG Beschl. v. 27.04.2016 – 1 BvR 2996/13, BeckRS 2016, 46240; BVerfG Beschl. v. 20.02.2017 – 2 BvR 63/15, NVwZ 2017, 615.
1025 BVerfG Beschl. v. 29.04.2014 – 2 BvR 1572/10, NJW 2014, 2489 (2490) Rn. 21.
1026 BVerfG Beschl. v. 29.04.2014 – 2 BvR 1572/10, NJW 2014, 2489 (2490) Rn. 21.

mit der unionsrechtlichen Rechtslage und der Frage einer Vorlagepflicht gem. Art. 267 Abs. 3 AEUV befasst und seine jeweilige Ansicht begründet. Damit hat dieser wohl nach Ansicht des BVerfG nicht seinen Beurteilungsspielraum in unvertretbarer Weise überschritten. Dem Spender steht daher im Ergebnis eher eine „Schein-Rechtsschutzmöglichkeit" zu als eine reelle Möglichkeit, gegen die Nichtvorlage innerstaatlich vorzugehen.[1027]

Zu keinem anderen Ergebnis gelangt man bei einer möglichen Verfassungsbeschwerde unter Berufung auf Art. 19 Abs. 4 GG, der gegenüber Art. 101 Abs. 1 S. 2 GG nachrangig zu prüfen ist.[1028] Das BVerfG wendet auch hier eine der Willkürformel ähnliche Einschränkung an, wonach Art. 19 Abs. 4 GG keinen Anspruch auf die Errichtung eines bestimmten Instanzenzuges sichert, sondern lediglich der Zugang zu diesem „nicht in unzumutbarer und durch Sachgründe nicht mehr zu rechtfertigender Weise erschwert werden" darf.[1029] Grundsätzlich kann daher davon ausgegangen werden, dass bei Ausscheiden einer Verfassungsbeschwerde aus Art. 101 Abs. 1 S. 2 GG mangels Willkür auch eine Verfassungsbeschwerde gem. Art. 19 Abs. 4 GG unbegründet ist.[1030]

3. Weitere Rechtsschutzmöglichkeiten

Neben einer möglichen Verfassungsbeschwerde kommen drei weitere Möglichkeiten in Betracht, wie gegen eine Nichtvorlage vorgegangen werden kann. Zum einen könnte der Spender eine Beschwerde mangels eines fairen Verfahrens vor dem EGMR einreichen, oder es besteht ein möglicher Haftungsanspruch gegenüber Deutschland durch Verletzung einer unionsrechtlichen Norm. Darüber hinaus könnte die EU-Kommission tätig werden und ein Vertragsverletzungsverfahren gegen die Bundesrepublik einleiten. Hierbei kann die EU-Kommission differenzieren, ob dieses sich auf die Gerichtsentscheidung bezieht, bei welcher nicht vorgelegt wurde, oder ob ggf. gegen den Gesetzgeber vorgegangen wird, da dieser ursprünglich für die europarechtswidrigen Vorschriften verantwortlich ist.[1031]

1027 Zu einem ähnlichen Ergebnis gelangen auch *Betz*, Die verfassungsrechtliche Absicherung der Vorlagepflicht, S. 153; *Gehlhaar*, NZA 2010, 1053 (1054); *Thüsing/Pötters/Traut*, NZA 2010, 930 (932 f.); *Wegener*, EuR 2002, 785 (785).

1028 *Betz*, Die verfassungsrechtliche Absicherung der Vorlagepflicht, S. 135.

1029 M.w.N. BVerfG Beschl. v. 16.07.2013 - 1 BvR 3057/11, BVerfGE 134, 106 (117) Rn. 34.

1030 *Betz*, Die verfassungsrechtliche Absicherung der Vorlagepflicht, S. 145.

1031 *Ehricke* in Streinz, EUV/AEUV-Kommentar, Art. 267 AEUV Rn. 49; *Wegener* in Calliess/Ruffert, EUV/AEUV-Kommentar, Art. 267 AEUV Rn. 35; *Wißmann* in

a) *Beschwerde vor dem EGMR*

Die Nichtvorlage an den EuGH kann grundsätzlich eine Verletzung von Art. 6 EMRK darstellen.[1032] Damit besteht die Möglichkeit, über die Individualbeschwerde gem. Art. 34, 41 EMRK eine Entschädigung in Geld zu erhalten.[1033] Ähnlich wie das BVerfG nimmt auch der EGMR eine Einschränkung dahingehend vor, dass auch hier eine Willkürkontrolle notwendig ist.[1034] Dabei ließ der EGMR lange Zeit offen, was er unter „Willkür" versteht und ob er einen ähnlichen Maßstab wie das BVerfG anwendet.[1035] Dieser Problematik hat der EGMR nunmehr selbst abgeholfen, indem er die Willkürformel dahingehend definiert, dass eine Ablehnung eines Antrages auf Vorlage zum EuGH dann willkürlich ist, „[…] wenn ein Antrag abgelehnt wird, obwohl die geltenden Vorschriften keine Ausnahme und kein Abweichen von der Verpflichtung zur Vorlage kennen, wenn sich die Ablehnung auf andere Gründe stützt als die, die von Rechts wegen vorgesehen sind oder wenn sie insoweit nicht ordnungsgemäß begründet ist."[1036] Dabei stellt auch der EGMR unter anderem auf die C.I.L.F.I.T.-Kriterien des EuGH ab.[1037] Ob die Willkürformel des BVerfG und die Willkürkontrolle des EGMR gleich zu verstehen sind, kann dahingestellt bleiben, denn auch wenn der EGMR lediglich das einfache Auseinandersetzen mit dem Unionsrecht genügen lässt, ist auch dies im Rahmen des Gemeinnützigkeits- und Spendenrechts wohl zu bejahen.[1038] Denn ein fehlendes Auseinandersetzen kann dem BFH zumindest derzeit nicht angelastet werden.[1039] Zwar kann Willkür dann bejaht werden,

---

Müller-Glöge/Preis/Schmidt, Erfurter Kommentar zum Arbeitsrecht, Art. 267 AEUV Rn. 37.

1032 *Thomale*, EuR 2016, 510 (516 f.).

1033 *Wegener* in Calliess/Ruffert, EUV/AEUV-Kommentar, Art. 267 AEUV Rn. 39; *Wißmann*, Erfurter Kommentar zum Arbeitsrecht, Art. 267 AEUV Rn. 38a.

1034 *Meyer-Ladewig/Harrendorf/König* in Meyer-Ladewig/Nettesheim/Raumer, Europäische Menschenrechtskonvention, Art. 6 EMRK Rn. 88 f.; *Wegener* in Calliess/Ruffert, EUV/AEUV-Kommentar, Art. 267 AEUV Rn. 39.

1035 EGMR Urt. v. 08.12.2009 – 54193/07 (*Herma/Deutschland*), NJW 2010, 3207 ff.; EGMR Urt. v. 13.02.2007 – 15073/03 (*John/Deutschland*), BeckRS 2008, 07612.

1036 EGMR Urt. v. 20.09.2011 – 3989/07 (*Ullens de Schooten u. Rezabek/Belgien*), NJOZ 2012, 2149 (2151) Rn. 59.

1037 Beispielhaft hier EGMR Urt. v. 30.06.2005 - 45036/98 (*Bosphorus*), NJW 2006, 197 (201) Rn. 147.

1038 Zur gelockerten Form einer Missbrauchskontrolle siehe *Thomale*, EuR 2016, 510 (518); a.A. *Betz*, Die verfassungsrechtliche Absicherung der Vorlagepflicht, S. 48 ff.

1039 So zum Beispiel BFH Urt. v. 17.09.2013 – I R 16/12, BStBl. II. 2014, 440 (442 f.) Rn. 16 ff. = DStR 2014, 517 (519 f.) Rn. 16 ff.

wenn es zu einer divergierenden Rechtsprechung kommt, jedoch besteht diese nur bei den Instanzgerichten und nicht innerhalb des obersten Gerichtshofs (BFH).[1040] Im Ergebnis bleibt es für den Spender bei einer unionsrechtswidrigen Rechtslage, da er kaum gegen die Nichtvorlage vorgehen kann.

b) Möglicher Haftungsanspruch gegen den jeweiligen Mitgliedstaat

Darüber hinaus könnte sich auch ein Haftungsanspruch[1041] gegenüber der BRD ergeben, wenn eine entsprechende Vorlagepflicht gem. Art. 267 Abs. 3 AEUV verletzt wurde.[1042] Der EuGH entwickelte in der Rs. *Francovich* drei Voraussetzungen, anhand derer ein möglicher Haftungsanspruch geprüft werden kann.[1043] Notwendig ist dabei die Verletzung einer unionsrechtlichen Norm, welche dem Einzelnen ein Recht verleiht, der Rechtsverstoß muss hinreichend qualifiziert sein und zwischen der Rechtsverletzung und dem Schaden muss ein Kausalzusammenhang bestehen.[1044] Zwar hat der EuGH in der Rs. *Köbler* nicht ausdrücklich die Vorschrift über das Vorlageverfahren als eine solche Norm bezeichnet, dies war jedoch in der zu entscheidenden Rechtssache wegen eines bereits vorliegenden materiellen Rechtsverstoßes auch nicht notwendig.[1045] In der Literatur wird daher darüber diskutiert, ob die Verletzung der Vorlagepflicht bereits ausreichend ist.[1046] Stellt man darauf ab, dass neben der Verletzung der Vorlagepflicht des BFH auch das materielle Unionsrecht - hier die Kapitalverkehrsfreiheit - dadurch verletzt ist, dass beispielsweise von einer ausländischen gemeinnützigen Körperschaft eine satzungsmäßige Vermögensbindung gem. § 61 iVm § 55 Nr. 4 AO verlangt wird und dadurch dem Spender die mittelbare Steuerbegünstigung verwehrt bleibt, müsste

---

1040 *Meyer-Ladewig/Harrendorf/König* in Meyer-Ladewig/Nettesheim/Raumer, Europäische Menschenrechtskonvention, Art. 6 EMRK Rn. 93.

1041 Ein möglicher Haftungsanspruch ergibt sich dabei aus dem Unionsrecht in richterlicher Rechtsfortbildung; siehe *Baldus/Grzeszick/Wienhues*, Staatshaftungsrecht, § 1 Rn. 292 ff.

1042 *Ossenbühl/Cornils*, Staatshaftungsrecht, S. 614 f.

1043 EuGH Urt. v. 19.11.1991, Rs. C-6/90 (*Francovich*), ECLI:EU:C:1991:428, Slg. 1991, I-05357 Rn. 40 f.

1044 EuGH Urt. v. 05.03.1996, Rs. C-46/93 und C-48/93 (*Brasserie du pêcheur SA*), ECLI:EU:C:1996:79, Slg. 1996, I-01029 Rn. 51; *Baldus/Grzeszick/Wienhues*, Staatshaftungsrecht, § 1 Rn. 296; *Breuer*, Staatshaftung für judikatives Unrecht, S. 449.

1045 EuGH Urt. v. 30.09.2003, Rs. C-224/01 (*Köbler*), ECLI:EU:C:2003:513, Slg. 2003, I-10239 Rn. 102; so auch *Breuer*, Staatshaftung für judikatives Unrecht, S. 451.

1046 Ablehnend hierzu *Wegener* in Calliess/Ruffert, EUV/AEUV-Kommentar, Art. 267 AEUV Rn. 40; *Wegener*, EuR 2002, 785 (789); bejahend *Breuer*, Staatshaftung für judikatives Unrecht, S. 451 f.

der Rechtsverstoß auch hinreichend qualifiziert sein. Nach Auffassung des EuGH liegt ein solcher Rechtsverstoß vor, wenn „ein Mitgliedstaat oder ein Gemeinschaftsorgan die Grenzen, die seinem Ermessen gesetzt sind, offenkundig und erheblich überschritten hat."[1047] Geht es hingegen um eine fehlerhafte richterliche Entscheidung, ist es nach Auffassung des EuGH ausreichend, wenn der Verstoß gegen das Unionsrecht offenkundig ist.[1048] Damit gewährte der EuGH insbesondere im Bereich der Judikative einen Ermessensspielraum, sodass ein Haftungsanspruch nicht übereilt bejaht werden soll.[1049] Dies ergibt sich nicht zuletzt aus der Unabhängigkeit der Richter, welche auch im Rahmen eines möglichen Haftungsanspruches gewahrt werden muss. Folglich ist auch beim Haftungsanspruch eine gewisse Einschränkung vorhanden, welche der Willkürformel im Rahmen der Verfassungsbeschwerde ähnelt.[1050] Darüber hinaus kann eine Rechtfertigung zum Ausschluss eines solchen Anspruches führen, da auch hier der EuGH einen eher zurückhaltenden Maßstab anlegt.[1051]

Im Ergebnis muss daher mangels hinreichend qualifizierten Rechtsverstoßes auch die Möglichkeit eines Haftungsanspruches verneint werden.[1052] Ähnlich wie die anderweitigen Möglichkeiten bietet der Haftungsanspruch dem Spender ebenfalls keinen hinreichenden Rechtsschutz. Dies entspricht wohl auch der Auffassung des EuGH. Denn zum einen soll der mögliche Haftungsanspruch nur in extremen Ausnahmefällen greifen und zum anderen nicht jedes Fehlurteil zu einem solchen Haftungsanspruch führen.[1053] Dies fügt sich im Ergebnis auch in das Gesamtbild, denn weder der EuGH noch das BVerfG wollen eine großzügige Handhabung der Möglichkeiten, gegen eine Nichtvorlage vorzugehen. Dieses auf den ersten Blick unbefriedigende Ergebnis überzeugt. Denn auch wenn man den Haftungsanspruch aufgrund der richterlichen Unabhängigkeit nicht eingrenzen möchte, so bleibt dennoch das Problem bestehen, dass ein

1047 EuGH Urt. v. 05.03.1996, Rs. C-46/93 (*Brasserie du Pêcheur*), ECLI:EU:C:1996:79, Slg. 1996, I-01029 Rn. 55.

1048 EuGH Urt. v. 30.09.2003, Rs. C-224/01 (*Köbler*), ECLI:EU:C:2003:513, Slg. 2003, I-10239 Rn. 53.

1049 *Ossenbühl/Cornils*, Staatshaftungsrecht, S. 614 f.

1050 *Breuer*, Staatshaftung für judikatives Unrecht, S. 459; *Hellwig/Moos*, JA 2011, 196 (200).

1051 Ausführlich zur Rechtfertigung des Haftungsmaßstabs *Breuer*, Staatshaftung für judikatives Unrecht, S. 456 ff.

1052 Zu einem ähnlichen Ergebnis gelangend *Wegener*, EuR 2002, 785 (800).

1053 So im Ergebnis auch *Bertelmann*, Die Europäisierung des Staatshaftungsanspruchs, S. 162.

Zivilgericht nunmehr über die „Richtigkeit der Entscheidung" urteilen muss.[1054] Ein deutsches Zivilgericht verfügt jedoch nicht über die notwendigen Kompetenzen im Rahmen des Steuerrechts und des Europarechts.

c) Vertragsverletzungsverfahren durch die EU-Kommission

Zuletzt könnte der Spender auch eine Beschwerde gegenüber der EU-Kommission einreichen. Das Vertragsverletzungsverfahren gem. Art. 258 und Art. 259 AEUV hat zwar keine direkte individualrechtliche Wirkung, durch die Beschwerde kann jedoch auch eine natürliche Person die Kommission auf einen Verstoß hinweisen, sodass hierdurch grundsätzlich ein mittelbarer Schutz entstehen kann.[1055] Ein subjektives Recht auf Einleitung eines solchen Verfahrens besteht jedoch nicht, sodass auch das Vertragsverletzungsverfahren keinen ausreichenden Rechtsschutz für den Spender gewährleistet.

IV. Stellungnahme

Es lässt sich festhalten, dass der Spender trotz einer möglichen Verletzung der Vorlagepflicht des BFH keine hinreichende Rechtsschutzmöglichkeit hat, um gegen eine solche vorzugehen. Weder die Verfassungsbeschwerde noch die weiteren Möglichkeiten können eine Verletzung von Art. 267 Abs. 3 AEUV verhindern oder sanktionieren. Dies führt nicht zuletzt dazu, dass die nationalen Gerichte ihren Ermessensspielraum so weit ausdehnen, dass es zu einer mit dem Unionsrecht nicht zu vereinbarendem gesicherten Rechtsprechung kommt. Der Spender ist dem letztinstanzlichen Gericht und dessen Auslegung hilflos ausgeliefert. Insbesondere im Bereich der direkten Steuern führt das nationale Verständnis der Gerichte oft zu unbilligen Ergebnissen. Zu Recht wird über eine neue Rechtsschutzmöglichkeit bei Verletzung der Vorlagepflicht gem. Art. 267 Abs. 3 AEUV diskutiert. Eine Nichtvorlagerüge innerhalb der ZPO[1056] könnte Abhilfe schaffen, sodass im Ergebnis das Verfahren an das entscheidende Gericht zurückverwiesen werden kann mit der Auflage, nunmehr den EuGH anzurufen.[1057]

1054 Grundlegend *Wegener*, EuR 2002, 785 (794); *Streinz*, Europarecht, § 5 Rn. 464; *Wegener* in Calliess/Ruffert, EUV/AEUV-Kommentar, Art. 267 AEUV Rn. 41.

1055 *Ehricke* in Streinz, EUV/AEUV-Kommentar, Art. 258 AEUV Rn. 2.

1056 Gem. § 155 FGO ist die ZPO anzuwenden, insoweit die FGO keine Bestimmungen über ein entsprechendes Verfahren enthält.

1057 Musterentwurf nach *Betz*, Die verfassungsrechtliche Absicherung der Vorlagepflicht, Anhang.

Teil E: Gemeinnützigkeits- und Spendenrecht de lege ferenda

Die derzeitige Rechtslage ist in vielerlei Hinsicht unzureichend und beinhaltet weiterhin zahlreiche europarechtswidrige Vorschriften. Durch die erhebliche Einschränkung hinsichtlich einer möglichen Verletzung der Vorlagepflicht werden diese Normen weiterhin angewandt. Damit bleibt das Gemeinnützigkeits- und Spendenrecht innerhalb seiner nationalen Grenzen. Um dennoch zu einer europäischen Lösung zu gelangen, könnte der Gesetzgeber unterschiedliche Wege gehen, um dem Gemeinnützigkeits- und Spendenrecht zukünftig einen größeren Anwendungsbereich zu geben. Zunächst ist die Anpassung der nationalen Vorschriften der leichteste Weg, da hier keine Kooperation zwischen mehreren Staaten stattfinden müsste. Daneben könnten auch Doppelbesteuerungsabkommen im Rahmen des Gemeinnützigkeits- und Spendenrechts eine Hilfe sein, sodass Deutschland ein Abkommen mit einzelnen Staaten, in welche statistisch vermehrt gespendet wird, schließen könnte und eine Anerkennung der jeweiligen gemeinnützigen Körperschaften ermöglicht würde. Dies wäre insbesondere auch mit Drittstaaten eine Lösung. Die Schaffung einer europäischen Stiftung wäre der größte Schritt in Richtung europäischer Öffnung, stellt sich aber auch als die schwierigste Möglichkeit dar, da hierfür alle Mitgliedstaaten zustimmen müssten. Im Nachgang sollen nun die unterschiedlichen Wege dargestellt und eigene Vorschläge für Gestaltungsmöglichkeiten unterbreitet werden.

I. Anpassung der nationalen Vorschriften

1. Vorbemerkungen

Um die derzeit europarechtswidrige Lage zu beseitigen, ist es Aufgabe des Gesetzgebers, die notwendigen Vorschriften zu reformieren. Da es hier auf keinerlei Kooperation mit anderen Staaten ankommt, wird dies wohl der einfachste Weg sein, um zukünftig dem Spender eine Direktspende ins Ausland zu ermöglichen.[1058] Wie die aktuell europarechtswidrigen Vorschriften formuliert sein könnten, um nunmehr auch mit dem Unionsrecht übereinzustimmen, soll im Folgenden dargestellt werden.

1058 Siehe dazu mit ähnlichem Ansatz *Helios/Strehlke*, npoR 2013, 209 (216).

2. Reformvorschläge

a) Befreiungstatbestände

Um auch im Rahmen der Befreiungstatbestände mehr Rechtssicherheit zu schaffen, sollten § 5 Abs. 2 Nr. 2 KStG und auch § 10b Abs. 1 S. 2 Nr. 3 EStG auf Drittstaaten ausgeweitet werden, wenn mit diesen ein Amtshilfeabkommen oder alternativ ein Doppelbesteuerungsabkommen besteht.[1059] So könnte vermieden werden, dass eine große Anzahl von Verfahren vor den FG erst entschieden werden müssten, welche in jedem Einzelfall die mögliche Rechtfertigung[1060] der Beschränkung der Kapitalverkehrsfreiheit überprüfen müssten. Die jeweiligen Befreiungstatbestände könnten dabei wie folgt ausgestaltet werden:

§ 5 Abs. 2 Nr. 2 KStG n.F.
Die Befreiungen nach Abs. 1 und nach anderen Gesetzen als dem Körperschaftsteuergesetz gelten nicht
für beschränkt Steuerpflichtige im Sinne des § 2 Nr. 1, es sei denn, es handelt sich um Steuerpflichtige im Sinne des Abs. 1 Nr. 9,

a) die nach den Rechtsvorschriften eines Mitgliedstaats der Europäischen Union oder nach den Rechtsvorschriften eines Staates, auf den das Abkommen über den Europäischen Wirtschaftsraum vom 3. Januar 1994 (ABl. EG Nr. L 1 S. 3), zuletzt geändert durch den Beschluss des Gemeinsamen EWR-Ausschusses Nr. 91/2007 vom 6. Juli 2007 (ABl. EU Nr. L 328 S. 40), in der jeweiligen Fassung Anwendung findet, gegründete Gesellschaften im Sinne des Art. 54 des Vertrags über die Arbeitsweise der Europäischen Union oder des Art. 34 des Abkommens über den Europäischen Wirtschaftsraum sind, deren Sitz und Ort der Geschäftsleitung sich innerhalb des Hoheitsgebiets eines dieser Staaten befindet, und mit diesen Staaten ein Amtshilfeabkommen besteht,
b) *oder deren Sitz und Ort der Geschäftsleitung sich innerhalb des Hoheitsgebiets eines oder verschiedener Drittstaaten befindet, mit denen ein Amtshilfeabkommen oder Doppelbesteuerungsabkommen besteht, durch das eine Überprüfung und Kontrolle der Gemeinnützigkeit gem. § 5 Abs. 1 Nr. 9 iVm §§ 51 ff. AO sichergestellt ist;*

1059 Zur Ausweitung auf Staaten mit DBA siehe *Märtens* in Gosch, KStG-Kommentar, § 5 Rn. 181.

1060 Zur Ausweitung der Rechtfertigungsgründe im Rahmen von Drittstaaten siehe S. 29 ff.

§ 10b Abs. 1 S. 2 Nr. 3 EStG n.F.

Voraussetzung für den Abzug ist, dass diese Zuwendungen

geleistet werden an eine Körperschaft, Personenvereinigung oder Vermögensmasse, die in einem Mitgliedstaat der Europäischen Union oder in einem Staat belegen ist, auf den das Abkommen über den Europäischen Wirtschaftsraum (EWR-Abkommen) Anwendung findet *oder mit dem ein Amtshilfeabkommen oder Doppelbesteuerungsabkommen besteht, durch das eine Überprüfung und Kontrolle der Gemeinnützigkeit gem. § 5 Abs. 1 Nr. 9 iVm §§ 51 ff. AO sichergestellt ist*, und die nach § 5 Abs. 1 Nr. 9 iVm § 5 Abs. 2 Nr. 2 zweiter Halbsatz des Körperschaftsteuergesetzes steuerbefreit wäre, wenn sie inländische Einkünfte erzielen würde.

Sofern diese Änderungen nicht vorgenommen werden, müsste, um zu einer europarechtskonformen Anpassung zu gelangen, der lange Weg über die Rechtsprechung gegangen werden. Andernfalls bliebe eine Beschränkung der Kapitalverkehrsfreiheit weiterhin bestehen. Denn ist eine wirksame Steueraufsicht gewährleistet, so kann der Rechtfertigungsgrund für die Beschränkung der Kapitalverkehrsfreiheit nicht greifen. Durch die Änderungen der Befreiungstatbestände würde dennoch vermieden, dass eine Vielzahl an Verfahren durchlaufen werden müsste, um dem Spender die notwendige Rechtssicherheit zu bieten. Der Gesetzgeber ist daher gefordert, den erneuten Verstoß gegen die Kapitalverkehrsfreiheit im Rahmen der Befreiungstatbestände zu beseitigen.

b) Struktureller Inlandsbezug gem. § 51 Abs. 2 AO

Der nach der Rs. *Persche* eingeführte strukturelle Inlandsbezug (§ 51 Abs. 2 AO) ist nicht nur aufgrund des schwerfälligen Wortlautes verfehlt, sondern insbesondere die internen Verwaltungsanweisungen bereiten den ausländischen Körperschaften erhebliche Schwierigkeiten. Der EuGH hat in seiner bisherigen Rechtsprechung den Mitgliedstaaten zwar einen Ermessensspielraum eingeräumt, dieser ist jedoch in erheblichem Maße überschritten worden.[1061]

Grundsätzlich bedarf es eines Inlandsbezuges nicht zwangsläufig, da der Grundgedanke des Gemeinnützigkeitsrechts bereits in § 51 Abs. 1 AO ausreichend enthalten ist.[1062] Im Schrifttum wird unter anderem die Möglichkeit

1061 *Weiten/Feldner*, ZErb 2013, 88 (92 f.).

1062 *Hoffmann*, Die Europarechtskonformität des deutschen Gemeinnützigkeits- und Spendenrechts unter besonderer Berücksichtigung des Vorschlages der Europäischen Kommission zur Schaffung einer „Europäischen Stiftung“ vom 8. Februar 2012, S. 180.

eines pauschalen oder partiellen Inlandsbezuges diskutiert.[1063] Ein pauschaler Inlandsbezug, wie ihn derzeit das Gesetz enthält, ist nicht mit der Kapitalverkehrsfreiheit (Art. 63 AEUV) vereinbar. Ein partieller Inlandsbezug weist den Vorteil auf, dass innerhalb des Zweckkatalogs von § 52 Abs. 2 AO differenziert werden kann, sodass bei zwingend grenzüberschreitenden Zwecken ein Inlandsbezug aufgrund der Kapitalverkehrsfreiheit nicht möglich ist, ansonsten aber der Zweck auf das Inland begrenzt werden kann.[1064] In der einschlägigen Literatur wird dabei beim Katalog von § 52 Abs. 2 AO nicht ganz einheitlich erörtert, welche Zwecke grenzüberschreitend zu öffnen sind und welche nicht.[1065] Richtiger Anknüpfungspunkt für die Einteilung sind die Ziele der Unionspolitik, wonach sich die Mitgliedstaaten verpflichten, sich in den Bereichen Forschung und Bildung zu unterstützen und zu ergänzen.[1066] Fraglich ist, ob es dennoch einer solchen Aufteilung innerhalb des Zweckkatalogs von § 52 Abs. 2 AO bedarf. Meines Erachtens ist eine solche Splittung nicht notwendig, um sowohl eine europarechtsfreundliche Form des Inlandsbezuges zu entwickeln als auch den Wünschen des deutschen Gesetzgebers gerecht zu werden. Durch die Einführung eines partiellen Inlandsbezuges würde zwar die Vorschrift europarechtlich angepasst werden, jedoch würde es das Gebiet des Gemeinnützigkeits- und Spendenrechts weiter verschachteln. Angesichts der Fülle an Vorschriften, welche auch innerhalb des Steuerrechts weit verstreut sind, würde es nicht helfen, die Normen noch weiter zu komplizieren.

Es stellt sich vielmehr die Frage, ob es eine solche Differenzierung überhaupt bedarf. Fraglich ist, welche Folgen eintreten, wenn man keinerlei Einschränkung

1063 *Hoffmann*, Die Europarechtskonformität des deutschen Gemeinnützigkeits- und Spendenrechts unter besonderer Berücksichtigung des Vorschlages der Europäischen Kommission zur Schaffung einer „Europäischen Stiftung“ vom 8. Februar 2012, S. 182; *Weiten/Feldner*, ZErb 2013, 88 (92 f.).

1064 So im Ergebnis *Hoffmann*, Die Europarechtskonformität des deutschen Gemeinnützigkeits- und Spendenrechts unter besonderer Berücksichtigung des Vorschlages der Europäischen Kommission zur Schaffung einer „Europäischen Stiftung“ vom 8. Februar 2012, S. 185 ff.; *Lissner*, Das Gemeinnützigkeits- und Spendenrecht unter dem Einfluss der europäischen Grundfreiheiten, S. 260 ff.; *Wünschig*, Perspektiven eines europarechtskonformen Gemeinnützigkeits- und Zuwendungsrechts, S. 173 ff.

1065 Ausführlich siehe *Hoffmann*, Die Europarechtskonformität des deutschen Gemeinnützigkeits- und Spendenrechts unter besonderer Berücksichtigung des Vorschlages der Europäischen Kommission zur Schaffung einer „Europäischen Stiftung“ vom 8. Februar 2012, S. 185 ff.; *Wünschig*, Perspektiven eines europarechtskonformen Gemeinnützigkeits- und Zuwendungsrechts, S. 173 ff.

1066 Ziele der Union siehe Art. 165 AEUV; *Weiten/Feldner*, ZErb 2013, 88 (94).

vornimmt. Geht man von einer ausländischen gemeinnützigen Körperschaft aus, welche einen Zweck – beispielsweise die Förderung des Sports gem. § 52 Abs. 2 S. 1 Nr. 21 AO – verfolgt, müsste ein Bedarf bestehen, diese Körperschaft anzuerkennen. Dies wäre auch der Fall, wenn ein Deutscher an diese Körperschaft spendet (§ 10b Abs. 1 S. 2 Nr. 3 EStG). Der prozentuale Anteil von Spenden an eine ausländische gemeinnützige Körperschaft, welche einen solchen Zweck fördert, ist vom gesamten Spendenaufkommen wohl gering. Dies zeigt auch die Grundsatzentscheidung in der Rs. *Persche*, worin es um die Förderung der Jugend- und Altenhilfe ging, welche jedoch auch nach der Einführung eines partiellen Inlandsbezugs keine Begrenzung auf das Inland aufweisen sollte.[1067] Auch wenn die Literatur sich darüber einig ist, dass ein partieller Inlandsbezug ein Fortschritt wäre, so bedarf es dessen in der Praxis nicht. Es entspricht nicht dem ursprünglichen Gedanken des Gemeinnützigkeitsrechts, dieses an den Grenzen enden zu lassen. Wünschenswert wäre daher vielmehr eine ersatzlose Streichung des strukturellen Inlandsbezugs, wodurch das Gemeinnützigkeits- und Spendenrecht erheblich gewinnen würde.[1068] Dies erscheint aufgrund der aktuellen Rechtsentwicklung zwar unwahrscheinlich, da sowohl der BFH als auch der Gesetzgeber sich auch im Bereich des Gemeinnützigkeits- und Spendenrechts bereits in der Vergangenheit profiskalisch gegen eine Europäisierung bzw. Internationalisierung ausgesprochen haben, im Ergebnis wären die Auswirkungen jedoch nicht schwerwiegender für den Fiskus als die Einführung eines partiellen Inlandbezuges.

c) Satzungsmäßige Vermögensbindung gem. § 61 iVm § 55 Nr. 4 AO

Ein weiterer großer Fortschritt könnte im Rahmen der satzungsmäßigen Vermögensbindung gemacht werden. Der derweil entfallene § 62 AO a.F. könnte dabei als Vorbild dienen, wonach einer satzungsmäßen Vermögensbindung auch dann ausreichend Rechnung getragen wird, wenn eine staatliche Aufsicht die gemeinnützige Körperschaft überwacht. Derzeit scheitern viele ausländische gemeinnützige Körperschaften insbesondere an dieser Voraussetzung, da im europäischen Ausland anstelle einer entsprechend ausformulierten Satzung häufiger eine staatliche Aufsicht erfolgt.[1069]

1067 So im Ergebnis auch *Hoffmann*, Die Europarechtskonformität des deutschen Gemeinnützigkeits- und Spendenrechts unter besonderer Berücksichtigung des Vorschlages der Europäischen Kommission zur Schaffung einer „Europäischen Stiftung“ vom 8. Februar 2012, S. 185 f.

1068 *Jasper/Stark*, npoR 2014, 301 (305).

1069 Siehe S. 103 ff.

Nimmt man diese Problematik als Anstoß zur Reformierung, so könnte § 61 iVm § 55 Abs. 1 Nr. 4 AO wie folgt ausgestaltet werden:

> § 55 Abs. 1 Nr. 4 AO
> Bei Auflösung oder Aufhebung der Körperschaft oder bei Wegfall ihres bisherigen Zwecks darf das Vermögen der Körperschaft, soweit es die eingezahlten Kapitalanteile der Mitglieder und den gemeinen Wert der von den Mitgliedern geleisteten Sacheinlage übersteigt, nur für steuerbegünstigte Zwecke verwendet werden (Grundsatz der Vermögensbindung). Diese Voraussetzung ist auch erfüllt, wenn das Vermögen einer anderen steuerbegünstigten Körperschaft oder einer juristischen Person des öffentlichen Rechts für steuerbegünstigte Zwecke übertragen werden soll. *Die Voraussetzung der Vermögensbindung ist auch dann erfüllt und muss nicht in den Statuten der Körperschaft besonders geregelt sein, wenn eine staatliche Aufsicht, die im Wesentlichen der inländischen Aufsicht in vergleichbaren Fällen entspricht, die Vermögensbindung kontrolliert und sicherstellt.*

Der Gesetzgeber wird wohl abwarten, bis der EuGH ihn zu dieser Maßnahme verpflichtet, denn insbesondere § 62 AO a.F. wurde nach den einschlägigen Verfahren vor dem EuGH gestrichen, um so zu verhindern, dass hierdurch auch ausländische gemeinnützige Körperschaften in den Anwendungsbereich fallen.

d) Überprüfung der tatsächlichen Geschäftsführung gem. § 63 AO

Die Vorschrift über die Anforderungen an die tatsächliche Geschäftsführung gem. § 63 AO ist nicht zwingend europarechtswidrig, durch die Verwaltungsanweisungen des Bundesamtes für Finanzen wird es jedoch dem Spender in erheblichem Maße erschwert, ins Ausland direkt zu spenden.[1070] Der Verwaltungsanweisung, welche infolge der Rs. *Persche* veröffentlicht wurde, müsste dahingehend entgegengewirkt werden, dass dort, wo es auf die entsprechenden Belege ankommt, insoweit gesetzlich fest normiert wird, wie weit die erhöhte Mitwirkungspflicht nach § 90 Abs. 2 AO wirkt. Aufgrund des Effektivitätsgrundsatzes sollte eine Sonderregelung für ausländische gemeinnützige Körperschaften auch hier Eingang ins Gesetz finden. Eine mögliche Neuregelung könnte wie folgt lauten:

> *§ 63 Abs. 3a AO n.F.*
> *Handelt es sich um eine Körperschaft mit Sitz und Ort der Geschäftsleitung im Ausland, so kann der Spender nach Maßgabe des § 90 Abs. 2 AO zur Vorlage*

1070 Siehe S. 107 ff.

ordnungsgemäßer Aufzeichnungen über die Einnahmen und Ausgaben der Körperschaft aufgefordert werden. Nach pflichtgemäßem Ermessen kann die Finanzbehörde die Vorlage darüber hinausgehender Belege verlangen.

Der Gesetzgeber würde so verdeutlichen, dass zwar bei einer Direktspende ins Ausland den Spender grundsätzlich eine erhöhte Mitwirkungspflicht trifft, gleichzeitig würde er den Finanzverwaltungen jedoch die Möglichkeit nehmen, den Anwendungsbereich derart auszuweiten, dass keine grenzüberschreitende Spende Aussicht auf steuerliche Anerkennung hat.

e) Feststellungsverfahren § 60a AO

Im Rahmen des formellen Anerkennungsverfahrens stellt auch das neu eingeführte Feststellungsverfahren gem. § 60a AO eine unüberwindbare Hürde für den Spender dar. So hat es der Gesetzgeber unterlassen, eine Möglichkeit zu schaffen, dass entweder die ausländischen gemeinnützigen Körperschaften, welche aufgrund des Annexcharakters im Verhältnis zur Körperschaftsteuerveranlagung keinen Zugang zum Feststellungsverfahren haben,[1071] einen entsprechenden Antrag einreichen können oder aber der Spender die Möglichkeit hat, einen solchen Antrag für die ausländische gemeinnützige Körperschaft, zumindest aber für seine Spende zu stellen. Darüber hinaus sollte in einer Änderung von § 60a AO auch die Zuständigkeit des Finanzamtes geregelt werden, um zu verhindern, dass das Wohnsitzfinanzamt des Spenders zuständig ist (§ 20 Abs. 3 AO).[1072]

Die neue Vorschrift über das Feststellungsverfahren könnte daher wie folgt lauten:

§ 60a Abs. 2 AO n.F.
Die Feststellung der Satzungsmäßigkeit erfolgt
1. auf Antrag der Körperschaft oder
1a. auf Antrag einer Körperschaft mit Sitz und Ort der Geschäftsleitung im Ausland, die im Inland nicht körperschaftsteuerpflichtig ist, oder

Eine Verpflichtung der ausländischen gemeinnützigen Körperschaft wäre nach niederländischem Vorbild möglich[1073], ist aber wohl im Ergebnis nicht notwendig, solange dem Spender ggf. eine Möglichkeit eingeräumt wird.

1071 Siehe S. 110 ff.

1072 Siehe S. 110 ff.

1073 Für diesen Vorschlag spricht sich *Förster*, DStR 2013, 1516 (1519) aus. Nach der Ansicht von *Förster* ist eine solche Verpflichtung – entsprechend dem niederländischen Vorbild – auch mit den einschlägigen Grundfreiheiten vereinbar. Die

§ 60a Abs. 2 Nr. 2a AO n.F. könnte wie folgt gefasst werden:

2a. auf Antrag eines unbeschränkt oder beschränkt Steuerpflichtigen, wenn die Körperschaft iSv Nr. 1a keinen entsprechenden Antrag gestellt hat und eine Feststellung für den Sonderausgabenabzug des Steuerpflichtigen iSv § 10b Abs. 2 Nr. 3 EStG notwendig ist.

Die Problematik bzgl. der Zuständigkeitsfrage könnte eigenständig in einem neu eingeführten Absatz geregelt werden. Ein neuer § 60a Abs. 5 AO könnte wie folgt formuliert sein:

Bei Körperschaften, die im Inland weder unbeschränkt noch beschränkt körperschaftsteuerpflichtig sind, ist das Bundeszentralamt für Steuern (BZSt) für die Feststellung zuständig.[1074]

Durch diese Lösung würde vermieden, dass die jeweiligen Wohnsitzfinanzämter der Spender zuständig wären, wodurch die ausländischen gemeinnützigen Körperschaften immer wieder überprüft würden und eine einheitliche Feststellung nicht erfolgte. Ist eine entsprechende Feststellung beim Bundeszentralamt für Steuern (BZSt) erfolgreich, so gilt diese für jeden Sonderausgabenabzug eines Spenders im ganzen Bundesgebiet.

3. Fazit

Diese Anpassungen würden im Ergebnis dazu führen, dass die Hürden für den Spender nicht mehr derart hoch sind, dass eine Direktspende ins Ausland kaum möglich ist.[1075] Der Gesetzgeber würde dem Gemeinnützigkeits- und Spendenrecht einen größeren Anwendungsbereich geben und es folglich dem Spender

EU-Kommission hatte am 06.04.2011 ein Vertragsverletzungsverfahren gegen die Niederlande eingeleitet (IP/11/429), dieses aber wieder zurückgenommen. Dabei ging es um Art. 67 Nr. 2 Successiewet 1956, wonach eine Spende an eine ausländische gemeinnützige Körperschaft nur dann berücksichtigt wird, wenn die ausländische Körperschaft in den Niederlanden registriert ist. Aufgrund der Rücknahme des Vertragsverletzungsverfahrens geht *Förster* davon aus, dass eine solche Vorschrift mit den Grundfreiheiten vereinbar sei; so auch *Weitemeyer/Bornemann*, FR 2016, 437 (445).

1074 Siehe auch *Förster*, DStR 2013, 1516 (1519); *Hüttemann*, IStR 2010, 118 (124); *Weitemeyer/Bornemann*, FR 2016, 437 (445); a.A. *Hoffmann*, Die Europarechtskonformität des deutschen Gemeinnützigkeits- und Spendenrechts unter besonderer Berücksichtigung des Vorschlages der Europäischen Kommission zur Schaffung einer „Europäischen Stiftung" vom 8. Februar 2012, S. 18 f., 191, nach der kein weiterer Handlungsbedarf im Rahmen des Feststellungsverfahrens besteht.

1075 *Bornemann*, JM 2015, 342 (348); *Fischer*, FR 2008, 752 (760).

überlassen, wen er ggf. fördern möchte. Im Sinne eines gemeinsamen Europa würde auch die Bundesrepublik gewinnen.[1076] Zwar sinken im geringen Ausmaß ggf. die Steuereinnahmen aufgrund erhöhter Anerkennung von ausländischen gemeinnützigen Körperschaften, jedoch könnte das Ansehen der BRD kaum mehr gefördert werden als durch ein solches Signal.

II. Lösungsmöglichkeit durch Doppelbesteuerungsabkommen

1. Grundlagen und Bedeutung der Doppelbesteuerungsabkommen

Eine andere Möglichkeit außerhalb der nationalen Vorschriften könnten die Doppelbesteuerungsabkommen (DBA) bieten, bei welchen es sich um bilaterale Maßnahmen zur Aufteilung der Besteuerungsbefugnisse und Vermeidung von Doppelbesteuerung handelt.[1077] Das Gemeinnützigkeits- und Spendenrecht könnte auch innerhalb dieser Abkommen mitgeregelt werden, vorausgesetzt, es liegt ein grenzüberschreitender Sachverhalt vor, bei welchem Einkünfte erzielt werden.[1078]

2. Anerkennung der Gemeinnützigkeit durch DBA

Lediglich das DBA-USA enthält eine Vorschrift über die Befreiung von Organisationen, welche gemeinnützig tätig sind.[1079] Dabei wird eine gemeinnützige Körperschaft gem. Art. 27 DBA-USA als gemeinnützig im anderen Vertragsstaat anerkannt, wenn die Körperschaft nach den jeweils nationalen Vorschriften steuerbefreit ist und bezogen auf die entsprechenden Einkünfte im anderen Staat steuerbefreit wäre, wenn die Körperschaft dort errichtet worden und tätig wäre.[1080] Im Ergebnis werden daher sowohl von Seiten der USA als auch von Seiten Deutschlands die jeweiligen Anerkennungsvoraussetzungen und

1076 Zum „Ziel eines Europa der Bürger" siehe *Wagner*, Der Europäische Verein, S. 288 ff., welcher sich ebenfalls für eine Öffnung im Bereich des Gemeinnützigkeits- und Spendenrechts ausspricht.

1077 *Haase*, AStG/DBA, Einl. II OECD-MA Rn. 2; *Haase*, Internationales und Europäisches Steuerrecht, § 5 Rn. 561.

1078 *Hüttemann*, Gemeinnützigkeits- und Spendenrecht, Rn. 2.97; *Jasper/Stark*, npoR 2014, 301 (305).

1079 *Eimermann* in Wassermeyer, DBA Kommentar, Art. 27 DBA-USA Rn. 1; *Jochum*, npoR 2012, 177 (178); Ausführlich zum Rechtsvergleich zwischen den USA und Deutschland siehe *Plappert*, Gemeinnützigkeits- und Spendenrecht: Ein steuersystematischer Rechtsvergleich zwischen den USA und Deutschland, S. 210 ff.

1080 *Jacob*, Handkommentar DBA-USA, Art. 27 DBA-USA Rn. 1.

Verfahren anerkannt, sodass die ausländische gemeinnützige Körperschaft nicht die Vorschriften des anderen Vertragsstaats erfüllen muss.[1081] Nicht von der Regelung umfasst ist der Spendenabzug, da sich Art. 27 DBA-USA lediglich auf Einkünfte der steuerbefreiten Körperschaft bezieht.[1082] Insoweit bleibt es bei den nationalen Voraussetzungen, sodass ein Spendenabzug nur dann möglich ist, wenn die gemeinnützige Körperschaft nach nationalen Vorschriften anerkannt ist. Berücksichtigt werden muss ebenfalls, dass die USA als Drittstaat nicht von den Änderungen nach der Rs. *Persche* betroffen sind und ein Spendenabzug gem. § 10b Abs. 1 S. 2 Nr. 3 EStG von vornherein ausscheidet.

Anders sieht es im Rahmen der Erbschaft- und Schenkungsteuer bei grenzüberschreitender Zuwendung aus, bei welcher auch das DBA-Frankreich und das DBA-Schweden einen entsprechenden Artikel enthält.[1083] Die verschiedenen Vorschriften innerhalb der Abkommen zeigen zumindest, dass zwar derzeit das Spendenrecht selbst nicht innerhalb eines Doppelbesteuerungsabkommens geregelt ist, eine abkommensrechtliche Regelung jedoch eine grundsätzliche Möglichkeit darstellt, wie außerhalb der nationalen Vorschriften eine Lösung zu finden ist.

3. Ermöglichung grenzüberschreitender Spenden durch DBA

Angelehnt an das Beispiel DBA-USA könnte eine Erleichterung dadurch geschaffen werden, dass auch der Spendenabzug in einen entsprechenden Artikel eines Doppelbesteuerungsabkommens mitaufgenommen wird. Am Beispiel des DBA-USA könnte eine solche Regelung wie folgt lauten:

1081 *Eimermann* in Wassermeyer, Doppelbesteuerungsabkommen Kommentar, Art. 27 DBA-USA Rn. 3 f.; *Hüttemann*, Gemeinnützigkeits- und Spendenrecht, Rn. 2.98.

1082 *Eimermann* in Wassermeyer, Doppelbesteuerungsabkommen Kommentar, Art. 27 DBA-USA Rn. 2; *Hüttemann*, Gemeinnützigkeits- und Spendenrecht, Rn. 2.98.

1083 *Kramer* in Wassermeyer, DBA Kommentar, Art. 21 Abs. 7 DBA-Frankreich Rn. 3; *Lüdicke* in Wassermeyer, DBA Kommentar, Art. 28 Abs. 2 DBA-Schweden Rn. 17; *Schlüter/Stolte*, Stiftungsrecht, Kapitel 8 Rn. 18; ausführlich zu den Vorschriften der Doppelbesteuerungsabkommen im Rahmen der Erbschaft- und Schenkungsteuer siehe *Schäfers*, Die steuerliche Behandlung gemeinnütziger Stiftungen in grenzüberschreitenden Fällen, S. 261 ff.

Art. 27 Abs. 3 DBA-USA
Ungeachtet des Art. 28 (Schranken für die Abkommensvergünstigungen) sind Zuwendungen an eine Gesellschaft oder Organisation in den Vereinigten Staaten, die ausschließlich religiöse, mildtätige, wissenschaftliche, erzieherische oder öffentliche Zwecke verfolgt, in der Bundesrepublik Deutschland beim Steuerpflichtigen abzugsfähig, wenn und soweit die Gesellschaft oder Organisation in den Vereinigten Staaten steuerbefreit ist und die Zuwendung auch abzugsfähig wäre, wenn sie an eine entsprechende Gesellschaft oder Organisation in der Bundesrepublik Deutschland geleistet worden wäre.

Art. 27 Abs. 4 DBA-USA
Ungeachtet des Art. 28 (Schranken für die Abkommensvergünstigungen) sind Zuwendungen an eine Gesellschaft oder Organisation in der Bundesrepublik Deutschland, die ausschließlich religiöse, mildtätige, wissenschaftliche, erzieherische oder öffentliche Zwecke verfolgt, in den Vereinigten Staaten mittelbar beim Steuerpflichtigen abzugsfähig, wenn und soweit die Gesellschaft oder Organisation in der Bundesrepublik Deutschland steuerbefreit ist und die Zuwendung auch abzugsfähig wäre, wenn sie an eine entsprechende Gesellschaft oder Organisation in den Vereinigten Staaten geleistet worden wäre.

Das Abstellen auf nationale Voraussetzungen sollte dabei nicht mit einbezogen werden, um so zu verhindern, dass durch die ggf. strengeren Anerkennungsvoraussetzungen eines Staates die Vorschrift nicht zur Anwendung kommen kann. Die jeweiligen Anerkennungsverfahren sind zwar nicht deckungsgleich, weisen aber große Ähnlichkeiten auf, sodass einem möglichen Missbrauch ausreichend entgegengewirkt werden kann.[1084]

III. Lösungsmöglichkeit über die europäische Stiftung

1. Kritik an dem ursprünglichen Entwurf

Die Europäische Stiftung[1085] ist aufgrund des aktuell veröffentlichten Arbeitsprogrammes der EU-Kommission in weite Ferne gerückt.[1086] Dennoch bietet sie für grenzüberschreitende Spenden eine Lösungsmöglichkeit, freilich mit gewissen Änderungen des ursprünglichen Entwurfs. Dabei muss beachtet werden, dass

1084 Insbesondere zu den derzeitigen Problemen innerhalb der verschiedenen DBA siehe *Schlüter/Stolte*, Stiftungsrecht, Kapitel 8 Rn. 17.

1085 Siehe S. 16 ff.

1086 Pressemitteilung der EU-Kommission v. 16.12.2014, abrufbar unter europa.eu/rapid/press-release_IP14-2703_de.htm

der ursprüngliche Vorschlag der EU-Kommission keine eigenen steuerlichen Voraussetzungen für die FE enthalten hat, sondern vielmehr eine automatische steuerliche Anerkennung in jedem Mitgliedstaat erfolgen sollte.[1087] Meines Erachtens ist die ursprüngliche Idee dennoch zu befürworten, da unabhängig von den Verfahren der Mitgliedstaaten eine gleiche steuerliche Vergünstigung gewährt werden sollte, um dem Gemeinnützigkeits- und Spendenrecht die gebotene Freiheit innerhalb der EU gewähren zu können.[1088] Ein vollkommener Verzicht auf steuerliche Vorschriften sollte ungeachtet dessen nicht erfolgen, sodass beim Wiederaufgreifen des Projekts der FE es hier einer entsprechenden Anpassung bedarf.[1089]

2. Lösungsvorschlag

Der Wunsch nach eigenen steuerlichen Vorgaben innerhalb der FE-VO-E soll nunmehr dahingehend berücksichtigt werden, dass die im ursprünglichen Entwurf fehlenden steuerlichen Regelungen ergänzt werden.[1090] Der nachfolgende Regelungsvorschlag soll zugleich dazu beitragen, einen erneuten Anstoß zur Schaffung einer supranationalen Rechtsform auch im Bereich des Gemeinnützigkeits- und Spendenrechts zu geben.

Art. 49 FE-VO-E
Allgemeines zur steuerlichen Behandlung der FE

(1) Der Mitgliedstaat, in dem die FE ihren Satzungssitz hat, behandelt die FE in Bezug auf Einkommen- und Kapitalertragsteuern, Schenkung- und Erbschaftsteuern, Grundsteuern, Übertragungsteuern, Eintragungsteuern, Stempelgebühren und ähnliche Abgaben in gleicher Weise wie gemeinnützige Einrichtungen mit Sitz in diesem Mitgliedstaat.[1091]

1087 Kritisch hierzu siehe *Hopt/Hippel*, ZEuP 2013, 235 (253).

1088 Zur ursprünglichen automatischen steuerlichen Anerkennung der FE siehe *Cranshaw*, DZWIR 2013, 299 (315 f.); *Hopt/Hippel*, ZEuP 2013, 235 (253 f.); *Stöber*, DStR 2012, 804 (807); *Weitemeyer*, NZG 2012, 1001 (1007 ff.).

1089 Eine Wiederaufnahme des ursprünglichen Vorhabens ist wohl nicht zu erwarten, da bereits zu Zeiten des ersten Vorhabens fraglich war, ob die EU-Kommission überhaupt die notwendige Kompetenz besitzt, siehe S. 16 ff.

1090 Die nachfolgenden Änderungsvorschläge greifen die Kritik von *Weitemeyer*, NZG 2012, 1001 ff. auf.

1091 Entspricht dem ursprünglichen Entwurf der EU-Kommission v. 08.02.2012.

(2) *Abs. 1 gilt nur, wenn die FE ausschließlich einen steuerbegünstigten Zweck im Sinne von Art. 5 Abs. 2 FE-VO-E verfolgt und ihre Tätigkeit darauf ausgerichtet ist, die Allgemeinheit selbstlos zu fördern.*
(3) *Ausschließlichkeit im Sinne von Abs. 2 liegt vor, wenn die FE nur einen nach Art. 5 Abs. 2 FE-VO-E steuerbegünstigten Zweck verfolgt.*
(4) *Für die Ausschließlichkeit im Sinne von Abs. 3 ist es unschädlich, wenn die FE eine wirtschaftliche Tätigkeit ausüben, sofern deren Umfang den in Art. 11 Abs. 2 FE-VO-E genannten Prozentsatz nicht übersteigt.*
(5) *Eine Rücklagenbildung ist begrenzt auf drei Jahre nach Zufluss der betreffenden Mittel.*

Art. 50 FE-VO-E
Satzung

(1) *Eine Steuerbefreiung wird der FE gewährt, wenn ihre Satzung den Anforderungen von Art. 19 FE-VO-E entspricht und bei Auflösung, Aufhebung oder Wegfall des bisherigen Zwecks das Vermögen ausreichend im Sinne des Abs. 3 gesichert ist (satzungsmäßige Vermögensbindung).*
(2) *Die satzungsmäßige Vermögensbindung wird durch die Aufsichtsbehörde im Sinne von Art. 45 FE-VO-E überwacht und sichergestellt.*
(3) *Bei Auflösung oder Aufhebung der FE oder bei Wegfall ihres bisherigen Zwecks darf das Vermögen der FE nur für steuerbegünstigte Zwecke im Sinne von Art. 5 Abs. 2 FE-VO-E verwendet werden.*

Art. 51 FE-VO-E
Verfahren
Für die Anerkennung der FE als steuerlich begünstigt im Sinne dieser Verordnung ist in jedem Mitgliedstaat eine zentrale Finanzbehörde zuständig, die von dem jeweiligen Mitgliedstaat bestimmt wird.

Art. 52 FE-VO-E
Spendenabzug
Zuwendungen an eine FE zur Förderung eines steuerbegünstigten Zwecks im Sinne von Art. 5 Abs. 2 FE-VO-E können vom Zuwendenden im Rahmen der Heranziehung zur Einkommen-, Körperschaft- oder Kapitalertragsteuer in einem Mitgliedstaat im gleichen Umfang abgezogen werden wie entsprechende Zuwendungen an eine gemeinnützige Einrichtung mit Sitz in diesem Mitgliedstaat.

3. Fazit zur Europäischen Stiftung

Die wenigen Änderungen des ursprünglichen Entwurfs wären bereits ausreichend, um der zum Teil in der Literatur geäußerten Kritik hinsichtlich der Schaffung einer Europäischen Stiftung entgegenzuwirken.[1092] So würden die steuerrechtlichen Besonderheiten nunmehr ausreichend Berücksichtigung finden, ohne dass dadurch das Regelwerk der Verordnung an Leichtigkeit verlieren würde. Im Vergleich zu den oben bereits aufgeführten Lösungsmöglichkeiten wäre jedoch die Schaffung einer Europäischen Stiftung die schwierigste, denn für diese supranationale Rechtsform müssen sich alle achtundzwanzig Mitgliedstaaten einigen, was insbesondere im Bereich der direkten Steuern unwahrscheinlich ist.[1093]

1092 Ausführlich zu der Kritik siehe S. 16 ff.

1093 So im Ergebnis auch *Hopt/Hippel*, ZEuP 2013, 235 (254).

Teil F: Zusammenfassung und Ausblick

I. Zusammenfassung

Das Gemeinnützigkeits- und Spendenrecht ist wesentlicher Bestandteil der direkten Steuern. Aufgrund der fehlenden Harmonisierung im Bereich der direkten Steuern sind die Entscheidungen des EuGH von erheblicher Bedeutung, sodass auch die direkten Steuern nicht mehr ausschließlich national ausgerichtet sind. Die Folgen sind weitreichend und führen zu einem Flickenteppich aus Vorschriften, welche nur punktuell den Anforderungen eines europarechtsfreundlichen Gemeinnützigkeits- und Spendenrechts gerecht werden. Dabei verschließt der deutsche Gesetzgeber bewusst die Augen davor, dass insbesondere im Bereich des Gemeinnützigkeits- und Spendenrechts die Aufgaben und Tätigkeiten über die jeweiligen Ländergrenzen hinausgehen, sodass hier eine europäische, ja sogar internationale Ausrichtung notwendig erscheint. An dieser nationalen Ausrichtung haben auch die Entscheidungen des EuGH in der Rs. *Stauffer*[1094] und der Rs. *Persche*[1095] nichts geändert, da der deutsche Gesetzgeber nur die in den jeweiligen Verfahren streitigen Vorschriften angepasst hat.

Die ursprüngliche Problematik bei der Auslegung des Begriffs der Allgemeinheit, welche noch in der Rs. *Stauffer* und der Rs. *Persche* einen wesentlichen Bestandteil der Öffnung des Gemeinnützigkeits- und Spendenrechts ausmachte, ist nunmehr in § 51 Abs. 2 AO, § 10b Abs. 1 S. 6 und § 9 Nr. 5 S. 6 GewStG zu finden. Der sog. strukturelle Inlandsbezug stellt dabei erhöhte Anforderungen an eine grenzüberschreitende Tätigkeit der Körperschaft. Durch die internen Verwaltungsanweisungen findet darüber hinaus eine Fiktion bei rein inländischen gemeinnützigen Körperschaften statt (AEAO zu § 51 Abs. 2 AO Nr. 7), sodass eine Ungleichbehandlung gegenüber grenzüberschreitend tätigen Körperschaften besteht. Dies verstößt gegen die Kapitalverkehrsfreiheit (Art. 63 AEUV), welche nach der Rs. *Stauffer* auch im Bereich des Gemeinnützigkeits- und Spendenrechts Anwendung findet. Eine solche Beschränkung ist mangels zwingender Gründe des Allgemeinwohls auch nicht gerechtfertigt. In der Literatur wird aufgrund der Unbestimmtheit der neu eingeführten Begrifflichkeiten von einer Nichtanwendung der Norm ausgegangen, welche meines Erachtens jedoch

1094 EuGH Urt. v. 14.09.2006, Rs. C-386/04 (*Stauffer*), ECLI:EU:C:2006:568, Slg. 2006, I-08203 = IStR 2006, 675 ff.

1095 EuGH Urt. v. 27.09.2009, Rs. C-318/07 (*Persche*), ECLI:EU:C:2009:33, Slg. 2009, I-00359 = IStR 2009, 171 ff.

nicht ausreichend ist.[1096] Um insbesondere für den Spender Rechtssicherheit zu schaffen, wäre eine Aufhebung des strukturellen Inlandsbezugs notwendig, da andernfalls die Finanzbehörden ggf. eine Berücksichtigung der Zuwendung an eine ausländische gemeinnützige Körperschaft aufgrund von § 10b Abs. 1 S. 6 EStG nicht gestatten.

Das neu eingeführte Feststellungsverfahren gem. § 60a AO stellt eine weitere Hürde für ausländische gemeinnützige Körperschaften dar. Durch die Ausgestaltung des Feststellungsverfahrens als Annexverfahren zur Körperschaftsteuerveranlagung muss zwingend eine zumindest beschränkte Körperschaftsteuerpflicht vorliegen. Eine ausländische Körperschaft ist zunächst nicht mitumfasst. Diese Nichtberücksichtigung verstößt – wie bereits der strukturelle Inlandsbezug – gegen die Kapitalverkehrsfreiheit (Art. 63 AEUV). Auch fehlt es an einer Möglichkeit für den Spender, einen entsprechenden Antrag zu stellen. Dieser hat jedoch ein erhebliches Interesse an der Anerkennung der ausländischen Körperschaft, da andernfalls die Zuwendung steuerlich unberücksichtigt bleibt, sodass hier erheblicher Nachbesserungsbedarf besteht.

Neben diesen eindeutigen Unionsrechtsverstößen des deutschen Gesetzgebers gibt es darüber hinaus weiteren beträchtlichen Änderungsbedarf. So ist für eine ausländische gemeinnützige Körperschaft die satzungsmäßige Vermögensbindung gem. § 61 AO iVm § 55 Abs. 1 Nr. 4 AO seit Wegfall des § 62 AO a.F. eine kaum erfüllbare Voraussetzung, da eine entsprechende Vorschrift im EU-Ausland teils unbekannt ist. Insbesondere dort, wo anderweitige Schutzmechanismen greifen, ist diese Voraussetzung unnötig. Der BFH verfolgt auch hier einen harten Kurs und fordert in Altfällen, dass die ausländische staatliche Aufsicht den deutschen Aufsichtserfordernissen genügen muss.[1097]

Darüber hinaus bereitet dem Spender insbesondere die erhöhte Mitwirkungspflicht (§ 90 Abs. 2 AO) im Rahmen der Überprüfung der tatsächlichen Geschäftsführung (§ 63 AO) große praktische Schwierigkeiten. So muss der Spender zur Überprüfung der ausländischen gemeinnützigen Körperschaft weiterhin alle notwendigen stichhaltigen Belege vorlegen, ungeachtet dessen, ob er nach seinen Möglichkeiten bereits alles zur Ermöglichung der Überprüfung der ausländischen Körperschaft getan hat, sodass unter normalen Umständen die Spende als Sonderausgabe mangels Vorlage entsprechender Belege nicht berücksichtigt wird. Auf diese Problematik ist bereits der Generalanwalt *Mengozzi*

1096 Siehe S. 84 ff.

1097 BFH Urt. v. 25.10.2016 – I R 54/14, BStBl. II 2017, 1216 (1220) Rn. 30 = BFH/NV 2017, 549.

in seinen Schlussanträgen in der Rs. *Persche* eingegangen, jedoch blieb sie vom EuGH in seinem Urteil unerwähnt.[1098]

Zuletzt fehlt es an einer Ausweitung des Befreiungstatbestandes (§ 5 Abs. 1 Nr. 9 iVm § 5 Abs. 2 Nr. 2 KStG) auf Drittstaaten. Derzeit kann eine gemeinnützige Körperschaft, die in einem Drittstaat ansässig ist, nicht Zuwendungsempfänger iSv § 10b Abs. 1 S. 2 Nr. 3 EStG sein, sodass auch für den Spender eine Berücksichtigung der Zuwendung als Sonderausgabe in seiner Einkommensteuer versagt bleibt. Der BFH hat sich mit der Problematik bzgl. der Kapitalverkehrsfreiheit und der Anwendbarkeit dieser auf Drittstaaten noch nicht ausführlich befasst, sodass auch hier weiterhin erheblicher Änderungsbedarf besteht.[1099]

Durch diese zum Teil neu eingeführten strengen Voraussetzungen untermauerte der deutsche Gesetzgeber die nationale Ausrichtung, sodass im Ergebnis ein „Europa der Bürger“ in weite Ferne gerückt ist. Die derzeit geltenden Vorschriften ermöglichen es dem Bürger kaum, grenzüberschreitend gemeinnützige Körperschaften zu unterstützen.

Gegen diese Vorschriften stehen dem Bürger als natürlicher Person kaum geeignete Rechtsschutzmöglichkeiten zur Verfügung. Der BFH sieht sich aufgrund der nach seiner Auffassung bereits gefestigten Rechtsprechung des EuGH zu keiner weiteren Vorlage gem. Art. 267 Abs. 3 AEUV verpflichtet. Der Bürger steht dieser Auffassung schutzlos gegenüber, da eine individuelle Rechtsschutzmöglichkeit gegen eine Nichtvorlage gem. Art. 267 Abs. 3 AEUV bislang fehlt. Die Verfassungsbeschwerde gem. Art. 101 Abs. 1 S. 2 GG stellt dabei aufgrund der vorangegangen Grundsatzentscheidungen des EuGH und der zumindest oberflächlichen Prüfung der unionsrechtlichen Lage durch den BFH wegen der Einschränkungen durch die Willkürformel keinen wirksamen Rechtsschutz dar.[1100] Wegen ähnlicher Einschränkung wird weder die Beschwerde mangels eines fairen Verfahrens gem. Art. 6 EMRK, ein möglicher Haftungsanspruch gegen Deutschland noch ein Vertragsverletzungsverfahren durch die EU-Kommission dem Spender dabei helfen, gegen diese Nichtvorlage an den EuGH vorzugehen.[1101] So bleibt der Spender dem europarechtsfeindlichen Gemeinnützigkeits- und Spendenrecht machtlos ausgesetzt.

1098 Schlussanträge *Mengozzi* v. 14.10.2008, Rs. C-318/07 (*Persche*), ECLI:EU:C:2008:561, Slg. 2009, I-00359 Rn. 86 ff.

1099 Wenig aussagekräftig hierzu BFH Urt. v. 15.11.2017 – I R 39/15, BeckRS 2017, 144671 Rn. 29.

1100 Zur Willkürformel siehe S. 135 ff.

1101 Siehe S. 135 ff.

Die oben unterbreiteten Änderungsvorschläge sollen einen ersten Anstoß geben, auf unterschiedlichem Wege die schwierige Situation für den Bürger zu beenden. Dabei stellen alle drei Möglichkeiten Lösungen vor, welche trotz ihrer Unterschiede im Grunde gleich geeignet sind, Direktspenden zu ermöglichen. Die vorgeschlagenen Änderungen im nationalen Recht würden gemeinsam mit dem Abschluss von Doppelbesteuerungsabkommen bewirken, sowohl auf nationaler Ebene das Gemeinnützigkeits- und Spendenrecht grenzüberschreitend zu öffnen als auch darüber hinaus eine ausreichende Absicherung zwischen den Ländern zu schaffen. So wäre die immerwährende Frage nach der Wirksamkeit der Steueraufsicht nicht mehr entscheidungserheblich.

II. Das Scheitern der europäischen Stiftung – ein Schritt zurück?

Neben diesen beiden Möglichkeiten der nationalen und der abkommensrechtlichen Neuregelung, welche gemeinsam eine Grundlage für Direktspenden schaffen würden, ist die FE als supranationale Rechtsform weiterhin ein Ziel innerhalb der EU. Das einstweilige Ruhen des Projekts der Schaffung einer FE reiht sich in die oft schwerfällige historische Entwicklung des Gemeinnützigkeits- und Spendenrechts ein und zeigt, wie verzwickt die politische Situation im Bereich der direkten Steuern auf europäischer Ebene ist. Es fehlt für das Projekt einer FE insbesondere an einer rechtssicheren Zuständigkeitsnorm, die es der EU-Kommission ermöglichen würde, ohne Hürden in solchen Bereichen tätig zu werden.[1102] Zweifelsfrei bleibt die Schaffung einer solchen supranationalen Rechtsform zu begrüßen, Direktspenden zu ermöglichen, da es hier eine deutlich geringere Rechtsunsicherheit hinsichtlich der Anerkennung gäbe. Die FE hätte Europa weiter vorangetrieben in einer Zeit, in welcher viele an einem gemeinsamen Europa zweifeln. Nicht unberücksichtigt bleiben darf jedoch, dass es auch auf dem Gebiet des Gemeinnützigkeits- und Spendenrechts spezieller steuerrechtlicher Vorschriften über die FE bedarf, sodass der ursprüngliche Entwurf nicht weitreichend genug ist.

III. Ausblick

Nicht zu erwarten ist, dass die Schaffung einer FE alsbald erneut in den Arbeitsplan der EU-Kommission aufgenommen wird. Damit stehen auch weiterhin die nationalen Vorschriften im Mittelpunkt und sind entscheidend für die

---

1102 Zur Zuständigkeitsproblematik der EU-Kommission siehe S. 19 f.

Versagung des grenzüberschreitenden Spendenabzugs. Aufgrund der fiskalischen Erwägungen sowohl des Gesetzgebers als auch der deutschen Gerichte bleibt das Gemeinnützigkeits- und Spendenrecht national ausgerichtet und vor einer europäischen Öffnung verschlossen. Der strukturelle Inlandsbezug gem. § 51 Abs. 2 AO n.F. und die Unmöglichkeit der Inanspruchnahme des neuen Feststellungsverfahrens gem. § 60a AO n.F. stellen dabei die schwerwiegendsten Verstöße gegen die Kapitalverkehrsfreiheit (Art. 63 AEUV) dar, welche nicht grundsätzlich anhand einer wirksamen Steueraufsicht zu rechtfertigen sind. Scheitert ein Anerkennungsverfahren nicht bereits an diesen Voraussetzungen, so wird die Finanzbehörde ggf. aufgrund der fehlenden satzungsmäßigen Vermögensbindung gem. § 61 AO iVm § 55 Abs. 1 Nr. 4 AO oder anhand fehlender stichhaltiger Belege zur Überprüfung der tatsächlichen Geschäftsführung gem. § 63 AO die Anerkennung versagen können.

Diese derzeitigen europarechtswidrigen Vorschriften des deutschen Gemeinnützigkeits- und Spendenrechts werden, sofern es zu weiteren Vorlageverfahren zum EuGH und entsprechenden Urteilen kommt, schrittweise angepasst werden müssen, jedoch mutmaßlich wie bisher nur minimalistisch ohne eine echte europäische oder gar internationale Öffnung. Zu hoffen bleibt, dass die FG sich überwinden und dem EuGH ihre Fragen betreffend die Unionsrechtskonformität der einschlägigen Vorschriften des deutschen Gemeinnützigkeits- und Spendenrechts vorlegen, da zu befürchten ist, dass der BFH weiterhin profiskalisch entscheiden wird.[1103] Ob der BFH seiner Vorlagepflicht in naher Zukunft nachkommen wird, bleibt abzuwarten; ohne Einführung einer echten Rechtsschutzmöglichkeit für den Bürger wird die Nichtvorlage durch den BFH jedoch letztlich keine rechtlichen Konsequenzen haben. So bleiben das „Europa der Bürger“ und ein europäisch oder gar international ausgerichtetes Gemeinnützigkeits- und Spendenrecht wohl nur ein erstrebenswertes Ziel.

1103 So auch *Pohl*, FS Meilicke 2010, 537 (541), welcher den positiven Effekt hervorhebt, wenn die Finanzgerichte direkt dem EuGH vorlegen.

Literaturverzeichnis

Achatz, Markus, Gemeinnützigkeits- und Spendenrecht in Österreich, in: Walz, Rainer W./ Auer, Ludwig/ Hippel, Thomas v. (Hrsg.), Spenden- und Gemeinnützigkeit in Europa, Tübingen 2007, S. 396–418 (zitiert als: *Bearbeiter* in Walz/Auer/Hippel, Gemeinnützigkeits- und Spendenrecht in Österreich, S.).

Anton, Jürgen, Die steuerliche Behandlung gemeinnütziger Betriebe, Pfaffenweiler 1992.

Auer, Ludwig v./ *Kalusche*, Andreas, Spendenaufkommen, Steueraufkommen und Staatsaufgaben: Eine empirische Analyse, in: Walz, Rainer W./ Auer, Ludwig/ Hippel, Thomas v. (Hrsg.), Spenden- und Gemeinnützigkeit in Europa, Tübingen 2007, S. 13–86 (zitiert als: *Bearbeiter* in Walz/Auer/Hippel, Spendenaufkommen, Steueraufkommen und Staatsaufgaben: Eine empirische Analyse, S.).

Bäcker, Matthias, Altes und Neues zum EuGH als gesetzlichem Richter, NJW 2011, S. 270–272.

Baldus, Manfred/ *Grzeszick*, Bernd/ *Wienhues*, Sigrid, Staatshaftungsrecht, Das Recht der öffentlichen Ersatzleistungen, 4. Aufl., Heidelberg 2013.

Bamberger, Heinz Georg/ *Roth*, Herbert, Beck 'scher Online Kommentar, 45. Edition November 2017, München 2017 (zitiert als: *Bearbeiter* in Bamberger/ Roth, BeckOK).

Beermann, Gerrit Nils, Hoheitsbetriebe von Kirchen und Religionsgemeinschaften, Dissertation, Frankfurt a.M. 2005.

Bertelmann, Heiko, Die Europäisierung des Staatshaftungsrechts, Dissertation, Frankfurt a.M. 2005.

Betz, Alexander, Die verfassungsrechtliche Absicherung der Vorlagepflicht, Dissertation, Tübingen 2013.

Birk, Dieter/ *Desens*, Marc/ *Tappe*, Henning, Steuerrecht, 20. Aufl., Heidelberg 2017.

Bisle, Michael, Spendenabzug bei Zuwendungen an eine im EU-/EWR-Ausland ansässige Stiftung, Anm. BFH Urt. v. 21.01.2015 - X R 7/13, SteuK 2015, S. 280.

Blümich, Walter, Kommentar zum EStG/KStG/GewStG, 140. Lfg., München 2018 (zitiert als: *Bearbeiter* in Blümich, EStG/KStG/GewStG-Kommentar).

Boettcher, Carl/ *Leibrecht*, Dieter, Gemeinnützigkeitsverordnung Kommentar, 2. Aufl., München 1971.

Bornemann, Elias, Spendenabzug bei Zuwendungen an eine im EU-/EWR-Ausland ansässige Stiftung, Anm. BFH Urt. v. 21.01.2015 - X R 7/13, npoR 2015, S. 210–216.

–, Kein grenzenloser Spendenabzug in Europa, JM 2015, 342–349.

Breuer, Martin, Staatshaftung für judikatives Unrecht, Habilitation, Tübingen 2011.

Britz, Gabriele, Verfassungsrechtliche Effektuierung des Vorabentscheidungsverfahrens, NJW 2012, S. 1313–1317.

Broberg, Morten/ *Fenger*, Niels, Theorie und Praxis der Acte-clair-Doktrin des EuGH, EuR 2010, S. 835–854.

Buchna, Johannes/ *Leichinger*, Carina/ *Seeger*, Andres/ *Brox*, Wilhelm, Gemeinnützigkeit im Steuerrecht, 11. Aufl., Achim 2015.

Calliess, Christian, Der EuGH als gesetzlicher Richter im Sinne des Grundgesetzes, NJW 2013, S. 1905–1910.

Calliess, Christian/ *Ruffert*, Martin, EUV/AEUV-Kommentar, Das Verfassungsrecht der Europäischen Union mit Europäischen Grundfreiheiten, 5. Aufl., München 2016 (zitiert als: *Bearbeiter* in Calliess/Ruffert, EUV/AEUV-Kommentar).

Carlé, Thomas, Direkte Steuern und Europarecht, KÖSDI 2003, S. 13583–13588.

Clasen, Tobias, Steuervergünstigung von Religionsgemeinschaften, Dissertation, Frankfurt a.M. 2014.

Clausnitzer, Martin, Die Vorlagepflicht an den EuGH – Zum (mangelnden) Rechtschutz gegen Verstöße letztinstanzlicher Gerichte, NJW 1989, S. 641–643.

Cordewener, Axel, Europäische Grundfreiheiten und nationales Steuerrecht, Dissertation, Köln 2002.

Cordewener, Axel, Deutsche Unternehmensbesteuerung und europäische Grundfreiheiten – Grundzüge des materiellen und formellen Rechtsschutzsystems der EG, DStR 2004, S. 6–15.

Cranshaw, Friedrich L., Fundation Europaea, Europäische Stiftung, DZWIR 2013, S. 299–316.

Dauses, Manfred A./ Ludwigs, Markus, Handbuch des EU-Wirtschaftsrecht, Bd. 1, 43. Lfg. Okt. 2017, München 2017 (zitiert als: *Bearbeiter* in Dauses/Ludwigs, Handbuch des EU-Wirtschaftsrecht).

Dodos, Panagiotis, Die Besteuerung ehrenamtlicher Tätigkeiten im Umsatzsteuerrecht, Dissertation, Frankfurt a.M. 2015.

Dötsch, Ewald/ *Jost*, Werner F./ *Pung*, Alexandra/ *Witt*, Georg, KStG-Kommentar, 91. Lfg. Nov. 2017, Stuttgart 2017 (zitiert als: *Bearbeiter* in Dötsch/Jost/Pung/Witt, KStG-Kommentar).

Droege, Michael, Gemeinnützigkeit im offenen Steuerstaat, Habilitationsschrift, Tübingen 2010.

–, Europäisierung des Gemeinnützigkeitsrechts – Der offene Steuerstaat im europäischen Gemeinwohlverbund, StuW 2012, S. 256–268.

Drüen, Klaus-Dieter/ *Liedtke*, Stefan, Die Reform des Gemeinnützigkeits- und Zuwendungsrechts und seine europarechtliche Flank, FR 2008, S. 1–15.

Eich, Hans Dieter, Grenzüberschreitende Amtshilfe in Steuersachen, KÖSDI 2010, 17041–17051.

Epping, Volker, Grundrechte, 7. Aufl., Berlin 2017.

Fastenrath, Ulrich, Der Europäische Gerichtshof als gesetzlicher Richter, in: Festschrift für Georg Ress, Köln 2005, S. 461–484 (zitiert als: *Bearbeiter*, FS Ress 2005, S.).

Fehrenbacher, Oliver, Steuerrecht, 6. Aufl., Baden-Baden 2017.

Fischer, Daniel, Änderungen des Gemeinnützigkeitsrechts durch das Gesetz zur Stärkung des Ehrenamts (Ehrenamtsstärkungsgesetz), JurisPR-SteuerR 12/2013, Anm. 1.

Fischer, Peter, Überlegung zur Fortentwicklung des steuerlichen Gemeinnützigkeitsrechts, FR 2008, S. 752–760.

–, Das EuGH-Urteil Persche zu Auslandsspenden – die Entstaatlichung des Steuerstaats geht's weiter, FR 2009, S. 249–257.

–, Anm. zum BFH Urt. v. 21.01.2015 – X R 7/13, FR 2015, S. 713–719.

Förster, Jutta, Grenzüberschreitende Gemeinnützigkeit – Spenden schwer gemacht, BB 2011, S. 663–669.

–, Immer Ärger mit den Nachweisen – Verfahrensprobleme bei grenzüberschreitenden Spenden, DStR 2013, S. 1516–1520.

Franz, Christoph, Grundlagen der Besteuerung gemeinnütziger Körperschaften bei wirtschaftlicher Betätigung, Dissertation, Berlin 1991.

Friesecke, Kuno, Können Spenden für gemeinnützige Zwecke vom Einkommen abgezogen werden?, DStZ 1933, S. 412–413.

Frotscher, Gerrit, Mitwirkungs-, Nachweis- und Dokumentationspflichten im Internationalen Steuerrecht, in: Lüdicke, Jürgen (Hrsg.), Fortentwicklung der Internationalen Unternehmensbesteuerung, Köln 2002, S. 167–239 (zitiert als: *Bearbeiter*, Mitwirkungs-, Nachweis- und Dokumentationspflichten im Internationalen Steuerrecht, in Lüdicke (Hrsg.), Forum der internationalen Unternehmensbesteuerung, Bd. 23).

–, Internationales Steuerrecht, 4. Aufl., München 2015.

–/ *Drüen*, Klaus-Dieter, KStG/GewStG/UmwStG-Kommentar, 141. Lfg. Nov. 2017, Freiburg 2017 (zitiert als: *Bearbeiter* in Frotscher/Drüen, KStG-Kommentar).

Gehlhaar, Daniel, Honeywell in der Praxis – Ein Aus- und Überblick, NZA 2010, 1053–1054.

Geserich, Stephan, Das Spendenrecht, in: Gemeinnützigkeit, DStJG Bd. 26, S. 245–278 (zitiert als: *Bearbeiter*, DStJG Bd.).

–, Der Abzug von Auslandsspenden, NWB Nr. 18 v. 03.05.2010, S. 1408–1412.

–, Auslandsspenden leicht gemacht?, NWB Nr. 26 v. 27.06.2011, S. 2188–2190.

Gosch, Dietmar, KStG-Kommentar, 3. Aufl., München 2015 (zitiert als: *Bearbeiter* in Gosch, KStG-Kommentar).

–, Abgabenordnung/Finanzgerichtsordnung Kommentar, 137. Lfg. Jan. 2018, Bonn 2018 (zitiert nach: *Bearbeiter* in Gosch, AO/FGO-Kommentar).

Grabitz, Eberhard/ *Hilf*, Meinhard/ *Nettesheim*, Martin, Das Recht der Europäischen Union, 62. Lfg. Juli 2017, München 2017 (zitiert als: *Bearbeiter* in Grabitz/Hilf/Nettesheim, Das Recht der Europäischen Union).

Groeben, Hans v.d./*Schwarz*, Jürgen, EUV/EGV-Kommentar, 6. Aufl., Baden-Baden 2003.

–./ *Schwarz*, Jürgen/ *Hatje*, Armin, Europäisches Unionsrecht, 7. Aufl., Baden-Baden 2015.

Großfeld, Bernhard, Die Einkommensteuer, in: Recht und Staat in Geschichte und Gegenwart, Nr. 504/505.

Haase, Florian, AStG/DBA Kommentar, 2. Aufl., Heidelberg 2012 (zitiert als: *Bearbeiter* in Haase, AStG/DBA Kommentar).

–, Internationales und Europäisches Steuerrecht, 5. Aufl., Heidelberg 2017.

Hahn, Hartmut, Gemeinschaftsrecht und Recht der direkten Steuern – Teil I, DStZ 2005, S. 433–442.

–, Gemeinschaftsrecht und Recht der direkten Steuern – Teil II, DStZ 2005, S. 469–481.

–, Gemeinschaftsrecht und Recht der direkten Steuern – Teil III, DStZ 2005, S. 507–515.

Hakenberg, Waldtraut, Europarecht, 7. Aufl., München 2015 (zitiert als: *Bearbeiter* in Hakenberg, Europarecht).

Hammer, Felix, Die Gemeinnützigkeitsregelung des Steuerrechts im Spiegel der deutschen Staats- und Verfassungsentwicklung, StuW 2001, S. 19–25.

Haratsch, Andreas/ *Koenig*, Christian/ *Pechstein*, Matthias, Europarecht, 10. Aufl., Tübingen 2016.

Heintzen, Markus, Steuerliche Anreize für gemeinwohlorientiertes Engagement Privater, FR 2008, 737–744.

Helios, Marcus, Das deutsche Gemeinnützigkeitsrecht innerhalb der Schranke des Europarechts, BB 2002, S. 1893–1897.

–/ *Schlotter*, Carsten, Spendenabzug und EU-Recht – Zugleich Anm. zum FG Münster Urt. v. 28.10.2005, IStR 2006, S. 483–487.

–/ *Strehlke*, Charlotte, Aktuelle europarechtliche Aspekte des grenzüberschreitenden Spendenabzugs – Unter besonderer Berücksichtigung von FG Düsseldorf Urt. v. 14.01.2013 – 11 K 2439/10, npoR 2013, S. 209–216.

Hellwig, Jan Frank/ *Moos*, Maria, Problemfelder der unionsrechtlichen Staatshaftung für judikatives Unrecht, JA 2011, S. 196–201.

Herrmann, Carl/ *Heuer*, Gerhard/ *Raupach*, Arndt, EStG/KStG-Kommentar, 282. Lfg. Okt. 2017, Köln 2017 (zitiert als: *Bearbeiter* in Herrmann/Heuer/Raupach, EStG/KStG-Kommentar).

Herrnkind, Ulrich, Die steuerliche Behandlung von Freizeitvereinen aufgrund des Gutachtens der Gemeinnützigkeitskommission – Teil I, DStZ 1988, S. 547–554.

Hettich, Christof A., Parteispende und Verfassungsrecht, Dissertation, Mannheim 1989.

Hey, Johanna, Die EuGH-Entscheidung in der Rechtssache Marks & Spencer und die Zukunft der deutschen Organschaft, GmbHR 2006, S. 113–123.

Hippel, Thomas v., Fremdnützige Vermögenstransfers – ein Anwendungsfall der Kapitalverkehrsfreiheit?, EuZW 2005, S. 7–10.

–, Steuerliche Diskriminierung ausländischer gemeinnütziger Nonprofit-Organisationen: ein Verstoß gegen die EG-Grundfreiheiten, in: Walz, Rainer W./ Auer, Ludwig/ Hippel, Thomas v. (Hrsg.), Spenden- und Gemeinnützigkeit in Europa, Tübingen 2007, S. 677–713 (zitiert als: *Bearbeiter* in Walz/Auer/Hippel, Steuerliche Diskriminierung ausländischer gemeinnütziger Nonprofit-Organisationen: ein Verstoß gegen die EG-Grundfreiheiten, S.).

Hömig, Dieter/ *Wolff*, Heinrich Amadeus, Grundgesetz für die Bundesrepublik Deutschland, Handkommentar, 12. Aufl., Baden-Baden 2018 (ziert als: *Bearbeiter* in Hömig/Wolff, GG-Kommentar).

Hofer, Walther, Der Nationalsozialismus: Dokumente 1933–1945, Frankfurt a.M. 1983.

Hoffmann, Kirstin, Die Europarechtskonformität des deutschen Gemeinnützigkeits- und Spendenrechts unter besonderer Berücksichtigung des Vorschlages der Europäischen Kommission zur Schaffung einer „Europäischen Stiftung" vom 8. Februar 2012, Saarbrücken 2014.

Hofmeister, Ferdinand, Wirtschaftliche Betätigung gemeinnütziger Organisationen – Freiheit und Grenzen, in: Gemeinnützigkeit, DStJG Bd. 26, S. 159–176 (zitiert als: *Bearbeiter*, DStJG Bd.).

Holland, Ludger, Kooperationen zwischen gemeinnützigen Organisationen – Neues zur Hilfsperson, DStR 2010, S. 2057–2060.

Hopt, Klaus/ *Hippel*, Thomas v., Die Europäische Stiftung – Zum Vorschlag der Europäischen Kommission für eine Verordnung über das Statut der Europäischen Stiftung (FE), ZEuP 2013, S. 235–262.

Hübschmann, Walter/ *Hepp*, Ernst/ *Spitaler*, Armin, AO/FGO-Kommentar, 246. Lfg. Feb. 2018, Köln 2018 (zitiert als: *Bearbeiter* in Hübschmann/Hepp/Spitaler, AO/FGO-Kommentar).

Hüttemann, Rainer, Wirtschaftliche Betätigung und steuerliche Gemeinnützigkeit, Dissertation, Köln 1991.

–, Die Neuregelung des Spendenrechts, NJW 2000, S. 638–640.

–, Grundprinzipien des steuerlichen Gemeinnützigkeitsrechts, in: Gemeinnützigkeit, DStJG Bd. 26, S. 49–75 (zitiert als: *Bearbeiter*, DStJG Bd.).

–/ *Schauhoff*, Stephan, Die „unmittelbare Gemeinnützigkeit" – eine unmittelbare Gefahr für gemeinnützige Körperschaften, FR 2007, S. 1133–1139.

–, Die steuerliche Förderung gemeinnütziger Tätigkeiten im Ausland – eine Frage des „Ansehens"? – Anm. zum gemeinnützigkeitsrechtlichen Inlandsbezug im Entwurf eines Jahressteuergesetzes 2009, DB 2008, S. 1061–1063.

–, Das Buchwertprivileg bei Sachspenden nach § 6 Abs. 1 Nr. 4 S. 5 EStG, DB 2008, S. 1590–1595.

–/ *Helios*, Marcus, Zum grenzüberschreitenden Spendenabzug in Europa nach dem EuGH-Urteil v. 27.1.2009, Persche, DB 2009, S. 701–707.

–, Rechtsfragen des grenzüberschreitenden Spendenabzugs Anm. zum Regierungsentwurf eines Gesetzes zur Umsetzung steuerlicher Vorgaben sowie zur Änderung steuerlicher Vorschriften, IStR 2010, S. 118–124.

–, Die EU entdeckt die Zivilgesellschaft – zum Vorschlag der Kommission für eine Europäische Stiftung, EuZW 2012, S. 441–442.

–, Das Gesetz zur Stärkung des Ehrenamts, DB 2013, S. 774–778.

–, Der geänderte Anwendungserlass zur Gemeinnützigkeit – BMF-Schreiben vom 31.1.2014, DB 0649845 -, DB 2014, S. 442–448.

–, Steuerliche Gemeinnützigkeit und politische Betätigung, DB 2015, S. 821–831.

–, Gemeinnützigkeit- und Spendenrecht, 3. Aufl., Köln 2015.

Ipsen, Knut, Gemeinschaftsrechtliche Tendenz und Gemeinnützigkeit, in: Festschrift für Heinrich Wilhelm Kruse, Köln 2001, S. 557–577 (zitiert als: *Bearbeiter*, FS Kruse 2001, S.).

Isensee, Josef/ *Knobbe-Keuk*, Brigitte, Gutachten der Unabhängigen Sachverständigenkommission zur Prüfung des Gemeinnützigkeits- und Spendenrechts, Sondervotum, BMF Schriftenreihe Heft 40, S. 331–551 (zitiert als: *Bearbeiter*,

Gutachten der Unabhängigen Sachverständigenkommission zur Prüfung des Gemeinnützigkeits- und Spendenrechts, Sondervotum, S.).

Jachmann, Monika, Steuerrechtfertigung aus der Gemeinwohlverantwortung, DStZ 2001, S. 225–231.

Jacob, Friedhelm, Handkommentar DBA-USA, 1. Aufl., Herne/Berlin 1992.

Jacob, Otto H., Internationale Unternehmensbesteuerung/ Deutsche Investitionen im Ausland/ Ausländische Investitionen im Inland, 8. Aufl., München 2016.

Jacobs, Thomas, Umsatzsteuer und Gemeinnützigkeit, Dissertation, Hamburg 2006.

Jarass, Hans D./ *Pieroth*, Bodo, Grundgesetz für die Bundesrepublik Deutschland, Kommentar, 14. Aufl., München 2016 (zitiert als: *Bearbeiter* in Jarass/ Pieroth, GG-Kommentar).

Jasper, Benedikt/ *Stark*, Peter, Kapitalertragsbesteuerung ausländischer Non-Profit-Organisationen, npoR 2014, 301–305.

Jochum, Heike, Die Besteuerung gemeinnütziger Einrichtungen in Europa – zwischen host country control approach und Europäischer Stiftung, npoR 2012, 177–180.

Kadelbach, Stefan, Allgemeines Verwaltungsrecht unter europäischem Einfluss, zugl. Habilitationsschrift, Tübingen 1999.

Kern, Eduard, Der gesetzliche Richter, Öffentlich-rechtliche Abhandlung, Berlin 1927.

Kippenberg, Johannes, Anm. BFH Urt. v. 21.01.2015 – X R 7/13, IStR 2015, 399–405.

Kirchhain, Christian, Vom Fördern und Gefordertsein Auslegungsfragen zur Mittelweitergabe gemeinnütziger Förderkörperschaften, DStR 2013, S. 2145–2150.

Kirchhof, Paul, Gemeinnützigkeit – Erfüllung staatsähnlicher Aufgaben durch selbstlose Einkommensverwendung, in: Gemeinnützigkeit, DStJG Bd. 26, S. 1–9 (zitiert als: *Bearbeiter*, DStJG Bd.).

–, EStG-Kommentar, 17. Aufl., München 2018 (zitiert als: *Bearbeiter* in Kirchhof, EStG-Kommentar).

–/ *Söhn*, Hartmut/ *Mellinghof*, Rudolf, EStG-Kommentar, 285. Lfg. Feb. 2018, Heidelberg 2018 (zitiert als: *Bearbeiter* in Kirchhof/Söhn/Mellinghof, EStG-Kommentar).

Klein, Franz, AO-Kommentar, 13. Aufl., München 2016 (zitiert als: *Bearbeiter* in Klein, AO-Kommentar).

Koenig, Ulrich, AO-Kommentar, 3. Aufl., München 2014 (zitiert als: *Bearbeiter* in Koenig, AO-Kommentar).

Kokott, Juliane/*Henze*, Thomas/ *Sobotta*, Christoph, Die Pflicht zur Vorlage an den Europäischen Gerichtshof und die Folgen ihrer Verletzung, JZ 2006, S. 633–641.

Krebbers, Michael, Stärkt das Ehrenamtsstärkungsgesetz das Ehrenamt? – Steuerliche Änderungen im Gemeinnützigkeits- und Zuwendungsrecht, BB 2013, S. 2071–2075.

KTK, Zur Prüfung gemeinnütziger Vereine, Diskussionsbeiträge, FR 1985, S. 612.

Lang, Joachim, Gemeinnützigkeitsabhängige Steuervergünstigungen, StuW 1987, 221–252.

Latzel, Clemens/*Streinz*, Thomas, Die richtige Vorabentscheidungsersuchen, NJOZ 2013, 97–109.

Linn, Alexander/ *Müller*, Stefan, Erneute Vorlage an den EuGH im Verfahren Meilicke, IWB Nr. 23 v. 09.12.2009, S. 1138–1150.

Lissner, Benjamin, Das Gemeinnützigkeits- und Spendenrecht unter dem Einfluss der europäischen Grundfreiheiten, Dissertation, Hamburg 2009.

Mathiak, Walter, Die erste Einkommensteuer in Deutschland: Das Reglement von 23.2.1808 für Ostpreußen, StuW 1995, S. 352–365.

–, Die Einkommensteuer in Preußen im 19. Jahrhundert, FR 2007, S. 544–550.

Meyer-Ladewig, Jens/ *Nettesheim*, Martin/ *Raumer*, Stefan v., Europäische Menschenrechtskonvention, 4. Aufl., Baden-Baden 2017 (zitiert als: *Bearbeiter* in Meyer-Ladewig/Nettesheim/Raumer, Europäische Menschenrechtskonvention).

Michael, Lothar/ *Morlok*, Martin, Grundrechte, 6. Aufl., Baden-Baden 2017.

Mirren, Ludwig/ *Dreutter*, Hans, Das Körperschaftsteuergesetz vom 16. Oktober 1934, die erste Verordnung zur Durchführung des Körperschaftsteuergesetzes vom 6. Februar 1935 und die ergänzenden Vorschriften des Einkommensteuergesetzes 1934, 1938 und 1939 (zitiert als: *Bearbeiter*, Das Körperschaftsteuergesetz 1934).

Münchener Kommentar zum Bürgerlichen Gesetzbuch, Bd. 1, *Säcker*, Franz Jürgen (Hrsg.), 7. Aufl., München 2015 (zitiert als: *Bearbeiter* in MüKo).

Möllmann, Peter, Die steuerliche Privilegierung gemeinnütziger Körperschaften im Spannungsfeld von Verfassungsrecht und europäischen Grundfreiheiten, Dissertation, Würzburg 2007.

Müller-Glöge, Rudi/ *Preis*, Ulrich/ *Schmidt*, Ingrid, Erfurter Kommentar zum Arbeitsrecht, 18. Aufl., München 2018 (zitiert als: *Bearbeiter* in Müller-Glöge/Preis/Schmidt, Erfurter Kommentar zum Arbeitsrecht).

Münch, Ingo v./ *Mager*, Ute, Staatsrecht I, 8. Aufl., Stuttgart 2016.

Neumann, Steffen, Steuerliche Verbesserungen für das bürgerliche Engagement und die Folgen aus der Stauffer-Entscheidung des EuGH für den Spendenabzug FR 2008, S. 745–751.

Offczors, Günther, Wandlungen und aktuelle Probleme des steuerlichen Gemeinnützigkeitsrechts, Dissertation, Gießen 1987.

Orth, Manfred, Finanzierung und Mittelverwendung gemeinnütziger Organisationen, in: Gemeinnützigkeit, DStJG Bd. 26, S. 177–228 (zitiert als: *Bearbeiter*, DStJG Bd.).

Ossenbühl, Fritz/ *Cornils*, Matthias, Staatshaftungsrecht, 6. Aufl., München 2013.

Pajunk, Axel, Die Bedeutung und Reichweite der Kapitalverkehrs- und Dienstleistungsfreiheit des EG-Vertrages, Dissertation, Frankfurt a.M. 1999.

Plappert, Martin Karl, Gemeinnützigkeits- und Spendenrecht: Ein steuersystematischer Rechtsvergleich zwischen den USA und Deutschland, Dissertation, Frankfurt a.M. 2009.

Pohl, Dirk, Der EuGH als gesetzlicher Richter, in: Festschrift für Wienand Meilicke, Baden-Baden 2010, S. 537–548 (zitiert als: *Bearbeiter*, FS Meilicke 2010).

Proff, Maximilian Freiherr v., Gemeinnützigkeit nach den „Stauffer"-Urteil des EuGH und des BFH, IStR 2007, S. 269–274.

–, Grenzüberschreitende Gemeinnützigkeit nach dem Persche-Urteil des EuGH, IStR 2009, S. 371–377.

Putz, Alexander, Steuerliche Abzugsfähigkeit von Spenden an ausländische Empfänger, Anm. EuGH Urt. v. 27.01.2009, C-318/07 (*Persche*), NJW 2009, S. 823–828.

Rathke, Jochen/ *Ritter*, Lutz, Die Spendenhaftung – Folgen fehlerhafter Zuwendungsbestätigungen und Wege zur Vermeidung nachteiliger Konsequenzen, NWB Nr. 42 v. 15.10.2012, S. 3373–3379.

Reuß, Andreas, Grenzen steuerliche Mitwirkungspflicht, Dissertation, München 1979.

Rödder, Thomas/ *Herlinghaus*, Andreas/ *Neumann*, Ralf, KStG-Kommentar, 1. Aufl., Köln 2015 (zitiert als: *Bearbeiter* in Rödder/Herlinghaus/Neumann, EStG-Kommentar).

Rösler, Hannes, Die Vorlagepraxis der EU-Mitgliedstaaten – Eine statistische Analyse zur Nutzung des Vorabentscheidungsverfahrens –, EuR 2012, S. 392–408.

Roth, Hans-Peter, Reform des Gemeinnützigkeitsrechts – „Gesetz zur Stärkung des Ehrenamtes", SteuK 2013, S. 136–140.

Roth, Jan, Insolvenzsteuerrecht, 2. Aufl., Köln 2016.

Roth, Wolfgang, Verfassungsgerichtliche Kontrolle der Vorlagepflicht an den EuGH, NVwZ 2009, S. 345–352.

Runte, Julia/ *Hippel*, Thomas v., Gemeinnützigkeits- und Spendenrecht in Italien, in: Walz, Rainer W./ Auer, Ludwig v./ Hippel, Thomas v. (Hrsg.), Spenden- und Gemeinnützigkeitsrecht in Europa, Tübingen 2007, S. 339–365 (zitiert als: *Bearbeiter* in Walz/Auer/Hippel, Gemeinnützigkeits- und Spendenrecht in Italien, S.).

Ruppe, Hans Georg, Der Anspruch auf Normenklarheit im Steuerrecht und seine Durchsetzung im Gesetzgebungs- und Rechtsschutzverfahren, DStR 2008 Beiheft 17, S. 20–25.

Sander, Günther M., Münchener Kommentar zum StGB, Bd. 4, 3. Aufl., München 2017 (zitiert als: *Bearbeiter* in MüKo).

Schäfers, Bernadette, Die steuerliche Behandlung gemeinnütziger Stiftungen in grenzüberschreitenden Fällen – Körperschaftsteuer, Erbschaft- und Schenkungsteuer –Zugleich ein Beitrag zum Recht der Nonprofit-Organisation, Dissertation, Baden-Baden 2005.

Scharf, Daniel, Die Kapitalverkehrsfreiheit gegenüber Drittstaaten, in: Beitrage zum Transnationalen Wirtschaftsrecht, Heft 76, Halle 2008 (zitiert als: *Bearbeiter*, Die Kapitalverkehrsfreiheit gegenüber Drittstaaten, Heft 76, 2008, S.).

Schauhoff, Stephan, Handbuch der Gemeinnützigkeit, 3. Aufl., München 2010 (zitiert als: *Bearbeiter* in Schauhoff, Handbuch der Gemeinnützigkeit).

–, Für ein europäisches Gemeinnützigkeits- und Spendenrecht als Basis für eine europäische Zivilgesellschaft, npoR 2013, 128–130.

–/ *Kirchhain*, Christian, Steuer- und zivilrechtliche Neuerungen für gemeinnützige Körperschaften und deren Förderer, Gesetz zur Stärkung des Ehrenamtes, FR 2013, S. 301–314.

Schaumburg, Harald, Internationales Steuerrecht, 4. Aufl., Köln 2017.

Schaumburg, Harald/ *Englisch*, Joachim, Europäisches Steuerrecht, Köln 2015 (zitiert als: *Bearbeiter* in Schaumburg/Englisch, Europäisches Steuerrecht).

Schienke-Ohletz, Tanja, Internationales Spenden, Stiften und Fördern aus deutscher Sicht, IWB Nr. 17 v. 14.09.2011, S. 651–657.

Schiffer, K. Jan/ *Pruns*, Matthias, Der Kommissionsvorschlag über das Statut einer Europäischen Stiftung, NWB Nr. 11 v. 11.03.2013, S. 772–779.

Schlüter, Andreas/ *Stolte*, Stefan, Stiftungsrecht, 3. Aufl., München 2016.

Schmidt, Ludwig, Anm. BFH Urt. v. 15.07.1987 – I R 280/81, FR 1987, S. 598–599.

–, EStG-Kommentar, 37. Aufl., München 2018 (zitiert als: *Bearbeiter* in Schmidt, EStG-Kommentar).

Schnitger, Arne, Mögliche Wirkungsgrenzen der Grundfreiheiten des EG-Vertrages am Beispiel des § 8a KStG – Zugleich Anmerkung zu dem Beitrag von Kessler/Eicker/Obser, IStR 2004, 325 ff –, IStR 2004, S. 635–639.

–/ *Mitschke,* Wolfgang, EuGH: A Oy: „Endgültige Verluste" aus einer grenzüberschreitenden Fusion?, Anm. EuGH Schlussantrag v. 19.07.2012, C-123/11 (*Vorabentscheidungsersuchen des Korkein hallito-oikeus, Finnland*), IStR 2012, S. 618–629.

Schön, Wolfgang, Kirchliche Hoheitsbetriebe, DStZ 1999, S. 701–706.

–, Der Kapitalverkehrsfreiheit mit Drittstaaten und das internationale Steuerrecht, in: Festschrift für Franz Wassermeyer, München 2005, S. 489–521 (zitiert als: *Bearbeiter*, FS Wassermeyer 2005).

Scholtz, Rolf-Detlev, Steuerbegünstigte Zwecke (Teil I), FR 1976, S. 181–189.

Schroeder, Werner, Grundkurs Europarecht, 5. Aufl., München 2017.

Schröder, Friedrich, Die steuerpflichtige und steuerbegünstigte GmbH im Gemeinnützigkeitsrecht, DStR 2008, 1069–1077.

Schröder, Meinhard, Die Vorlagepflicht zum EuGH aus europarechtlicher und nationaler Perspektive, EuR 2011, S. 808–828.

Schropp, H., Die Sonderausgaben nach dem Steuerreform-Gesetz, DStZ 1948, S. 74–83.

Schulte, Axel, Rechtsbeziehungen zwischen Stifter und Stiftungen, Dissertation, Heidelberg 2017.

Schwarz, Bernd/ *Pahlke*, Armin, AO/FGO-Kommentar, 180. Jan. 2018, Freiburg 2018 (zitiert als: *Bearbeiter* in Schwarz/Pahlke, AO-Kommentar).

Schweitzer, Michael/ *Hummer*, Waldemar, Europarecht, 5. Aufl. 1996.

Seer, Roman, Gemeinwohlzwecke und steuerliche Entlastung, in: Gemeinnützigkeit, DStJG Bd. 26, S. 11–48 (zitiert als: *Bearbeiter*, DStJG Bd.).

–, Die gemeinschaftsrechtliche Beurteilung der erweiterten Mitwirkungspflicht bei Auslandssachverhalten, IWB Nr. 5 v. 09.03.2005, S. 243–250.

–, Entnahme zum Buchwert bei entgeltlicher Übertragung von Wirtschaftsgütern auf eine gemeinnützige GmbH oder Stiftung, GmbHR 2008, S. 785–791.

–, Steuerverfahrensrechtliche Bewältigung grenzüberschreitendender Sachverhalte, in Festschrift für Harald Schaumburg, Köln 2009, S. 151–167 (zitiert als: *Bearbeiter*, FS Schaumburg 2009).

–/ *Gabert*, Isabel, Der internationale Auskunftsverkehr in Steuersachen, StuW 2010, S. 3–23.

Selbig, Sabine, Gemeinnützigkeits- und Spendenrecht in Großbritannien, in: Walz, Rainer W./ Auer, Ludwig/ Hippel, Thomas v. (Hrsg.), Spenden- und Gemeinnützigkeit in Europa, Tübingen 2007, S. 321–340 (zitiert als: *Bearbeiter* in Walz/Auer/Hippel, Gemeinnützigkeits- und Spendenrecht in Großbritannien, S.).

Stahlschmidt, Michael, Kohärenz – ein Beweis, dass der EuGH die Kompetenz in Steuersachen noch nicht gefunden hat, FR 2006, S. 249–261.

–, Der EuGH und die Rechtssache Keller: weitere Fragen für die Kohärenzdogmatik, FR 2006, 525–528.

Staringer, Claus, Steuervollzug bei grenzüberschreitenden Sachverhalten, in: Steuervollzug im Rechtstaat, DStJG Bd. 31, S. 135–165 (zitiert als: *Bearbeiter,* DStJG Bd.).

Steiner, Stefanie, Europäische Stiftung – Neue Perspektiven durch den Verordnungsentwurf der Europäischen Kommission, GES 2014, S. 56–65.

Stöber, Michael, Die geplante Europäische Stiftung, DStR 2012, S. 804–808.

–, Die grenzüberschreitende Verlustverrechnung in Europa, DStZ 2016, 582–592.

Streinz, Rudolf, Konvergenz der Grundfreiheiten Aufgabe der Differenzierung des EG-Vertrags und der Unterscheidung zwischen unterschiedlichen und unterschiedslosen Maßnahmen? Zu Tendenzen der Rechtsprechung des EuGH, in: Festschrift für Walter Rudolf, München 2001, S. 199–221 (zitiert als: *Bearbeiter,* FS Rudolf 2001).

–, EUV/AEUV – Kommentar, 2. Aufl., München 2012 (zitiert als: *Bearbeiter* in Streinz, EUV/AEUV-Kommentar).

–, Europarecht, 10. Aufl., Heidelberg 2016.

Terner, Paul, Abschied vom Europäischen Verein?, ZEuP 2007, 96–108.

Thiel, Jochen/ *Eversberg,* Horst, Das Vereinsförderungsgesetz und seine Auswirkung auf das Gemeinnützigkeits- und Spendenrecht (Teil I), DB 1990, S. 290–295.

Thiel, Jochen/ *Eversberg,* Horst, Das Vereinsförderungsgesetz und seine Auswirkung auf das Gemeinnützigkeits- und Spendenrecht (Teil II), DB 1990, S. 344–350.

Thiel, Jochen/ *Eversberg,* Horst, Das Vereinsförderungsgesetz und seine Auswirkung auf das Gemeinnützigkeits- und Spendenrecht (Teil III), DB 1990, S. 395–401.

Thömmes, Otmar, Tatbestandsmäßigkeit und Rechtfertigung steuerlicher Diskriminierungen nach EG-Recht, in: Gedächnisschrift für Brigitte Knobbe-Keuk, Köln 1997, S. 795–834 (zitiert als: *Bearbeiter,* GS Knobbe-Keuk 1997).

–, Beschränkung der Grundfreiheiten des EG-Vertrages durch das Steuerverfahrensrecht, in: Festschrift für Wienand Meilicke, Baden-Baden 2010, S. 753–778 (zitiert als: *Bearbeiter*, FS Meilicke 2010).

–/ *Nakhai*, Katja, Gemeinnützigkeitsrecht – Förderung der Allgemeinheit und Satzungsbestimmung zur Ausschließlichkeit und Unmittelbarkeit, DB 2005, 2259–2260.

Thomale, Chris, Zur subjektivrechtlichen Durchsetzung der Vorlagepflicht zum EuGH im europäischen Verfassungsgerichtsverbund, EuR 2016, S. 510–529.

Thüsing, Gregor/ *Pötters*, Stephan/ *Traut*, Johannes, Der EuGH als gesetzlicher Richter iS von Art. 101 I 2 GG, NZA 2010, S. 930–933.

Tiedtke, Klaus/ *Möllmann*, Peter, Spendenabzug und Europarecht, Zu den Auswirkungen des EuGH-Urteils in der Rs. Stauffer auf den Spendenabzug nach § 10b EStG – Zugleich Besprechung des BFH-Vorlagebeschlusses vom 9.5.2007, XI R 56/05, IStR 2007, 837–844.

Tipke, Klaus, Steuergerechtigkeit, In Theorie und Praxis, Köln 1981.

–, Die Steuerrechtsordnung, Köln 2003 (zitiert als: *Tikpe*, Steuerrechtsordnung, 2003, Bd. II).

–/ *Lang*, Joachim, Steuerrecht, 22. Aufl., Köln 2015 (zitiert als: *Bearbeiter* in Tipke/Lang, Steuerrecht).

–/ *Kruse*, Heinz Wilhelm, AO/FGO-Kommentar, 150. Lfg. Okt. 2017, Köln 2017 (zitiert als: *Bearbeiter* in Tipke/Kruse, AO/FGO-Kommentar).

Ullrich, Benjamin, Praxisfragen der gesetzlichen Mustersatzung für gemeinnützige Körperschaften, DStR 2009, S. 2471–2473.

Unger, Sebastian, Steuerbegünstigung grenzüberschreitender Gemeinnützigkeit im Binnenmarkt – Vorgaben es Gemeinnützigkeits- und Spendenrechts im Lichte der unionalen Grundfreiheiten, DStZ 2010, S. 154–166.

Vogel, Klaus, Die Besonderheit des Steuerrechts, DStZ 1977, S. 5–11.

–, Die Abschichtung von Rechtsfolgen im Steuerrecht, StuW 1977, S. 97–121.

Volland, Elke, Auswirkungen des Ehrenamtsstärkungsgesetzes auf Stiftungen und (andere) gemeinnützige Organisationen, ZEV 2013, S. 320–323.

Vollmer, Lothar, Der Europäische Verein, ZHR 1993, S. 373–399.

Wagner, Jens, Der Europäische Verein – Eine Gesellschaftsform europäischen oder mitgliedstaatlichen Rechts?, Dissertation, Baden-Baden 2000.

Wallenhorst, Rolf/ *Halaczinsky*, Raymond, Die Besteuerung gemeinnütziger und öffentlich-rechtlicher Körperschaften, 7. Aufl., München 2017.

Wassermeyer, Franz, DBA Kommentar, 140. Lfg. Jan. 2018, München 2018 (zitiert als: *Bearbeiter* in Wassermeyer, DBA Kommentar).

Weber-Grellet, Heinrich, Europäisches Steuerrecht, 2. Aufl., München 2016.

Wegener, Bernhard, Staatshaftung für die Verletzung von Gemeinschaftsrecht durch nationale Gerichte?, EuR 2002, S. 785–800.

Weitemeyer, Birgit, Der Kommissionsvorschlag zum Statut einer Europäischen Stiftung, NZG 2012, S. 1001–1010.

–/ *Bornemann*, Elias, Problemstellung gemeinnütziger Tätigkeiten mit Auslandsbezug, FR 2016, S. 437–448.

Weiten, Philipp/ *Feldner*, Michael, Überlegungen zur Steuerbefreiung ausländischer gemeinnütziger Körperschaften in Deutschland, ZErb 2013, S. 88–94.

Winheller, Stefan/ *Klein*, Christoph, Spendenabzug für Zuwendungen ins EU-Ausland - ein Schritt nach vorne, zwei zurück - Anm. zum JStG 2009 unter Berücksichtigung der EuGH-Urteile *Stauffer* und *Persche*, DStZ 2009, S. 193–196.

–/ *Geibel* Stefan J./ *Jachmann-Michel*, Monika, Gesamtes Gemeinnützigkeitsrecht, Baden-Baden 2017 (zitiert als: *Bearbeiter* in Winheller/Geibel/Jachmann-Michel, Gesamtes Gemeinnützigkeitsrecht).

Wünschig, Dirk, Perspektiven eines europarechtskonformen Gemeinnützigkeits- und Zuwendungsrecht, Dissertation, Frankfurt a.M. 2011.

Forum Unternehmens-, Steuer- und Bilanzrecht

Deutsche, europäische und internationale Rechtsfragen

Herausgegeben von Oliver Fehrenbacher / Michael Stöber

Band 1 Patrick Hoor: Verdeckte Gewinnausschüttung und freigebige Zuwendung einer GmbH. 2016.

Band 2 Stephan Kappes: Ertragsteuerliche Behandlung von Sanierungsgewinnen. 2016.

Band 3 Franziska Stahmann: Sonstige Sonderbetriebseinnahmen im Abkommensrecht. Kapitalgesellschaftsbeteiligungen im notwendigen Sonderbetriebsvermögen II. 2017.

Band 4 Suzanne Wagner: Spekulative Optionsgeschäfte aus vertragsrechtlicher, handelsbilanzrechtlicher und steuerrechtlicher Sicht. 2018.

Band 5 Stephan Randt / Oliver Fehrenbacher: Neue ordentliche Testamentsformen. 2018.

Band 6 Christian Hornung: Leaver-, Vesting und Shoot-Out-Klauseln. 2018.

Band 7 Christian Schubert: Vorteilsausgleich und Steuern. 2018.

Band 8 Benjamin Westermann: Zivilrechtliche Folgen steuerlicher Rechtsirrtümer bei Cum-/Ex-Geschäften. 2018.

Band 9 Ramona Claußen: Die Verwertung von Sicherungseigentum durch den Insolvenzverwalter – eine umsatzsteuerrechtliche Betrachtung. 2018.

Band 10 Raika Anika Voldrich: Grenzüberschreitende Spenden. 2018.

www.peterlang.com

www.ingramcontent.com/pod-product-compliance
Ingram Content Group UK Ltd.
Pitfield, Milton Keynes, MK11 3LW, UK
UKHW021851290926
8980IPUK00005B/780

9 783631 765722